JN260564

日本語の文法カテゴリをめぐって

仁田義雄 =著

仁田義雄日本語文法著作選　第1巻

ひつじ書房

亡き母と兄、そして家族の者たちに

はしがき

　「仁田義雄日本語文法著作選」と名づけられた本シリーズは、4巻から構成されている。『日本語の文法カテゴリをめぐって』、『日本語のモダリティとその周辺』、『語彙論的統語論の観点から』、『日本語文法の記述的研究を求めて』と題されるであろう4巻である。『日本語の文法カテゴリをめぐって』が第1回配本、『日本語のモダリティとその周辺』が第2回配本、『語彙論的統語論の観点から』が第3回配本、『日本語文法の記述的研究を求めて』が最後、第4回配本という予定でいる。

　本シリーズは、筆者の最初の雑誌論文以来つい最近の書き物まで、主に今まで刊行した著書に収録されていない、日本語文法研究に関わる論文を中心に、今でもそれなりに読みうるもの（読みうるか否かは筆者の主観的独断的判断で、読むに耐えないものも、それなりに混じっていることであろう）、および拙いながらも筆者が行ってきた学的営みをそれなりに跡付けてくれそうなものを選び出し、テーマ・トピック別に編んだものである（したがって、既刊の著書に流し込まれていないで、本シリーズにも収録されていない書き物も、いくつか存在しないわけではない）。

　刊行した著書では、既発表の論文を著書に流し込むために、大小はあるものの、手を入れ加工・改変を行った。本シリーズでは、著作選ということで、発表時の論文に誤植・誤記以外基本的に加工・改変を行っていない（したがって、用語や例文引用の出典の記し方などにも不統一がある）。拙いながらも筆者が歩んできた学的営みを残しておこうと思ったからである。

　筆者が、そもそも日本語文法に興味を持つことになった契機の1つには、高校生の頃、「象は鼻が長い。」という文を英訳させられた、ということがある。その頃、筆者は、「ハ」も「ガ」も、主語を表す助詞として教えられていた。そういったある日、新聞に「泥棒は通行人が逮捕」という見出しを見つけた。これを見て、筆者は、「ハ」と「ガ」の働きが、今まで教えられた

こととは異なって、違うものであると思った。元来、受験勉強が嫌いだった筆者は、あまり受験勉強をしないで、新聞や本から「ハ」の用例を少しばかり集め、疑問詞に「ハ」が付かないことなども分かった。また、見出しが述べているのは、〔通行人ガ泥棒ヲ逮捕シタ〕ということであり、それを、「泥棒」について述べている、言い換えれば、この「ハ」は、ヲ格で表されるべき意味関係を背後に担いながら、それを題目として提示するものだと、おぼろげながら思った。高校3年生の頃、入れそうな大学が決まる前に、筆者にはやりたい勉強だけが決まっていた。

筆者の書いた卒業論文は「文の成立」という題のものであった。文に、「素材の世界」「素材めあて」「聞き手めあて」という層を設定し、それを階層的に位置づけながら、文の成立を捉える、といったたわいもないものであった（ただ、それ以後の筆者のモダリティ論が、これに影響を受け、大枠でそれからなかなか抜け出せないでいるというのも事実である）。

大学院に進学した筆者には、従来の日本語文法研究は、文とは、文の成立とは、といった文の問題に優れた研究成果を残しながら、文の内部構造のきめ細かい分析・記述、文の外的表現形式をそれが担い表していると思われる多様な意味を捉える、というあり方で十全に分析・記述することにおいて、残している点が少なくないように思えた。筆者の考察の中心は、その後それなりの期間、文の中核的な主要素である述語、その述語を形成する中心的な存在である動詞の語彙的特性やそれが有する文法的な意味・機能の分析に向かうことになる。

また大学院で勉学を始めた頃、現代語の研究について「分かっていることをやって研究になるの」といった趣旨の質問を何度か受けたことがある。まだまだ現代語特に現代日本語文法研究に対して、学としての容認のさほど高くなかった時代であった。1972年に学会誌に掲載された私の初めての論文を、71年の秋、仙台の下宿で、眠れず起き出して書いていたことを、よく覚えている。

それでも、日本語教育が盛んになりだし、現代語研究がだんだん学として認知されだしてきたのを感じていた。現代語の研究者も増えだした。また、アメリカなどで言語学を学んだ研究者の現代日本語研究が増えだし、それが日本語学者の現代語研究を後押ししてくれた。2000年の暮れには、日本語

文法研究を中核に据え、関連領域の研究者を巻き込んだ日本語文法学会が誕生した。

　ただ、筆者は古典語研究・文献研究や方言研究などを深く学びうる環境にいたにも拘わらず、それらを十分学ばず（というよりはそれらを横目で見ただけで）、その環境を去ってしまったことを、今ではいささか後悔している。

　この度、日本語文法に関する研究を集めてみて、なしえたことの少なさ、残された、残してしまった領域の多さをやはり痛感する。出版すると約束しながら未だ果たしていない仕事もある。後いかほど研究できる時間・気力が残されているか分からないが、日本語文法に対する自分なりの研究を少しでも前進させたいと、今でも願っている。

凡例

- 「*」は、この記号の付された文が非文法的な文であることを表している。
- 「?」は、この記号の付された文が非文法的とまでは言えないが、何かしらの点で、おかしさ・逸脱性・座りの悪さを有していることを表している。おかしさ・逸脱性・座りの悪さは、「??」の方が「?」に比べて高いことを示している。
- 「#」は、文そのものとしては文法的な適格文であるが、文脈での繋がりや出現場面において逸脱性を有していることを示している。
- 例文については、実例には出典が示してある。出典のないものは、筆者の作った例文である。

目　次

はしがき　　　　　　　　　　　　　　　　　　　　　　　　iii
凡例　　　　　　　　　　　　　　　　　　　　　　　　　　vi

第1部　文法カテゴリ　　　　　　　　　　　　　　　　　　1

序章　はじめに　　　　　　　　　　　　　　　　　　　　3

第1章　日本語の文法カテゴリ　　　　　　　　　　　　　　7

　　0.　はじめに　　　　　　　　　　　　　　　　　　　　7
　　1.　文法カテゴリをめぐって　　　　　　　　　　　　　7
　　　　1.1　文法カテゴリとは　　　　　　　　　　　　　7
　　　　1.2　文法カテゴリを取り出す意義　　　　　　　　9
　　　　1.3　無標形式の帯びる文法的意味　　　　　　　10
　　　　1.4　文法カテゴリのタイプ　　　　　　　　　　11
　　2.　述語の文法カテゴリ概説　　　　　　　　　　　　16
　　　　2.1　ヴォイス　　　　　　　　　　　　　　　　16
　　　　2.2　アスペクト　　　　　　　　　　　　　　　19
　　　　2.3　肯否　　　　　　　　　　　　　　　　　　22
　　　　2.4　テンス　　　　　　　　　　　　　　　　　22
　　　　2.5　丁寧さ　　　　　　　　　　　　　　　　　24
　　　　2.6　モダリティ　　　　　　　　　　　　　　　25
　　3.　カテゴリの層状構造　　　　　　　　　　　　　　27

第2部　格　29

第2章　日本語の格の表現形式　31

1. 格とは　31
2. 格と表現形式　33
   - 2.1　言表事態の種別　33
   - 2.2　主体格　33
   - 2.3　対象格　38
   - 2.4　あい方格　40
   - 2.5　場所に関わるもの　43
   - 2.6　性状および関係成立の関与者　44
   - 2.7　感情の基因　45

第3章　日本語の格を求めて　47

1. はじめに　47
2. 依存関係から見た文の成分　48
   - 2.1　共演成分と付加成分　48
   - 2.2　共演成分の抽出に向けて　49
   - 2.3　主要共演成分と副次的共演成分　56
   - 2.4　共演成分たる名詞句　58
3. 格と格支配と格体制　60
4. 格の抽出と格類型　61
   - 4.1　格抽出にあたって―その基本的姿勢―　61
   - 4.2　格の二タイプ　68
   - 4.3　文法格認定の原則、あるいは文法格の特性　70
5. 格の種類に対する略述　72
   - 5.1　主　72

5.2	対象	73
5.3	相方	74
5.4	基因	75
5.5	出どころ	76
5.6	ゆく先	77
5.7	ありか	78
5.8	経過域	79

第4章　ヲ格の対象性　　　　　　　　　　　　　81

1. はじめに　　　　　　　　　　　　　　　　　　81
2. ヲ格名詞の意味的タイプ　　　　　　　　　　　82
3. ヲ格名詞の対象性　　　　　　　　　　　　　　82
   - 3.1　〈対象〉の典型　　　　　　　　　　　　　83
   - 3.2　対象性　　　　　　　　　　　　　　　　84
   - 3.3　対象性の様々　　　　　　　　　　　　　84

第5章　格のゆらぎ　　　　　　　　　　　　　　89

1. はじめに　　　　　　　　　　　　　　　　　　89
2. 関係のあり方に影響する要因　　　　　　　　　90
3. 格のゆれ・うつりゆき　　　　　　　　　　　　92
   - 3.1　周辺的な表示形式の場合　　　　　　　　92
   - 3.2　必須的成分の表示形式の場合
     　　　―ゆく先・ありかをめぐって―　　　　93

第3部　ヴォイス　　99

第3部1　相互構文　　101

第6章　相互構文を作る「Vシアウ」をめぐって　　103

 0.　はじめに　　103
 1.　「Vシアウ」形式の下位的タイプ　　103
 2.　まともの相互構文　　104
  2.1　まともの相互構文とは　　104
  2.2　まともの相互構文の種々　　105
  2.3　まともの相互構文の特性　　115
 3.　第三者の相互構文　　124
  3.1　第三者の相互構文とは　　124
  3.2　表現形式ともとの動詞から見た第三者の相互構文　　125
  3.3　第三者の相互構文の特性　　131
  3.4　〈第三者の相互構文〉と〈まともの相互構文〉
    との繋がり　　136
 4.　持ち主の相互構文　　138
  4.1　持ち主の相互構文とは　　138
  4.2　持ち主の相互構文のタイプ　　141
  4.3　持ち主の相互構文に繋がるもの　　144
 5.　語彙的な「〜アウ」　　145
  5.1　語彙化した「Vシアウ」　　145
  5.2　名詞としての用法　　149

第3部2　受身　　151

第7章　持ち主の受身をめぐって　　153

 0.　はじめに　　153

1.	受身の下位的タイプ	153
	1.1　概観	153
	1.2　まともの受身	153
	1.3　第三者の受身	155
	1.4　持ち主の受身	157
2.	持ち主の受身の下位的タイプ	159
	2.1　下位的タイプの概観	159
	2.2　持ち主の受身の三類	161
3.	まともの受身・第三者の受身・持ち主の受身の相互関係	178

第8章　内容の受身　　　　　　　　　　　　　　　　　　183

0.	はじめに	183
1.	受身のタイプ	183
2.	内容の受身の設定	184
	2.1　内容の受身とは	184
	2.2　内容の受身の取り出し	186
3.	内容の受身の特性	187
	3.1　引用内容のあり方	187
	3.2　語的対象を取りながらガ格化を伴わない受身	188
	3.3　伝達相手の不在化	189
	3.4　仕手のあり方	191
4.	自発的受身における内容の受身	192

第9章　自発的受身　　　　　　　　　　　　　　　　　　195

1.	はじめに	195
2.	自発的受身とは	195
3.	副詞的修飾成分と〈自発的受身〉	198

4. 自発的受身の二種　198
4.1 契機的自発性と論理的自発性　198
4.2 契機的自発性　199
4.3 論理的自発性　201
5. 自発的受身のタイプと否定形　203
6. 自発的受身とテクル形・テイク形　205
6.1 自発的受身とテクル形　205
6.2 「忘レル」と自発的受身とテイク形　206
7. 能動文でのガ格成分の現れ方　207
7.1 一人称者の原ガ格成分不在　207
7.2 一人称者の原ガ格成分顕在　208
7.3 原ガ格成分が一人称者以外の場合　209

第10章　ヴォイス的表現と自己制御性　213

1. はじめに　213
2. 受身をめぐって　213
2.1 受身の下位的タイプ　213
2.2 受身文の表している意味　217
2.3 受身動作設定の統語的根拠　219
2.4 第三者の受身と命令・意志　225
2.5 持ち主の受身と命令・意志　226
3. テモラウ態をめぐって　228
3.1 構造の上から見たテモラウ態の下位的タイプ　228
3.2 意味の上から見たテモラウ態の下位的タイプ　229
3.3 依頼受益型・非依頼非受益型と命令・意志　231
4. 使役をめぐって　233
5. まとめとして　236

第4部 アスペクト　　　　　　　　　　　　　　　　　　　239

第11章 アスペクト形式とその解釈のために　　　　　241

- 0. はじめに　　　　　　　　　　　　　　　　　　　　241
- 1. アスペクトの定義　　　　　　　　　　　　　　　　243
- 2. アスペクトの表現形式　　　　　　　　　　　　　　243
  - 2.1 ここで取り挙げたアスペクト形式　　　　　　244
  - 2.2 なぜ、複合動詞系をこれらに限ったのか　　　248
- 3. アスペクトの存在・分化　　　　　　　　　　　　　249
  - 3.1 アスペクトの存在・分化とは　　　　　　　　249
  - 3.2 動詞のタイプとアスペクトの存在・分化　　　250
  - 3.3 文のムードとアスペクトの存在・分化　　　　252
  - 3.4 節のタイプとアスペクトの存在・分化　　　　254
- 4. アスペクト形式の体系と構造　　　　　　　　　　　255
- 5. テイル形のアスペクト的意味　　　　　　　　　　　259
  - 5.1 進行　　　　　　　　　　　　　　　　　　　259
  - 5.2 結果残存　　　　　　　　　　　　　　　　　261
  - 5.3 繰り返し的持続　　　　　　　　　　　　　　262
  - 5.4 経験・完了　　　　　　　　　　　　　　　　263
  - 5.5 単純状態　　　　　　　　　　　　　　　　　264
  - 5.6 進行、結果残存、繰り返し的持続、経験・完了、単純状態の相互関係　　　　　　　　　　265
- 6. テイル形のアスペクト的意味の実現のされ方　　　　266
  - 6.1 単純状態　　　　　　　　　　　　　　　　　267
  - 6.2 経験・完了　　　　　　　　　　　　　　　　268
  - 6.3 繰り返し的持続　　　　　　　　　　　　　　271
  - 6.4 結果の残存　　　　　　　　　　　　　　　　274
  - 6.5 進行　　　　　　　　　　　　　　　　　　　277

  6.6 副詞的成分の階層性とアスペクト的意味の
    実現のされ方の階層性 279
  6.7 副次的アスペクト形式を取った時のテイル形の
    アスペクト的意味 280
 7. 他のアスペクト形式のアスペクト的意味 281
  7.1 テシマウ形のアスペクト的意味 281
  7.2 テクル形・テイク形のアスペクト的意味 284
  7.3 カケル形のアスペクト的意味 288
  7.4 ハジメル形・ダス形のアスペクト的意味 288
  7.5 ツヅケル形のアスペクト的意味 289
  7.6 オワル形のアスペクト的意味 290
  7.7 ツツアル形のアスペクト的意味 290

第12章　日本語のアクチオンスアルト
 ―シオワル形をめぐって― 293

 1. はじめに 293
 2. 日本語のアクチオンスアルト大概 293
  2.1 アクチオンスアルトを表す表現形式 293
  2.2 アクチオンスアルトとアスペクトとの関係 294
  2.3 アクチオンスアルトの下位種 294
 3. アスペクトに関わる動詞の意味特性 296
 4. (シ)オワル形について 298
  4.1 動詞が終結性を持つもの 298
  4.2 「(シ)オワル」形を出現させうる要件 300
  4.3 「(シ)オワル」形の周辺的な用法
    ――一定時間持続後の動きの終わり―― 304

あとがき 307

第1部　文法カテゴリ

序章　はじめに

　本書は、『日本語の文法カテゴリをめぐって』と題され、以下の内容が取り扱われている。文法カテゴリについての筆者自身の捉え方を述べた第1部、述語特に動詞に要求される共演成分、格に関わる問題を扱った4つの章が含まれている第2部、ヴォイスを扱った第3部、第3部は、より語彙的性格の高い相互構文を扱った章と受身に関わる問題を扱った4つの章との、前半・後半に分けられ展開されている。最後の第4部には、アスペクトに関わる問題を扱った2つの章が含まれている。

　当然、本書が取り扱っているものだけで日本語の文法カテゴリが尽きているわけではない。また扱われた文法カテゴリの各々も、十分問題が展開・解明されているわけではない。ましてや包括的な取り扱いがなされているわけでもない。筆者の興味に応じて、あるいは詳しくあるいは粗くさらには省かれてさえいる。述語に限っても、動詞に固有の文法カテゴリであるヴォイス・アスペクト以外に、肯否・テンス・丁寧さ・モダリティなどがある。肯否・テンス・丁寧さ・モダリティは、用言さらに言えば述語が帯びている文法カテゴリであるが、第1章でごく簡単に触れられてはいるが、詳細は一切語られてはいない。中でもテンスとモダリティ[1]については、語られなければならないことが多々あるが、いずれも省かれている。

　述語に関わるもので、第1章で全く触れられていないものに、次のようなものがある。

　　（1）　博さんが武さんに本を送った。
　　（2）　先生が博さんに本をお送りになった。
　　（3）　博さんが先生に本をお送りした。

のようなものである。待遇性とでも名づければよいものであろう。待遇性

は、述語の形態的なありようとして現れるものの、その現れの基因は、主語や補語の名詞の待遇的な関係性にある。「彼はとても<u>やさしい</u>―あの人はとても<u>やさしくていらっしゃる</u>」「彼は<u>社長だ</u>―あの方は<u>社長でいらっしゃる</u>」も、待遇性による形容詞述語、名詞述語の形態的な異なりであるが、主語に来る名詞がその現れの基因である。その意味で、第1章でも触れなかった。

〈格〉や〈取り立て〉は、まずもって名詞の形態論的カテゴリであり、したがって名詞の文法カテゴリである（取り立ては、名詞以外にも付き、品詞横断型の文法カテゴリである）。格や取り立てを表す形態変化は、名詞に助辞を付加することによって行われる。たとえば、

（4）　公園―公園が―公園を―公園に―公園へ―公園から―公園まで―公園で―公園と―｛公園の―公園への―～｝

（5）　公園―公園は―公園も―公園さえ―公園でも―公園なんて―公園だけ―～

のような形態的な異なりとなって現れる。（4）に示される対立が、形態的なレベルでの格といった文法カテゴリであり、（5）に示される形式群によって形作られている対立が、取り立てといった文法カテゴリである。

取り立ては、最終的には述語と何らかの関係を持つにしても、名詞が系列的（paradigmatic）に帯びる関係のあり方による文法カテゴリである。それに対して、格も、文法カテゴリであることにおいて、名詞の各形式（たとえば、ガ格やヲ格やニ格）は系列的な関係のあり方において対立しているものの、その系列的なあり方の内実は、述語との統合的（syntagmatic）な関係のあり方から生まれるものである。格は、述語との統合的な関係のあり方を前提として存在する文法カテゴリである。しかも、本書が主に扱う格は、その出現・共起を動詞に予め指定されている存在である。その意味で、述語主に動詞の語彙的意味の類型に、その現れ、形式の文法的意味のあり方を影響・決定されている存在である。

本書では、述語特に動詞にその現れを影響・決定される文法カテゴリを取り上げた。語彙―文法カテゴリと筆者が呼ぶものである。その意味で、動詞の帯びる文法カテゴリを主に取り扱った本書においても、格が重要な取り扱い対象になっている（言い換えれば、これは本書が取り立てを取り扱わないことの理由でもある）。

「文法カテゴリ」という題で、格を含め、述語の語彙―文法カテゴリが比較的詳しく扱われている、というところにも、文法研究に対する筆者の、語彙論的統語論の姿勢が現れている。

注
1　モダリティについては、第二回配本として『日本語のモダリティとその周辺』が用意されている。

第1章　日本語の文法カテゴリ

0.　はじめに

　ここでは、文法カテゴリというものがどういうものなのか、文法的意味を文法カテゴリとして把握し記述していくことによって、何が見えてくるのかを、まず考える。その上に立って、日本語文の述語が有している主要な文法カテゴリについて、ごく簡単に概説していく。

1.　文法カテゴリをめぐって

1.1　文法カテゴリとは

　まず、文法カテゴリがどういったものであるかを、簡単に見ておこう。
　単語が構築材であり、文は単語を材料にして出来る構築物である。構築材である単語は、まずもって、世界の一断片（たとえば、物や事や動きなど）を写し取ったところの語彙的意味を有している。しかし、語彙的意味を有しているだけでは、単語は、文の材料にはなりえない。それぞれの単語は、他の単語と結び付いて、文の内容にふさわしい統一された意味内容を形成しなければならない。そのために、単語は、文中に存在する他の単語との結び付きのあり方を表さなければならないし、さらに、文が言語活動の単位として機能するために、文の担い表す意味内容が帯びるようになる様々な抽象的意味、たとえば、文に描かれている事態の実現のされ方、事態と発話時との関係のあり方、事態と話し手の関係のあり方などを表す様々な抽象的意味をも、単語は帯びて実現している。このような、単語に担われ実現する、他の語との結び付きのあり方や、文の意味にふさわしい内容を形成するための抽

象的な意味を、単語の〈文法的意味〉という。日本語の文にあっては、文が言語活動の単位として機能するために文の意味内容が帯びる様々な文法的意味の中核は、主に述語に担われて実現する。

　単語の有している文法的意味は、単語の形式に加えられる変化によって表し分けられる。単語の有している文法的意味を表し分ける様々な形式—これを〈語形〉と呼ぶ—は、その形式が有している文法的意味を、類として等しくし、種として異にするいくつかのグループに分かれる。種として異なるいくつかの文法的意味を一つにまとめる共通する文法的意味を〈文法カテゴリ（Grammatical Category、文法範疇）〉という。たとえば、

```
個々の形式      文法的意味      文法カテゴリ
有ル
沈ム   ───→   非過去
書ク                              ＼
                                    テンス
有ッタ                           ／
沈ンダ  ───→   過去
書イタ
```

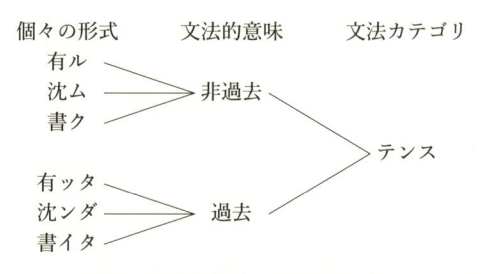

図1　文法的意味と文法カテゴリ

を見てみよう。「有ル、沈ム、書ク」「有ッタ、沈ンダ、書イタ」といった個々の形式は、ある語彙的意味を有しているだけでなく、ある文法的意味を担い表している形式である。これらは、それぞれ共通の形態的特徴を有しており、ここでは、仮に、これをル形・タ形と名づけておく。ル形・タ形は、それぞれ〈非過去〉〈過去〉といった異なった文法的意味を表しながら、《テンス》といった類としての文法的意味を共有している。テンスといった共有されている類としての文法的意味が、文法カテゴリである。

　図1に示されるように、述語になりうる動詞が、英語などと同様に、語形を変化させ、異なる文法的意味を担い、テンスという文法カテゴリを有しているのに対して、日本語の名詞は、《数》という文法カテゴリを持たない。

　　（1）　机の上に<u>本</u>が｛一冊／五冊｝置いてある。

のように、名詞「本」は、同一形式で単数の場合にも、複数の場合にも使われる。日本語の名詞にあっては、数の単複は、語形変化によって表し分けら

れるのではない。

　ただ、すべての品詞が等しなみに文法カテゴリを有しているわけではない。文の中核である述語を形成する用言が、最も豊かな文法カテゴリを所有しており、それに次いで、名詞が、《格》《取り立て》という少数の文法カテゴリを有している。接続詞では文法カテゴリが問題になることはない。副詞にあっては、たとえば、「ピカッと光った」「ピカッとだけ光った」「ピカッとしか光らなかった」「ピカッとさえ光らなかった」のように、わずかに取り立てといった文法カテゴリが問題になる場合が存するだけである。

1.2　文法カテゴリを取り出す意義

　ここで、文法的意味を、個別的にではなく、文法カテゴリにまとめ上げ、文法カテゴリを形成する構成員として考察することの意義を少し考えてみたい。

　テンスという文法カテゴリの構成員として「書ク」「書イタ」を扱うということは、「書ク」「書イタ」それぞれを、非過去・過去を表すテンス語形として扱うということであり、そして、それは、「書ク」を一語として扱うとともに、「書イタ」をも一語として扱うということでもある。したがって、なぜ、「書ク」だけでなく、「書イタ」をも一語として扱うべきか、ということについて、ここで簡単に述べておく必要があろう。たとえば、

　　（１）　昨夜彼は彼女に手紙を書いた。
　　（２）　明日彼は彼女に手紙を書く。

を比べてみよう。従来の分析では、(1)の述語「書イタ」は、動詞「書ク」と過去を表す助動詞「タ」の合わさったものとして分析されるのに対して、(2)の述語は、「書ク」という動詞一語で形成されていることになる。(1)の文の述語が、テンスを有しており、そのテンス的意味が〈過去〉といったものであることは、「タ」という形式が付加されている、という従来の分析からでも引き出しうる。しかし、(2)に対しては、述語は、動詞「書ク」のみで、他に何も伴っていないのであるから、従来の分析では、(2)の述語「書ク」におけるテンスの存在を、明確に指摘できないことになってしまう。しかし、(2)の述語「書ク」がテンスを帯びていることは、明白である。事実、(1)の文を、

（3）＊明日彼は彼女に手紙を書いた。
に変更することはできないのと同じく、(2)の文も、

　　　（4）＊昨夜彼は彼女に手紙を書く。
に変更できない。(4)のように、「書ク」が「昨夜」のような時の副詞と共起できないということは、「書ク」という形式が、テンスを有し、〈未来〉というテンス的意味—未来は非過去の一つの実現態である—を表している、ということを示している。当然、従来の分析においても、(2)の「書ク」に対して、テンスを読み取って解釈していたはずである。ただ、その〈未来〉というテンス的意味の担い手・表示形式のあり方について、自覚的ではなかった。「書イタ」が動詞［書ク］のテンス語形であるとともに、それとの対立において、「書ク」も動詞［書ク］のテンス語形である、という認識が十分ではなかった。これは、「書ク」と「書イタ」を共に一語、さらに言えば、動詞の形態変化形(語形)として扱い、対立として捉えることが出来ていなかったことによる。「書ク」と「書イタ」は、《テンス》という類としての文法的意味を共有し、〈未来〉と〈過去〉という、その下位的異なりを、互いに表し分けている。これは、［書ク—書イタ］を対立として捉え、テンスという文法カテゴリを取り出し、「書ク」と「書イタ」を、そのカテゴリの構成員として位置づけるということである。そうすることによって、付加的な形態を伴ったり、形態の変更を受けていない形式—これを〈無標形式〉という—が、付加的な形態を伴ったり、形態の変更を受けている形式—これを〈有標形式〉という—との対立によって帯びることになる文法的意味を、正しく捉えることが可能になる。

1.3　無標形式の帯びる文法的意味

　もっとも、「書ク」という形式は、「書イタ」との対立において、テンスを有している、ということだけではない。さらに、また「書イタ」も、テンスのみを付与されている語形でもない。たとえば、

　　　（1）　明日彼は彼女に手紙を書く。
　　　（2）　明日彼は彼女に手紙を書かない。
　　　（3）　明日彼は彼女に手紙を書きます。
を見てみよう。(1)と(2)を比べることによって、「書ク」は、「書カナイ」

とも対立しており、そのことによって、〈肯定〉という意味を有していることが分かる。このような［書ク―書カナイ］の対立によって形成される文法カテゴリを、《肯否（みとめ方）》と仮称しておく。また、(1)と(3)を比べることによって、「書キマス」が〈丁寧体〉であることを焼き付けられた語形であるのに対して、「書ク」は、〈普通体〉であることを焼き付けられた語形であることが分かる。この［書ク―書キマス］の対立によって形成される文法カテゴリを、《丁寧さ》と名づけておく。同様に、「書イタ」も、「昨日彼ハ彼女ニ手紙ヲ書カナカッタ」との対立から、やはり、肯否のうちの〈肯定〉を焼き付けられた語形であり、「昨日彼ハ彼女ニ手紙ヲ書キマシタ」との対立から、〈普通体〉を焼き付けられた語形であることが分かる。

　したがって、「書ク」という語形は、ある種の動きを表すという語彙的意味以外に、少なくとも、肯否・テンス・丁寧さという文法カテゴリを帯びており、その構成員である肯定・非過去・普通体という文法的意味を表す形式である、ということになる。

　以上、一つの語形が、様々な語形と対立し合い、様々な文法的意味を焼き付けられて、存在していることが分かろう。文の表現形式が担い表していると思われる様々な文法的意味を、十全に捉えるためには、語形（特に無標形式）の有している文法的意味を十全に捉えることが、まずもって必要になる。このようなことは、従来、助動詞として扱われていた「ナイ」「タ」「マス」などを、単語として扱い、動詞自体から切り離して別々に扱っているかぎり、十全には捉えることができない。

1.4　文法カテゴリのタイプ

　既に見たところから、述語になりうる動詞が肯否・テンス・丁寧さという文法カテゴリを有していることが分かった。述語となりうるものは、動詞だけではない。形容詞も述語になるし、名詞も、「ダ」に代表される〈判定詞〉を伴って述語になる。ここでは、述語を形成する単語を取り上げ、他にどのような文法カテゴリが存在するのか、また、それらの文法カテゴリはどういったタイプに分かれるのかを、少しばかり見ておこう。

1.4.1 語彙―文法カテゴリ

　動詞は述語を形成する中心的な単語である。動詞には、上掲の肯否・テンス・丁寧さ以外に、《ヴォイス》と《アスペクト》が生起しうる。

　いまヴォイスの中核を取り上げれば、ヴォイスは、

　　（１）　博は洋子を愛した。
　　（２）　洋子は博に愛された。

のように、[スル―サレル] の対立によって形作られる文法カテゴリである。(1)の「愛スル」に担われている文法的意味を〈能動〉と呼び、(2)の「愛サレル」の表す文法的意味を〈まともの受身（直接受身）〉と仮称しておく。

　また、アスペクトの基本は、

　　（３）　少し前、博はコーヒーを飲んだ。
　　（４）　少し前、博はコーヒーを飲んでいた。

のように、[スル―シテイル] の対立によって形成される文法カテゴリである。(3)の「飲ム」に担われている文法的意味を〈完成相〉と名づけ、(4)の「飲ンデイル」の表す文法的意味を〈持続相〉と仮に呼んでおく。

　よく知られているように、ヴォイスやアスペクトは、すべての述語に出現するものでもなければ、動詞にあっても、そのすべてに存在するわけではない。出現する動詞に制限がある。上掲の能動・まともの受身によって形成されるヴォイスについて言えば、「叩ク、叱ル、愛スル、贈ル、奪ウ、…」などには存在するが、「会ウ、結婚スル、走ル、騒グ、…」などには出現しない。また、アスペクトについて言えば、「遊ブ、会ウ、歩ク、降リル、閉マル、腐ル、割ル、割レル、…」などの、動きを表す動詞には出現するが、「有ル、居ル、劣ル、優レテイル、…」などの、動きを持たない動詞には存在しない。つまり、ヴォイスやアスペクトの分化・存在は、動詞の語彙的意味のタイプによって規定されている。

　また、ヴォイスやアスペクトという文法カテゴリにあっては、文法カテゴリの構成員であるそれぞれの文法的意味は、動詞の帯びる文法的意味であるとともに、ある意味では、動詞の語彙―文法的タイプの異なりを派生するものでもある。つまり、「スル」は、動詞の能動形であるとともに、能動動作を表す能動動詞であり、「サレル」は、動詞の受身形であるとともに、受身動作を表す受身動詞への派生でもある。であればこそ、「預ケル、教エル、

ヤル、捕マエル」などのような動詞が存するとともに、「預カル、教ワル、モラウ、捕マル」などのように、受身動作を表す単純動詞が存在するのである。アスペクトにあっても、テイル形は、動詞の持続相を表す語形であるとともに、テイル形化は、一端において、動き動詞の状態動詞化でもある。事実、テンス的意味の現れにおいて、動詞の持続相形式は、状態動詞と同じ振る舞いをする。「男ガ椅子ニ座ッテイル」は、「コノ部屋ニハ大勢ノ人ガイル」と同じように、〈現在〉を表す。また、単純動詞の中に「有ル、居ル、要ル、劣ル」などのように、状態を表す動詞が存在する。

　ヴォイスやアスペクトのように、その分化・存在を動詞の語彙的意味のタイプに規定され、かつ、その文法カテゴリの構成員をなす形式が、動詞の語形であるとともに、動詞の語彙―文法的タイプでもありうるものを、〈語彙―文法カテゴリ〉と仮称する。

1.4.2　純粋な文法カテゴリ

　それに対して、肯否・テンス・丁寧さは、すべての動詞に存在する。さらに言えば、動詞だけでなく、形容詞や名詞が述語になったものにも存在する。言い換えれば、肯否・テンス・丁寧さは、生起する述語のタイプを選ばない。その点で、その分化・存在を単語の語彙的タイプに規定されているヴォイス・アスペクトとは異なる。また、動詞の中には、動詞の語彙―文法的タイプとして、受身動詞や状態動詞が存したのに対して、否定動詞や過去動詞や丁寧動詞（敬語動詞はあっても）といった動詞は存在しない。言い換えれば、「シナイ・シタ・シマス」は、あくまで、否定形・過去形・丁寧体形という語形であるということである。肯否・テンス・丁寧さは、その存在・出現が、述語という文の成分、さらに言えば、主節の述語かある種の従属節の述語かという、文の成分が現れる文の構造位置に、連関している文法カテゴリである。このように、その存在・出現を、文のある構造位置を占める成分である、ということによって規定されている文法カテゴリを、〈純粋な文法カテゴリ〉と仮称する。

　さらに、肯否・テンス・丁寧さという純粋な文法カテゴリの表示形式は、語形を実現しているのであって、単語の語彙―文法的タイプを派生しているのではなかった。ということは、純粋な文法カテゴリは、まずもって形態論

的カテゴリとして実現している、ということでもある。日本語にあっては、肯否は、述語の形態論的カテゴリであり、純粋な文法カテゴリであった。それに対して、

　（5）　We never work on Sundays.

が示すように、英語では 'never' という副詞を付加するだけで、否定の文が出来上がる。肯否は、英語では形態論的カテゴリではない。ところが、日本語では、

　（6）　*我々は決して日曜日に働く。

のように、否定の意味を持つ副詞を付加させるだけでは、否定の文にはならない。まずもって、「我々ハ決シテ日曜日ニ働カナイ。」のように、述語の語形を変えなければならない。

　さらに、純粋な文法カテゴリは、明確に制限された形態論的対立によって形成されている。言い換えれば、この種の文法カテゴリの構成員は、閉じられていて、形態論的な対立関係にある少数のメンバーのみから成っている。肯否では［スル—シナイ］、テンスでは［スル—シタ］の二項対立であり、丁寧さにあっては、動詞述語においては［スル—シマス］の二項対立、形容詞述語・名詞述語においても、たかだか［(N)ダ—デス—デゴザイマス］の三項が対立項として存するのみである。

1.4.3　形態論的に拡散した文法カテゴリ

　ここで、いわゆる《モダリティ》と呼ばれる文法カテゴリのことを少し見てみよう。いま、その中の《事態めあてのモダリティ》、さらにその代表である《認識のモダリティ》を取り上げる。認識のモダリティが、上掲のいずれのタイプの文法カテゴリに属するかへの答えは、明白である。認識のモダリティは、生起する述語のタイプを選ばないし、文のある構造位置を占める成分である、ということによって、その出現を規定されている。認識のモダリティは、純粋な文法カテゴリである。その意味では、肯否・テンス・丁寧さと同じタイプに属する。ただ、形態論的なあり方を含め、肯否・テンス・丁寧さとは、少しばかり異なるところがある。結論から言えば、認識のモダリティは、形態論的カテゴリとしての対立が不均衡で、かつ拡散的な文法カテゴリである。

既に触れたように、タ形が未来を表す時の成分と共起することがないだけではなく、ル形が、「*今シガタ彼ガ来ル」のように、過去を表す時の成分と共起することはない。そのようなことは、述語のテンス形式と時の成分との不整合を引き起こしてしまう。タ形が過去に焼き付けられているだけでなく、既に述べたように、ル形そのものが非過去に焼き付けられている。また、「*決シテ彼ハ来ル」のように、肯定形に、否定と結び付く副詞を生起させたからといって、文が否定文になることはない。共起関係の不整合を起こし、逸脱文になってしまう。それに対して、認識のモダリティでは、

（7）　<u>たぶん</u>明日は雨に<u>なるだろう</u>。
（8）　<u>φ</u>明日は雨に<u>なるだろう</u>。
（9）　<u>φ</u>明日は雨に<u>なる</u>。
（10）　<u>たぶん</u>明日は雨に<u>なる</u>。

のようなことが起こる。(7)(8)から分かるように、スルダロウ形は、不確かさの度合いを表す副詞の有無に拘わらず、〈概言〉を表す（「φ」は、不確かさの度合を表す副詞が出現していないことを示している）。スルダロウ形には、概言の意味が焼き付けられている。それに対して、スル形は、(9)のように不確かさを表す副詞を一切伴わず、〈確言〉を表すものの、(10)のように、スル形であるにも拘わらず、「タブン」のような、不確かさの度合いを表す副詞を生起させ、文の帯びるモダリティ的意味を、概言に転化させてしまう。ここには、スル形が無標形式であること以上のことが起こっている──テンスでのル形には、テンスからの解放を表すことはあっても、この種のことは生じなかった──。このような現象を指して、無標形式への文法的意味の焼き付けが緩やかである、と呼んでおこう。

　また、認識のモダリティでは、その領域の分割が、肯否・テンス・丁寧さのように、カテゴリの構成員によって応分に行われているのではない。確言と概言とが、応分に認識のモダリティの領域を分け合っているのではない。確言が狭く、概言が広い、という不均衡さが存在する。そのことが、スル形とスルダロウ形の、上述のような形式としての不均衡さを招来している。さらに、広い意味での概言には、「スルカモシレナイ」「スルニチガイナイ」「スルヨウダ」「スルラシイ」など、いくつもの表示形式がある。この種の現象も、認識のモダリティの分割のされ方が不均衡であり、形態論的カテゴリと

して拡散的であるということの現れである。

認識のモダリティは、純粋な文法カテゴリではあるものの、無標形式に対して、文法的意味の焼き付け方が緩やかであるとともに、文法カテゴリの構成員の閉じられ方が、拡散的で緩やかである。このような文法カテゴリを、〈形態論的に拡散した文法カテゴリ〉と仮称しておく。

文法カテゴリを形作るか否かは、無標形式が有標形式との対立において、有標形式の有している文法的意味と対立した意味を、いかほど明確に有しているかにある。テンスのル形は、タ形との対立において、明確に非過去に焼き付けられていた。「シテヤル・シテモラウ・シテクレル」は、「スル」といかほど対立するのか、また、「スル」は、いわゆるやりもらい形式と対立して、どのような意味を焼き付けられているのか、さほど明確ではない。明確ではないその程度に応じて、文法カテゴリとしての定立は不確かである。

表示形式が、形態論的に拡散していたり複雑であれば、その文法カテゴリは、体系性に緊密さの欠けたカテゴリになる。名詞の文法カテゴリとして、取り立てが定立されるものの、取り立ては、表示形式の多さに加えて、「Nダケ・デモ」「Nグライ・シカ」のように、複合形式を持つ。取り立ては、肯否・テンス・丁寧さに比して体系性の希薄な文法カテゴリである。

2. 述語の文法カテゴリ概説

以下、日本語文の述語の有する文法カテゴリをごくごく簡単に見ていくことにする。

2.1 ヴォイス
2.1.1 受身

ヴォイスをどのように規定し、何を含ませるかは、立場によって異なってくる。ここでは、〈受身〉〈使役〉といったものを取り上げごく簡単に説明しておく。

ヴォイスの典型で中心は、既述の能動とまともの受身の対立である。そこで、最初に、受身について見ておく。受身は、既に見たように、[スル―サ

レル］の対立によって形成されている。日本語の受身は、いくぶん連続しながらも、［Ⅰ］まともの受身、［Ⅱ］第三者の受身（間接受身）、［Ⅲ］持ち主の受身に分かれる。

　まず、〈まともの受身〉について見ておく。たとえば、
　　（1）　洋平が啓介に殴られた。←→（1'）啓介が洋平を殴った。
　　（2）　空は雲で覆われていた。
において、(1')が能動文であり、(1)(2)が、まともの受身文の例である。まともの受身は、能動形の動詞の表す動き・状態が実現するにあたって要求される非ガ格成分をガ格に転換し、それに伴って、ガ格成分をガ格から外したものである。能動とまともの受身の対立は、動詞の表す動き・状態の成立に参画する項のどれを、ガ格（第一位の格）として実現するかといった、表層の表現形式への分節化の選択である。まともの受身では、能動に対して、表現形式の上に現れる名詞句の数は増えない。能動と対応するまともの受身とでは、事柄的意味の点で、同じ事態を表している。また、受身のガ格は、動詞の表す動きや影響や関係を直接的に被っている。

　次に、〈第三者の受身〉を瞥見しておく。たとえば、
　　（3）　洋平は赤ん坊に泣かれた。
　　（4）　私は警官に息子を殴られた。
などのようなものが、第三者の受身の例である。第三者の受身とは、元の動詞の表す動き・状態の成立に参画する成分としては含まれようのない第三者をガ格に据えた受身である。(3)を例に取れば、「泣ク」という動きは、泣き手が居れば成立する動きである。それが、第三者の受身文化に伴って、泣き手以外の第三者（この場合、「洋平」）がガ格に要求されることになる。要求される名詞句の数は、元になっている動詞が必須的に取る名詞句に比べて、一つ増えている。したがって、元の動詞を述語とする文と、第三者の受身とでは、既にそれが表している事態が異なっている。たとえば、第三者の受身は、［洋平ガ［赤ン坊ガ泣ク］コトヲラレタ］といった埋め込み構造を有している。また、第三者の受身では、まともの受身と異なって、そのガ格は、元の動詞の表す動きから、間接的な働きかけや影響しか被っていない。

　最後に、〈持ち主の受身〉について見ておく。たとえば、
　　（5）　洋平は博に頭を殴られた。

　　　　（6）　僕は隣の客に肩に寄り掛かられた。
のようなものが、持ち主の受身である。持ち主の受身とは、元の文のヲ格やニ格（これは稀）成分の持ち主を表す名詞をガ格に取り出し、それに伴って、元のガ格成分をガ格から外した受身である。つまり、［博ガ洋平ノ頭ヲ殴ル→洋平ガ博ニ頭ヲ殴ラレル］のような転換が行われている。上掲の例から分かるように、持ち主の受身では、必要となる名詞句の数が、元の文に比べて、一つ増えている。しかし、［洋平ガ博ニ頭ヲ殴ラレタ］といったことが、［洋平ガ博ニ殴ラレタ］といったことを含意することによって、持ち主の受身のガ格は、元の動詞の表す動きから直接的な働きかけや影響を被っている。

　持ち主の受身は、そのガ格が直接的な働きかけや影響を被ることによって、まともの受身に繋がり、必要となる名詞句が一つ増えることにおいて、第三者の受身に繋がっている。持ち主の受身は、まともの受身と第三者の受身の間に位置する存在である。もっとも、持ち主の受身では、そのガ格が被る働きかけや影響の直接性の程度は、一律ではなく、第三者の受身との繋がりにおいて、連続性を有している。

2.1.2　使役

　次に、使役について瞥見しておく。〈使役〉とは、ある主体（使役主）が他の主体（動き主体）に働きかけや作用を及ぼし、そのことが基因となって、他の主体が動きや変化を引き起こす、といったものである。使役は、使役主や動き主体の意味特性、使役の働きかけや実際の動きのあり方、といったものから、意味的にいくつかのタイプに分かれる。そのような意味的タイプとして、大きく［Ⅰ］間接的な働きかけ、［Ⅱ］直接的な働きかけ、［Ⅲ］非働きかけ、を取り出しておく。

　〈間接的な働きかけ〉を表す使役が、使役の中心・典型である。間接的な働きかけを表す使役とは、

　　　　（7）　母は、言い付けて、子供達に窓ガラスを洗わせた。
　　　　（8）　先生は生徒達を遊ばせてやった。
のようなものである。間接的な働きかけを表す使役とは、使役主が言語行為などを行い、それが、動き主体の意志に働きかけ、それを経由して、動き主

体の動きが実現する、といったものである。

それに対して、〈直接的な働きかけ〉を表す使役とは、

(9) 彼は椅子を一回転させこう言った。
(10) 娘の成功が父をとても喜ばせた。

などのようなものである。直接的な働きかけは、間接的な働きかけの使役とは異なって、実際の動き主体の動き実現にあたって、それを引き起こすための直接的な基因になる働きかけを、使役主が行っている。(9)では「彼」が回転運動に必要な動きを実際に行っているし、(10)では「娘ノ成功」が父が喜ぶ直接原因になっている。

最後に、〈非働きかけ〉を表す使役とは、

(11) 彼は戦争で息子を三人も死なせた。
(12) 酒ばかり飲んでいて、胃に穴を空かせてしまった。

のようなものである。これらでは、使役主は、事態成立に向けての働きかけを何ら行っていない。しようと思えば、あるいは、しようと努力すれば、事態成立の阻止ができた（できる可能性があった）にも拘わらず、それをしなかったため、事態を成立させてしまった、といったことを表しているのが、非働きかけの使役である。

使役は、受身よりさらに語彙的である文法カテゴリである。

2.2 アスペクト

引き続き、語彙―文法カテゴリの一つであるアスペクトについて見ておく。《アスペクト》とは、事態の有している内的な時間構成の実現・表し分けに関わる文法カテゴリである。さらに言えば、動詞の表す動きを丸ごと捉えるのか動きの中に分け入って過程を広げて持続状態として捉えるのか、展開局面のどの部分を捉えるのか、といった、動詞の表す動き全過程のどの局面に焦点を置いて、その動きを捉え・表現するかを表し分けるための動詞の形態変化に関わる語彙―文法カテゴリである。

2.2.1 基本アスペクト―ル形対テイル形―

アスペクトの表示形式には、いくつかのレベルが存する。ル形とテイル形の対立によって形成される基本アスペクト、さらに、「〜カケル、〜｛ダス

／ハジメル｝、～ツヅケル、～オワル」形によって形成される二次的アスペクト（アクチオンスアルト）がある。また、テイク形・テクル形、テシマウ形も、アスペクトに関わるが、これらについては、ここでは触れない。

　まずル形とテイル形の対立について触れる。

　（１）　彼の部屋の前を通った時、赤ん坊が泣いた。

　（２）　彼の部屋の前を通った時、赤ん坊が泣いていた。

ル形は、動詞の表す動きを丸ごと捉えるといったアスペクト的意味—これを〈完成相〉と仮称—を表す形式である。それに対して、テイル形は、動きの結果の持続状態といった根幹的意味—これを〈持続相〉と仮称—を表している。さらに、テイル形の表す根幹的意味は、前置する動詞のタイプや構文環境などによって、いくつかの下位的タイプに分かれる。テイル形の表す多義的意味を、とりあえず、〈動きの最中〉〈結果状態の持続〉〈繰り返し的持続〉〈経験・完了〉に分けて述べておく。テイル形の意味としては、他に「山ガソビエテイル」のような、動きの契機を持たず単に状態を表す〈単純状態〉もあるが、これは、アスペクト的対立を持たないものである。また、動きの最中、結果状態の持続が、テイル形の基本的意味であり、繰り返し的持続、経験・完了は、派生的意味である。

　まず、動きの最中を取り上げる。〈動きの最中〉とは、基準時に、動きが始まって終わるまでの動きの最中の状態に、主体があることを表す。たとえば、

　（３）　子供が運動場で遊んでいる。

　（４）　雨がしとしと降っている。

などが、この動きの最中を表しているテイル形である。動きの最中を形成する動詞は、上掲のような、主体変化を伴わない〈運動〉という語彙的特性を持つ動詞である。

　次に、結果状態の持続を瞥見する。〈結果状態の持続〉とは、動きが終わりその結果生じた新しい状態が、基準時に、主体に存続していることを表している。たとえば、

　（５）　ドアが開いている。

　（６）　既に洋平は結婚している。

などが、この結果状態の持続を表すテイル形の例である。たとえば、（５）を

例に取れば、閉まっていたドアが、動きの結果、開くという主体変化を被り、新しく主体に生じた状態が、基準時に主体に存続している、といったことを表している。結果状態の持続を形成する動詞は、上掲のような〈主体変化〉を表す動詞である。

引き続き、繰り返し的持続を見る。〈繰り返し的持続〉とは、基準時に同じ動きが適当なインターバルをおいて何度か繰り返される過程を、持続状態として捉えたものである。たとえば、

(7) 彼は毎朝絵を画いている。
(8) 今この瞬間も飢えで大勢の人が死んでいる。

などが、この繰り返し的持続を表すテイル形である。

最後に、経験・完了を瞥見しておく。〈経験・完了〉とは、動きが終わったことを基準時から眺めて、その効果や実現した事実を捉えたものである。動きが丸ごと捉えられていることによって、動きそのものが広げられず、「持続性」が後方に下がり、「動き後」つまり既存性が前面にでたものである。たとえば、

(9) 彼は2年前に結婚している。
(10) 私は一度このコースを走っている。

などが、この経験・完了を現すテイル形の例である。また、繰り返し的持続や経験・完了は、運動動詞からも主体変化動詞からも形成される。

2.2.2 二次的アスペクト（アクチオンスアルト）

次に、二次的アスペクト（アクチオンスアルト）について瞥見しておく。

まず、カケル形から見ていく。カケル形は、〈起動相〉とでも名づければよいアスペクト的意味を表す。たとえば、

(11) 彼はその時あやうく死にかけた。
(12) 新聞を読みかけてみたが、頭に入らない。

などがこれである。カケル形の表す起動相には、(11)のように、動きのない状態から動きを始めるまでの取りかかりを表すものと、(12)のように、動き始めから本格的な動きにいたるまでの取りかかりを表すものとがある。

次に、ハジメル形・ダス形を見ておく。ハジメル形・ダス形は、始まりの段階の動きを行うこと、動きを始めることを表す。これを〈始動相〉と仮称

しておく。

　　（13）　早くもシャツが汗で濡れ｛はじめ／だし｝た。

などがこれである。また、この形式には、「次から次へと人が死にだした。」のように、複数事象を表す場合や、「彼は最近電車の中で本を読みはじめた。」のように、習慣の始動を表す場合がある。

　引き続き、ツヅケル形を取り上げる。ツヅケル形は、動きが続いていること、継続中の動きを維持することを表す。これを〈継続相〉と仮に名づける。

　　（14）　川の水が増えつづけた。

などがこれである。当然、この形式も、「次から次へと怪事件が起こりつづけた。」のように、複数事象の継続を表しうる。

　最後に、オワル形を見ておく。オワル形は、動きが完成・終結すること、完成・終結段階の動きを行うことを表す。これを〈終結相〉と仮称する。

　　（15）　彼女は手紙を読みおわった。

などがこれである。オワル形を取る動詞は、さほど多くない。また、その可否は、動詞のタイプだけではなく、構文環境に多くを依存している。「*彼は海を見おわった。」は逸脱性を有しているが、「彼は芝居を見おわった。」は可能である。

2.3　肯否

　《肯否》とは、ある項についての動きや状態や関係が成り立っているのかいないのかの表し分けに関わる文法カテゴリである。「スル―シナイ」「遅イ―遅クナイ」「学生ダ―学生デナイ」といった肯定・否定の対立である。「彼は昨日大学に現れた」「彼は昨日大学に現れなかった」の下線部の対立が、肯否といった文法カテゴリである。

2.4　テンス

　次に、テンスについて見ておく。アスペクトが事態の内的時間構成を表したのに対して、《テンス》は、文に描かれている事態の成立時と基準時との時間的先後関係を表し分けるための文法カテゴリである。既に触れたように、日本語のテンスは、ル形（「泳グ、有ル」）とタ形（「泳イダ、有ッタ」）の対立によって表される。

2.4.1　絶対的テンスと相対的テンス

　テンスには、絶対的テンスと相対的テンスとがある。〈絶対的テンス〉とは、発話時と事態の成立時の先後関係を表したものである。
　　（1）　あっ、荷物が<u>落ちる</u>。
　　（2）　父は先ほど息を<u>引き取りました</u>。
のようなものがこれである。(1)は、ル形を取り未来を表し、(2)は、タ形を取り過去を表している。絶対的テンスは、主節や、「〜カラ、」の理由節や「〜ガ、」「〜シ、」で表される接続節などの文的度合いの高い従属節の述語に生起する。たとえば、
　　（3）　洋子は<u>来たし</u>、もうすぐ博も<u>来るし</u>、そろそろ出発できるだろう。
などは、主節ではなく、従属節ではあるが、文的度合いの高い節の述語として生起していることによって、絶対的テンスを表している。(3)のタ形は過去を表し、ル形は未来を表している。
　それに対して、従属度の高い従属節の述語は、相対的テンスを示す。〈相対的テンス〉とは、主節で述べられた事態の成立時を基準時として、それとの時間的先後関係を表したものである。
　　（4）　雨が｛<u>降る</u>／<u>降った</u>｝ので、傘を買った。
などの下線部が、相対的テンスを表している例である。(4)が示しているように、ル形は、主節の出来事の成立時に対して〈以後〉を、タ形は、〈以前〉を表している。

2.4.2　テンス形式のテンス的意味

　引き続き、ル形・タ形といったテンス形式の絶対的なテンス的意味について概説する。
　タ形は、動き動詞(5)であれ、状態動詞(6)であれ、
　　（5）　確かに彼もそう<u>言いました</u>。
　　（6）　昨日は一日中家に<u>居た</u>。
のように、過去を表す。また、「めっきり白髪が<u>増えた</u>ね。」「お風呂が<u>沸いた</u>。」のように、現在の状態を規定してかかる過去の動きを表すものなどがある。「ああ、<u>疲れた</u>。」「<u>弱った！</u>」なども、これに繋がるものであろう。

さらに、タ形の特殊な用法として、発見の「タ」と言われる「おや、こんな所に本が<u>あった</u>。」や、思い起こしを表す「確か君にはお子さんが<u>居たね</u>。」や、差し迫った命令を表す「さあ、<u>買った</u>、<u>買った</u>。」などが存する。

ル形は、動き動詞であるのか、状態動詞であるのかによって、それが表す基本的なテンス的意味に異なりが<u>生</u>じてくる。

（7）　今<u>食べる</u>。

（8）　この部屋には大勢の人が<u>居る</u>。

動き動詞は、(7)の例が示すように、未来を表し、状態動詞は、(8)が示すように、現在を表す。動き動詞のル形であっても、(7)と異なって、出来事の生起が特定の時に位置付けられる必要のある個別的な動きを表すものでない場合は、広げられた現在を表しうる。

（9）　あいつはよく<u>走る</u>ね。

などがこれである。さらに、ル形には、「水は百度で<u>沸騰する</u>。」や「2足す2は4に<u>なる</u>。」のように、テンスレスといわれる時の制約から解放されたものがある。

2.5　丁寧さ

ここで、丁寧さについて見ておく。《丁寧さ》とは、話し手が聞き手に対して、どのような待遇性でもって文を述べるかといった、述べ方の態度を表したものである。聞き手への述べ方の態度であることによって、丁寧さの分化は、対話文のみに存し、独話文には存在しない。たとえば、

（1）　［原稿依頼の話をしている］A「T先生から、その項目の執筆のお断りが<u>来ました</u>。学長に<u>なられたらしいんですって</u>」／B「学長に<u>なられたんですか</u>。それじゃ<u>無理だ</u>。<u>分かりました</u>。原稿諦めます」

Bは最初Aに向かって話をしている。Bの発話は基本的に対話文である。その中に独話「それじゃ無理だ」が入り込んでいる。他の部分では丁寧さが存在しているのに、独話の部分のみ丁寧さは存在・分化していない。独話のまま、これを「それじゃ無理です」にすることはできない。「それじゃ無理ですね」のように対話文にする必要がある。

丁寧さの形態的なありようは、

（2）　明日彼が日本に来る。
　　（3）　明日彼が日本に来ます。
の「来ル」が〈普通体〉であり、「来マス」が〈丁寧体〉である。このように、動詞述語では、普通体と丁寧体の二項対立であるが、形容詞述語・名詞述語では、既に触れたように、〔遅イ―遅イデス―遅ウゴザイマス〕〔学生ダ―学生デス―学生デゴザイマス〕のように、〈御丁寧体〉が加わって、三項対立をなしている。

　また、丁寧さは、述語だけでなく、「だから、僕は行かないんだ。」「ですから、私は行かないんです。」のように、文末の普通体・丁寧体と呼応する形で、接続詞にも存在・分化している。さらに、丁寧さは、述語の形態論的カテゴリとして実現しているものの、文だけでなく、テクストに存在している文法カテゴリとして捉える方が良いのかもしれない。独話のテクストに存在・分化しない、ということも、その一つの現れとして理解できる。

2.6　モダリティ

　最後に、モダリティを見ておく。《モダリティ》とは、発話時の話し手の立場からした、命題に対する把握のし方、および、それらについての話し手の発話・伝達的態度のあり方を表し分けたものである。もっとも、これは、真正な典型的なモダリティに対する規定であって、表現形式のモダリティ的典型度が落ちていくにしたがって、規定の特性が変容していく。モダリティは、大きく〈事態めあてのモダリティ〉と〈発話・伝達のモダリティ〉に分けられる。

2.6.1　事態めあてのモダリティ

　〈事態めあてのモダリティ〉とは、命題に対する把握のあり方に関わる話し手の心的態度を表したものである。事態めあてのモダリティには、認識のモダリティと当為評価のモダリティがある。

　〈認識のモダリティ〉とは、命題を話し手がどのような認識的な態度で捉えたかを表したものである。その中核は、
　　（1）　美津は結局白状する。／美津は結局白状するだろう。
のように、［スル―スルダロウ］の対立によって表し分けられる〈確言〉と

概言の〈推量〉である。また、推量を表す「ダロウ」は、真正なモダリティ形式で、形式自体が否定形にも過去形にもならない。また、概言は、推量だけではない。概言には、

　　（２）　彼は合格するかもしれない。／彼は合格するにちがいない。

のように、「カモシレナイ―ニチガイナイ」の対立によって表し分けられる蓋然性判断が存する。〈蓋然性判断〉とは命題内容がどれくらいの確からしさをもって成り立っているのかを捉えたものである。「カモシレナイ」は、確率が相半ばすることで、「彼は来るかもしれないし、来ないかもしれない。」といった表現を取りうる。蓋然性判断の表示形式は、「彼が来るかもしれなかった。」のように、過去形を取りうる。さらに、

　　（３）　あの飛行機はどうやら飛び立つらしい。
　　（４）　この様子からすると、奴は今しがたまでここに居たようだ。

のように、「（シ）ソウダ、ヨウダ、ラシイ」や「ミタイダ」などによって表される徴候性判断も、概言の一種である。〈徴候性判断〉は、外界・内的世界に存在する徴候から引き出された推し量りを表している。このタイプでは、「事態は一向に進展しそうにはなかった。」のように、否定にも過去にもなりうるものがある。また、「ノダ」「ハズダ」「ワケダ」のような、先行命題に対する推論や説明を表すものも、認識のモダリティの下位種である。

　〈当為評価のモダリティ〉とは、「ナケレバナラナイ」「ベキダ」「（シタ／スル）ホウガイイ」「（シ）テモイイ」などで表示される、事態実現に対する当為的・評価的な捉え方を表したものである。

2.6.2　発話・伝達のモダリティ

　最後に、発話・伝達のモダリティについて触れる。〈発話・伝達のモダリティ〉とは、文をめぐっての話し手の発話・伝達的態度のあり方を表したものである。発話・伝達のモダリティの代表は、文の有している発話や伝達上の機能類型を決定するものである。これには、［スル―シヨウ―シロ―スルカ］を中心に表し分けられる〈平叙〉〈意志表出〉〈命令〉〈質問〉などがある。平叙は、無標の存在である。「昨日は良い天気だった。」が平叙文で、「今年こそ頑張ろう。」が意志表出の文で、「そこに座れ！」が命令文で、「彼は来ますか？」が質問文である。また、シヨウ形は、「明日一緒に行こう。」のよう

に、〈勧誘〉にもなるし、勧誘は、「シヨウカ」や「シナイカ」の形式でも表される。また、「さっさと食べないか。」のように、「シナイカ」の形式は、命令文へと派生していく。

　また、終助詞も、発話・伝達のモダリティに関与している。たとえば、「雨になるね。」「早く行けよ。」のように、対話文である場合が多い。もっとも、「きれいな夕日だなぁ！」のように、独話文にも使用可能な終助詞がないわけではない。

3.　カテゴリの層状構造

　以上述べた諸々の文法カテゴリは、その作用領域の大きさにおいて、包み包み込まれるといった関係にある。文は、このような作用領域の異なる文法カテゴリが集まって、一つの層状の構造を形成している。「彼に叱ら―れ―てい―なかっ―た―でしょう―ね。」からも分かるように、概略次のような層状構造をしている。

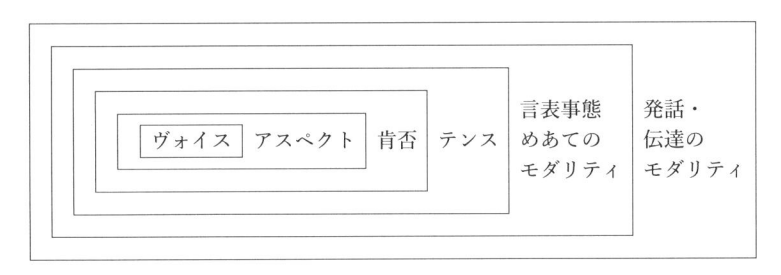

図　文法カテゴリの層状構造

（内側から外側へ：ヴォイス｜アスペクト｜肯否｜テンス｜言表事態めあてのモダリティ｜発話・伝達のモダリティ）

　もっとも、この図には丁寧さは位置づけられていない。丁寧さは、作用領域の大小からした層状関係では、事態めあてのモダリティと発話・伝達のモダリティの間に位置する存在であろう。ただ、形式の線条的な現れという点では、そんなに単純ではない。

（1）　彼は合格するだろう。／彼は合格するでしょう。
（2）　我々も行こうよ。／私たちも行きましょうよ。

のように、事態めあてのモダリティや発話・伝達のモダリティの形式と融合

して現れたりもする。さらに、「揺れはなかなか止まりま＋せん」「彼も行きまし＋た」のように、否定形式や過去形式の前に現れても、丁寧さは、発話している時の聞き手への丁寧さであり、したがって、それが否定されたり過去のものであったりするわけではない。また、「揺れはなかなか止まりま＋せん＋でし＋た」のように、複数回現れることもありうる。このことは、丁寧さの文法カテゴリとしての特殊性を示しており、文を越えたテクストが丁寧さの真の存在場所である、とする捉え方を招来することになる。事実、丁寧さはかつて文体と呼ばれていたことがある。

参考文献
鈴木重幸 1996　『形態論・序説』むぎ書房
高橋太郎 1987　「動詞・その 1/ その 2」『教育国語』88・89 号
仁田義雄 1997　『日本語文法研究序説』くろしお出版
南不二男 1993　『現代日本語文法の輪郭』大修館書店

(初出、「日本語の文法カテゴリー」『現代日本語講座 5』明治書院、2002)

第 2 部　格

第2章　日本語の格の表現形式

1. 格とは

　辞項（要素）が帯びる関係のあり方には、Syntagmatic（統合）と Paradigmatic（系列）といった二種がある。統合は一つの構造体における要素群の併存・共立（both‒and）の関係であり、系列は潜在的な体系内における要素群の対立・排他（either‒or）の関係である。この事に関連してまず留意しておかねばならない事は、格は、数や性という文法的カテゴリとは異なって、統合的な関係・現象である、ということである（ちなみに、数や性は系列的な現象）。この事は、ラテン語のように、名詞の Paradigm（語形変化表）が数と格から成り立ち、数が格と同じく形態論にも統語論にも一定の役割を果たしている言語にあっても同断である。格は、名詞にとって数や性とは本質的に異なる。格が、名詞の文への相関のあり方であり、これなくしては名詞が文との相関関係を保つことのできない統合的な文法的カテゴリであるのに対して、数や性は、文への相関とは直接関わってこないところの、名詞の系列的な文法的カテゴリである。

　関係のあり方において統合的であるということは、格が意味―統語論的な事象である、ということを意味している。そして、この事は、また、格の本質がその表現手段の問題とは直接関わってこないことを意味している。格は、その表現手段が、名詞の屈折変化であれ、接辞の付加、付属辞の付加であれ、語順であれ、はたまた音声上の工夫であれ、その本質を損なうことはない。とは言うものの、言語研究であれば、その表現形式が問題にならないはずはない。日本語では、格は通常格助詞と呼ばれる付属辞の付加によって表される。しかしながら、既に述べたところからも分かるように、格を格助

詞に引き付ける必要もなければ、格と格助詞に一対一の関係を期待する必要もない。

　従来、日本文法では、格を、ひとり名詞類にとどめず、文の構成要素総体の統語論的機能そのものにまで拡大する傾向にあった。山田孝雄然り、松下大三郎然り、時枝誠記然りである。しかし、本章では、格をもっと限定したものとして使う。

　一つの単位的な文は単一な出来事を表している、と概略言うことができる。出来事は動作や状態や性質・関係として成り立っている。動作や状態が成立するためには、動作や状態の概念と、動作や状態の成立・完成に参画する物や事といった存在が必要になる。動作や状態そのものを表すのが述語、動作や状態の必須の関与者が名詞句である。本章では、格を、こういった、動作や状態の成立に必須の関与者として機能している名詞句に限る。したがって、いわゆる「名詞＋格助詞」という形式を有していても、本章では格として扱わないものが出て来る。「飲ム」(たとえば「彼ハ昨日学校デ酒ヲ飲ンダ」)であれば、飲み手の「彼」と飲まれる物の「酒」だけが、本章で言うところの格に関わる名詞である、ということになる。格とは、述語の表す動作や状態の成立にとって必要・必須の関与者として機能している名詞句の、したがって、述語によってその共起関係のあり方を予定されたところの名詞句の、述語に対する意味論的な関係のあり方の類型である、と概略規定できる。

　格といった統合関係を帯びた名詞句を、格成分と言う。「<u>太郎ガ</u>食ベタ」「<u>太郎モ</u>食ベタ」「<u>太郎デサエ</u>食ベタ」といった文の下線部は、共に同じ格を担う格成分である。しかしながら、表現形式が異なっているように全く同じというわけではない。系列的な関係のあり方において異なっている。この事は、現実の格成分は格という統合的な関係的意義と何らかの系列的な関係的意義との双方を担って、有る、ということを示している。以下、本章では、格の表現形式として、系列的意義に積極的に色づけされていないものを取り上げて述べていくことにする。

2. 格と表現形式

　格は、既述したように、述語との統合的な関係において、有る。したがって、格だけを分析・記述していくよりは、自らを支配している述語との関連で分析・記述していく方が、文法記述総体にとってより有益でありより実際的であろうと思われる。以下、この方針で、順次見ていくことにする。

2.1　言表事態の種別

　文の表しているものを、大きく二類に分ければ、言表事態と言表態度に分かれる。「明日雨ガ降ルダロウネ。」という文では、「明日雨ガ降ル」が言表事態、「ダロウネ」が言表態度である。言表事態と言表態度の分水嶺を成すのが、テンスである。言表事態の中核を成すのは、述語と格成分から形作られる格構造である。言表事態の表現内容は、意味的なあり方から、〈現象表現〉と〈性状・関係表現〉に分かたれる。そして、性状・関係表現は、性状表現と関係表現に分かれる。現象表現は行為や自然現象等を表しているもの、性状表現はものの性質・状態を表しているもの、関係表現は事物と事物の関係を表すものである。これは、必ずしも動詞文、形容詞文、名詞文の類別・関係に一致しない。動詞文は、現象表現であるとともに性状表現や関係表現であることもあり、形容詞文は、性状表現であるとともに関係表現である場合があり、また、名詞文の中にも性状表現であるものが存する。そして、こういった表現型が格や格の表現形式のあり方に関わってくることになる。

2.2　主体格

　（1）　太郎ガ運動場ヲ走ッテイマス。
　（2）　氷ガ溶ケタ。
　（3）　彼女ハトテモ美シイ。
　（4）　次郎ハ百メートルヲ11秒デ走ル。
　（5）　山田ハ学者ダ。
　（6）　自由ハ我ガ儘ト違ウ。

ここでは、(1)から(6)までの下線部を斉しなみに〈主体〉と呼んでおく（こ

ういった一括の仕方には、既に格関係的意義のレベルから〈述べられ〉〈述べ〉といった表現・伝達的意義のレベルへの踏み出しがあるかもしれない、ということを承知しながらも)。主体格といわゆる従来の主格とは一致しない。従来の主格は、〔述べられ―述べ〕といった表現・伝達的意義のレベルに密接に関わる存在である。

　　（7）　太郎ガ次郎ヲ殴ッタ。
　　（7'）　次郎ガ太郎ニ殴ラレタ。
　　（8）　太郎ハ次郎ニ資金ヲ貸シタ。
　　（8'）　次郎ハ太郎ニ資金ヲ貸シテモラッタ。

従来の主格という点では、(7)から(8')の下線部は総て主格である。それに対して、本章の言う主体格は、(7)と(8)のみ、(7')は〈対象〉、(8')は〈あい方〉といった格、そして、それらがヴォイスによって転換されたものである。主体格とは、述語を形成する語詞が、最も中立的なあり方で、言い換えれば、無標の状態で、言表事態を形成した時の述語の表現している行為、自然現象、状態、性質、関係の主を表すものである。そういった点において、「角砂糖ガ溶ケタ」を、「太郎ガ角砂糖ヲ溶カシタ」との関係から対象格とする取り扱いには同調しない。「溶ケル」は「溶カス」からの何らかの有標的転換はない(「角砂糖ガ溶ケタ」と「角砂糖ガ溶カサレタ」との違いを比べよ)。「角砂糖ガ溶ケタ」と「太郎ガ角砂糖ヲ溶カシタ」は、ともに無標の表現である。

　(1)、(2)が現象表現の主体格の例、(3)、(4)が性状表現の主体格の例、(5)、(6)が関係表現の主体格の例である。例文からも分かるように、現象表現の主体格、つまり、〈現象主〉は、通常「Xガ」の形式で表される。それに対して、性状・関係表現の主体格、つまり、〈性状主〉〈関係主〉は、通常、題目で、その代表的な表現形式が「Xハ」である。もっとも、性状主や関係主を「Xガ」で表せないこともない。「彼女ガトテモ美シイノハ母親譲リダ」「自由ガ我ガ儘ト違ウコトグライ知ッテイル」しかし、いずれも、独立した文ではない、より大きな文に埋め込まれている場合である。主体格は、現象表現と性状・関係表現とではその表現形式を異にする。

　したがって、「Xガ」で成り立つ
　　（9）　空ガ青イ。

（10）　霧ガ深イ。

のような眼前の状況を描写する形容詞文は、現象表現であるということになる。

2.2.1　現象主

　主体格に現象主を取る文は、状況や場面をまるごと新たに文脈に導入するといった機能を持つ〈状況描写文〉（たとえば「雨ガ降ッテキタ」「昔アル所ニ一人ノオ婆サンガ居マシタ」）になりうる。それに対して、性状主、関係主の文が状況描写文になることはない。

　現象主は、述語の有している語彙的意義の異なりによって、現象主と述語との関係的意義の内実がそれぞれに異なってくる。

　　（1）　庭デ小鳥ガ鳴イテイル。
　　（2）　太郎ガ机ヲ壊シタ。
　　（3）　次郎ガ我々ニ資金ヲ貸シテクレタ。

これらは、人間や動物の行為を表すもので、それぞれの下線部は、総て「鳴ク」「壊ス」「貸ス」といった行為の仕手を表している。こういったものを、〈行為主〉と仮に呼んでおく。

　　（4）　雨ガ激シク降ッテイル。
　　（5）　桜ノ花ガ咲キダシタ。

(4)、(5)の下線部は、もはや行為主とは言い難い。降雨や開花といった自然現象を表した文である。この種の現象主を、〈自然現象主〉と仮称する。自然現象主の中には、現象そのものから明確に分離できないものがある。(4)の降雨といった現象などは、まさにそうである。空から水滴の落ちてくる現象が、まさに降雨であり、それが雨なのである。「風ガ吹ク」「火ガ燃ル」などもこの例であろう。行為を表す文では、一価動詞（格成分を一つだけ取る動詞）と言えども、このような事はない。

　また、次の文は、行為とも自然現象とも異なっている。

　　（6）　七日カラ新学期ガ始マル。
　　（7）　三年間ガ過ギタ。

これらは、抽象的な現象である。「壊ス」や「咲ク」といった行為や自然現象がそれなりに絵画化できるのに対して、「始マル」「過ギル」といった現象

は容易には絵画化できないところのものである。この種の現象主を、〈抽象現象主〉と仮に名づけておく。抽象現象主に位置する名詞には、意味特徴の点からもそれなりの特色がある。通常、具体物を表すような名詞が来ることはない。

　こういった、行為主、自然現象主、抽象現象主といった異なりは、動詞の語彙的意義の異なりから招来されたところの、格の担っている関係的意義の個々の内実的な異なりであって、類型としての格は、現象主として同一である。さらに、現象主の特殊なものとして、次のような存在文の〈存在主〉が挙げられる。

　　（8）　机ノ上ニ<u>本ガ</u>アル。

もっとも、こういった異なりが、格の取り方や格の表現形式のバリアントに何ら影響を及ぼさない、というわけではない。たとえば、行為主は、自然現象主や抽象現象主には存しない次のような表現形式の変種がある。

　　（9）　<u>警察デ</u>事ノ真相ヲ発表シタ。
　　（10）　<u>僕カラ</u>彼ニ話シタノハソレダケダ。

(9)は行為主が「Xデ」の形式で表されている場合、(10)は「Xカラ」の形式になっている例である。行為主が「Xデ」の形になりうるのは、「<u>*太郎デキップヲ買ッテクレタ</u>」や「<u>*私デ処理シテオキマス</u>」が逸脱文であり、「<u>太郎ノ方デキップヲ買ッテクレタ</u>」「<u>私ノ所デ処理シテオキマス</u>」が適格文である、ということからも分かるように、行為主の名詞が「ところ性」を有する場合である。「警察、大学、政府、事務局」等といった名詞は、団体を表し、準「人名詞」であり、かつまた「ところ性」をも有する名詞である。その事によって、これらは、「ノ方、ノ所」といった「ところ性」を付与する形式を伴わなくとも、「Xデ」になりうる。(9)がこの例である。

　行為主が「Xカラ」の形式を取りうる例としては、さらに次のようなものが挙げられる。

　　（11）　<u>展覧会ノ主催者カラ</u>H氏ニ金賞ヲ贈ルコトガ決マッタ。
　　（12）　<u>アナタカラ</u>結婚シテホシイト私ニ申シ込ンダクセニ。

(10)、(11)、(12)から分かるように、これらは三価動詞（格成分を三つ取る動詞）である。(11)を例に取れば、贈り手といった〈行為主〉と贈られる物たる〈対象〉と贈られ手である〈あい方〉が存し、対象が行為主からあい方

へ移動する、といった方向性を有している。この種の動詞を、〈行為主：始点〉動詞と仮称する。行為主が「Xカラ」の形式を取りうるのは、この種の〈行為主：始点〉動詞である。

「Xガ」は行為主が通常取る形式であったのに対して、「Xデ」「Xカラ」は随意的・二次的な形式である。

（9'）　警察ガ事ノ真相ヲ発表シタ。
（10'）　僕ガ彼ニ話シタノハソレダケダ。

したがって、(9)「Xデ」、(10)「Xカラ」が成り立つとともに、(9')、(10')「Xガ」が成り立つ。

以上までのところをまとめれば、

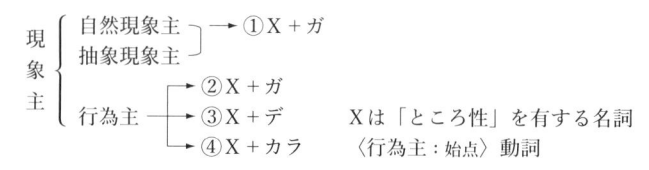

```
          ┌ 自然現象主 ┐→ ①X＋ガ
     現   │ 抽象現象主 ┘
     象   │
     主   │          ┌→ ②X＋ガ
          └ 行為主 ──┤→ ③X＋デ    Xは「ところ性」を有する名詞
                     └→ ④X＋カラ   〈行為主：始点〉動詞
```

図　現象主とその表現形式

といった形にでもなろう（ただし、③、④は随意的・二次的な形式）。

2.2.2　感情主

心的状態を表す文も、これまた性状表現の一つであると考えられる。次のようなものがそれである。

（1）　<u>彼女ハ</u>トテモイライラシテイル。
（2）　<u>彼ハ</u>花子ノ冷タイ態度ヲ憎ンデイタ。

(1)、(2)の下線部のような存在を〈感情主〉と仮称する。(1)や(2)は、「彼女ガ」「彼ガ」には変えにくい。これは、感情主が性状主であることによっている。感情主を取る性状表現を形成するのは、感情動詞と感情形容詞である。

（3）　<u>私ハ</u>花子ノ態度ガ憎イ。
（4）　<u>私ハ</u>彼ノ死ガ辛イ。

感情形容詞の感情主には、

（4'）　私ニハ彼ノ死ガ辛イ。
のように、「Xニハ」の形式を取るものが少なくない。この「Xニハ」の形式をも取りうるのが、感情主の特色である。次の例もこれである。
　　（5）　僕ニハアイツノ態度ガ頭ニ来ル。
また、「私ハ水ガホシイ」は性状表現であるが、「病人ガシキリニ水ヲホシガッテイタ」は、「ホシイ」という心的状態を表情や態度で外化するといった活動であり、現象表現的である。

2.3　対象格

　続いて、主体格以外の格を見ていく。まず、手始めに対象格から見ていく。対象格には、少なくとも、〈行為の対象〉と〈感情の対象〉とがある。行為の対象は現象主中の行為主と共起するもの、感情の対象は性状主の一種たる感情主と共起するものである。自然現象主が対象格を取ることは稀で、抽象現象主や関係主にも対象格の共起は通例ない[1]。次のようなものが対象格の例である。
　　（1）　少女ガ花ヲ摘ンデイル。
　　（2）　春樹ハ大キナ家ヲ建テタ。
　　（3）　僕ハ彼ニ本ヲモラッタ。
　　（4）　男ガコチラヲ眺メテイタ。
（1）が働きかけられる対象、（2）が作り出される対象、（3）が遣り取りされる対象、（4）が認知・知覚の対象を表している。（1）、（2）、（4）が行為を表す二価動詞、（3）が行為を表す三価動詞である。これらは、それぞれ〔行為主、対象〕、〔行為主、対象、あい方〕といった格の組み合わせを取る。働きかけられる対象を取る二価の行為動詞には「殴ル、壊ス、食ベル、攻メル」等があり、作り出される対象を取る二価の行為動詞は「作ル、産ム、編ム」などであり、遣り取りされる対象を取る三価の行為動詞としては「渡ス、売ル、借リル、集メル」、認知・知覚の対象を取る二価の行為動詞としては「見ル、聞ク、読ム」等が挙げられる。こういった対象格は、例文からも分かるように、「Xヲ」の形式を取って表される。
　認知・知覚活動から少し発展した活動として、思考・言語活動といったものが考えられる。「考エル、決心スル、言ウ、尋ネル」等が、こういった活

動を表す動詞である。
　　（5）　太郎ハ自分デ行コウト決心シタ。
　　（6）　三郎ガ次郎ニオ前モ行クノカト尋ネタ。
(5)、(6)の下線部は、思考・言語活動の対象であると考えられる。(5')、(6')から分かるように、思考・言語活動の対象が文として表現されているのが、(5)(6)である。
　　（5'）　太郎ハ自分デ行クコトヲ決心シタ。
　　（6'）　三郎ガ次郎ニ出発ノ意志ヲ尋ネタ。
以上から、思考・言語活動は、それが文である時、「Xト」の形式を取ることが分かる。また、文が問いの文である時は、「Xト」のみならず、「Xカ」さらに「Xカ＋ヲ」(この場合「Xカ」が名詞相当になっている)をも取る。
　　（7）　太郎ニ彼ガ来ルカ聞イテミタ。
　　（7'）　太郎ニ彼ガ来ルカヲ聞イテミタ。
　次のようなものが、感情の対象である。これには感情動詞と感情形容詞による場合がある。
　　（8）　父ハ娘ノ結婚ヲ心カラ喜ンダ。
　　（9）　花子サンハオ父サンガ怖イノダ。
(8)が感情動詞の例で、対象格は「Xヲ」の形式を取り、(9)が感情形容詞の例で、「Xガ」の形を取る。もっとも、感情形容詞にも「彼女ヲ好キダ」「水ヲ飲ミタイ」のように、「Xヲ」の対象が生起しないこともない。
　以上述べたところをまとめれば、

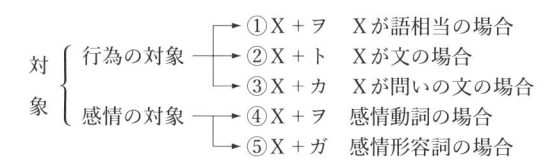

```
          ┌ 行為の対象 ┬→ ①X＋ヲ　Xが語相当の場合
対象 ┤           ├→ ②X＋ト　Xが文の場合
          │           └→ ③X＋カ　Xが問いの文の場合
          └ 感情の対象 ┬→ ④X＋ヲ　感情動詞の場合
                      └→ ⑤X＋ガ　感情形容詞の場合
```

図　対象とその表現形式

というふうにでもなろう(ただし、③は随意的な形式)。

2.4 あい方格

　続いて、〈あい方〉格について考えていく。あい方とは、行為が成り立つ一端たる存在を表すもので、おもに人名詞が来る（もっとも、動物や団体名を表す名詞も生起する）。あい方は、〈受け手〉と〈あい棒〉とに分かれる。行為の向けられるあい方が受け手で、共同行為者たるあい方があい棒である。

　まずは、あい棒から見ていくことにする。

　　（１）　太郎ハ花子ト結婚シタ。
　　（２）　僕ハ彼ト本ヲ交換シタ。

(1)はあい棒を取る二価動詞の例、(2)はあい棒を取る三価動詞の例である。これらは〔行為主、あい棒〕〔行為主、対象、あい棒〕といった格の組み合わせを取る。(1)の類には「戦ウ、婚約スル、交際スル」等が、(2)には「話シ合ウ、分ケ合ウ」等が存する。あい棒であるということを受けて、これらには意味的に等価な表現として、次のような表現が成立する。

　　（1'）　太郎ト花子ハ結婚シタ。
　　（2'）　僕ト彼ハ本ヲ交換シタ。

「結婚スル」や「交換スル」はあい棒を取り、その表現形式は「Xト」になる。この種の動詞を〈対称動詞〉と仮称する。ただし、「太郎ハ花子ト大阪ヘ行ッタ」等の「Xト」は、ここで言うあい棒ではない。「花子ト遊ンダ」「花子ト壊シタ」「花子トプレゼントシタ」のように、ほとんど総ての動詞に共起するとともに、「太郎ハ花子ト一緒ニ大阪ヘ行ッタ」の如く「一緒ニ」を付加させても意味関係に変動はない（それに対して、あい棒には変化が起こる）。これは、格成分ではなく、仲間を表す修飾成分である。

　次に、あい棒を取ったり受け手を取ったりする動詞が挙げられる。

　　（３）　A氏ハ例ノ喫茶店デB子ト会ッテイタ。
　　（４）　太郎ハ善後策ニツイテ次郎ト相談シタ。
　　（3'）　A氏ハ例ノ喫茶店デB子ニ会ッテイタ。
　　（4'）　太郎ハ善後策ニツイテ次郎ニ相談シタ。

(3)、(4)があい棒を取っている例、(3')、(4')が受け手を取っている例である。「会ウ」は、二価動詞で〔行為主、あい棒／受け手〕を、「相談スル」は、三価動詞で〔行為主、対象、あい棒／受け手〕といった格の組み合わせを取

る。前者には「接吻スル、恋スル、衝突スル」等、後者には「交渉スル、話ス、約束スル」等がある。この種の動詞を〈半対称動詞〉と仮称する。半対称動詞のあい方は、「Xト」もしくは「Xニ」になる。

　さらに、あい方としてあい棒を取れない動詞群について見ていくことにする。この種の動詞類を〈非対称動詞〉と仮に呼ぶ。

　まず、対象の存しない、したがって、受け手に移動するものは行為に他ならないといった〔行為主、受け手〕の二価動詞を見ておく。

　　（5）　犬ガ太郎ニカミツイタ。

がこれである。受け手は「Xニ」で表される。「吠エル、抱キツク」等がこの種の動詞として挙げられる。

　続いて、対象が存し、対象が行為主と受け手の間を移動するといったものを取り挙げる。したがって、この種の動詞群は、それぞれ〔行為主、対象、受け手〕といった格の組み合わせを取る。これは、対象の移動の方向性といった点から三類に分かれる。その一つは、対象が行為主から受け手へ移動する、したがって、行為主が対象の始点になり、受け手が対象の終点になる動詞である。これを、〔A〕〈受け手—終点〉動詞と仮称する。これは、現象主のくだりで〈行為主：始点〉動詞と呼んだものと同一である。次は、対象が受け手から行為主へ移動する、したがって、行為主が対象の終点になり、受け手が対象の始点になる動詞である。これを、〔B〕〈受け手—始点〉動詞と名づける。最後のものは、対象が受け手から行為主へ移動するのであるが、受け手が終点とも始点とも把握されるものである。これを、〔C〕〈受け手—終点・始点〉動詞と仮称する。これら三種を図示すれば、それぞれ次のようにでもなろう。

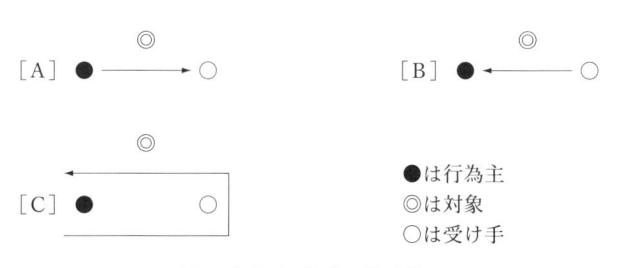

図　受け手の始点・終点性

●は行為主
◎は対象
○は受け手

そして、それぞれ受け手を次のようなあり方で言語表現化することになる。
　　（6）　太郎ハ花子ニ本ヲプレゼントシタ。
　　（7）　会計ガ会員カラ会費ヲ集メテイル。
　　（8）　次郎ハ高利貸シ｛ニ／カラ｝多額ノ金ヲ借リタ。
例文から分かるように、受け手たるあい方格は、〈受け手―終点〉動詞では「Xニ」の形で表され、〈受け手―始点〉動詞では「Xカラ」となり、〈受け手―終点・始点〉動詞では「Xニ」もしくは「Xカラ」といった形式を取る。「貸ス、贈ル、売ル、譲ル、教エル」等が［A］に、「預カル、盗ム、奪ウ、受ケ取ル」等が［B］に、「教ワル、モラウ、頂ク、借リル」等が［C］に属する。もっとも、受け手が終点である［A］類の動詞には、受け手を「Xマデ」で表示しうるものもある。
　　（9）　応募要項ヲ係リマデ請求シタ。
「提出スル、申シ込ム」等がこの種の動詞である。この「Xマデ」は、「太郎ハ花子マデ本ヲプレゼントシタ」の「花子マデ」が、「竹子にプレゼントし、梅子にもプレゼントした。さらに花子にまで」といった系列的な意義でもってまず解釈されるのと異なって、受け手の表示形式である。また、〈受け手―終点〉動詞は、
　　（6′）　太郎ハ花子ヘ本ヲプレゼントシタ。
のように、「Xヘ」を受け手の表示形式として取りうる。それに対して、〈受け手―終点・始点〉動詞は、「Xニ」を受け手として取るものの、「Xヘ」には成りえない。
　　（8′）　*次郎ハ高利貸シヘ多額ノ金ヲ借リタ。
　以上のところをまとめれば、

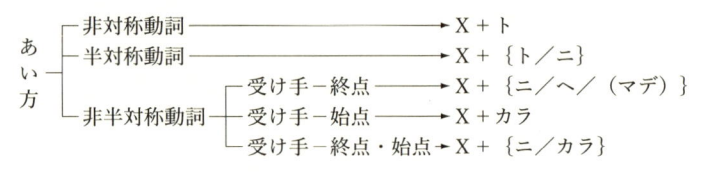

```
          ┌─非対称動詞──────────→ X＋ト
あ        │
い ──────┼─半対称動詞──────────→ X＋｛ト／ニ｝
方        │                   ┌─受け手―終点──→ X＋｛ニ／ヘ／（マデ）｝
          └─非半対称動詞──────┼─受け手―始点──→ X＋カラ
                              └─受け手―終点・始点→ X＋｛ニ／カラ｝
```

　　　　　　　　図　あい方とその表現形式

とでもなろう。

2.5 場所に関わるもの

　場所に関わる格としては、〈着点〉格、〈離点〉格、〈経過域〉格、〈在りか〉格といったものが挙げられる。

　　（１）　台風ガ<u>本土</u>ニ接近シテキテイル。
　　（２）　船ガ<u>岸</u>ヲ離レタ。
　　（３）　列車ガ<u>鉄橋</u>ヲ通過シタ。
　　（４）　<u>机ノ上</u>ニ本ガアル。

(1)の下線部が着点、(2)が離点、(3)が経過域、(4)が在りかの例である。これらの例は、ともに二価動詞で、それぞれ〔現象主、着点〕〔現象主、離点〕〔現象主、経過域〕〔現象主、在りか〕といった格の組み合わせを取る。例文から分かるように、着点は「Xニ」の形式で表され、離点は「Xヲ」といった形式を取り、経過域は「Xヲ」、在りかは「Xニ」といった形式になる。また、着点は、

　　（1'）　台風ガ<u>本土</u>ヘ接近シテキテイル。

のように「Xヘ」といった表現形式の変異を有する。さらに、離点も、また、「Xヲ」といった形式だけでなく、次のように「Xカラ」といった形でも表しうる。

　　（2'）　船ガ<u>岸</u>カラ離レタ。

もっとも、これには「*<u>大学</u>カラ卒業シタ」のように不適格になる例がないわけではない。さらにまた、着点には、「到達」とでもいったかなりプラス・アルファー的な意義を顕在化させた形ではあるが、

　　（1"）　台風ガ<u>本土</u>マデ接近シテキテイル。

のように、「Xマデ」という形式がありうる。(1)の類には「届ク、入ル、乗ル」等が、(2)の類には「出発スル、去ル、降リル」等が、(3)の類には「渡ル、横切ル、越エル」等の動詞が存在する。これらは、総て二価動詞であるが、この種のものに三価動詞がないわけではない。

　　（５）　太郎ガ棚ノ上ニ荷物ヲ乗セテイル。
　　（６）　警官ガ人々ヲ<u>現場</u>カラ遠ザケタ。

(5)が〔行為主、対象、着点〕を取る例であり、(6)が〔行為主、対象、離点〕を取るものの例である。離点は、三価動詞の場合、(6)の例から分かるように、対象「Xヲ」の存在との関係から、「Xカラ」の形式になる。経過域を

共起させるものには、既に述べたものの他に、次のような空間運動の形態を表すものがある。「空ヲ飛ブ」「運動場ヲ走ル」「川ヲ泳グ」こういったものは、格成分と状況成分（仁田義雄『語彙論的統語論』参照）の中間に位置するものであろう。また、着点、離点、経過域を取る動詞が移動・運動動詞であったのに対して、在りかを生起させるのは、存在文といったかなり質の異なる文のタイプである。在りかを取るものには「居ル、存在スル」等がある。また、「日本ニハ温泉ガ多イ」等も、性状表現ではあるが、存在文に比することができ、この「Xニ」も在りか格である。

以上まとめれば、次のようになろう。

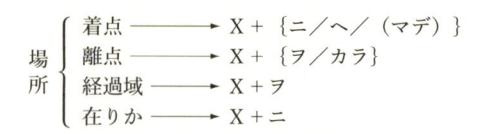

$$
場所 \begin{cases} 着点 \longrightarrow X + \{ニ／ヘ／（マデ）\} \\ 離点 \longrightarrow X + \{ヲ／カラ\} \\ 経過域 \longrightarrow X + ヲ \\ 在りか \longrightarrow X + ニ \end{cases}
$$

図　場所の格とその表現形式

2.6　性状および関係成立の関与者

性状表現や関係表現を形成する述語の中には、一価以上のものがある。

　　（1）　彼ハ酒ニウルサイ。

　　（2）　彼ハキツネニ似テイル。

(1)の「ウルサイ」は一家言を有するといった性質のあり方を表している。そして、その性質が無制限に成り立つのではなく、「酒」に関して成立することを示しているのが、(1)である。こういった「Xニ」を、性状成立の〈領域〉と仮に呼んでおく。(2)の「似テイル」も無前提に成り立つのではなく、「キツネ」との比較において成立するのである。こういったものを、関係の〈基準〉と仮称しておく。「茶ノ湯ニ明ルイ」「彼女ニ執心ダ」「オ金ニ細カイ」「研究ニ熱心ダ」「食べ物ニヤカマシイ」等の下線部は、総てこの領域を表す例である。「彼ノ考エニ近イ」「キツネニソックリダ」「ホトンド正解ニ等シイ」「右ニ同ジデス」等の下線部が基準を表す例である。さらに、基準は、

　　（2'）　彼ハキツネトソックリダ。

のように「Xト」の形式でも表示しうる。既述した関係の基準は斉しなみに「Xト」の形式を持ちうる。それに対して、基準には「Xニ」にはなりえな

いものもある。

　　（3）　自由ハ我ガ儘ト違ウ。
　　（3'）　*自由ハ我ガ儘ニ違ウ。

「彼等ト仲間ダ」「節約スルコトハケチケチスルコトトハ別ダ」等の下線部が基準に「Xト」の形式しか取れないものの例である。これらの例は、「自由ト我ガ儘ハ違ウ」が（3）と意味的に等価で成り立つことからも分かるように、関係主と基準との間に対称性を有している。それに対して、「Xニ」の形式の基準は、「？キツネハ彼ニ似テイル」の不自然さが示しているように、方向性を有し、関係主と基準が非対称的に捉えられている場合である。

以上まとめれば、次のようになろう。

```
領域 ──→ X＋ニ
基準 ──→ X＋ { ニ }  非対称的な場合
              { ト }  対称的な場合
```

図　性状・関係成立の関与者とその表現形式

2.7　感情の基因

感情動詞には、感情の対象である現象を、感情の向かう対象としてではなく、そこから感情が誘発されるところの基因として捉え、それを、感情といった状態成立の一つの構成員として要求するものがある。

　　（1）　彼女ハ娘ノ合格ヲ喜ンダ。
　　（1'）　彼女ハ娘ノ合格ニ喜ンダ。

(1')の下線部がこれである。この、感情が誘発されるところの現象を、〈基因〉と仮称しておく。ちなみに、(1)はその現象を対象格として捉えたものである。(1')から分かるように、基因は「Xニ」で表される。「彼ノ親切ニ感激シタ」「彼ノ愚図サニイライラスル」「娘ノ大胆サニハラハラシテイル」等がこの基因を取るものである。また、これらは、「*娘ノ大胆サヲハラハラシテイル」の逸脱性が示しているように、現象を対象として取らない。ところが、「彼ノ成功ヲ羨ム」「彼ヲ憎ム」「父親ヲ怖ガッテイル」等は、「*彼ノ成功ニ羨ム」が示すように、現象を、基因として取ることはなく、対象として取るものである。それに対して、「合格｛ニ／ヲ｝喜ブ」「彼｛ニ／ヲ｝オビエテイル」等は、現象を基因としても対象としてでも捉えることのできる

動詞である。

　記述の都合で述べ残したり簡略化し過ぎたりしたところが少なくない。「私ハ頭ガ痛イ」「光ガマブシイ」等の感覚形容詞については一切触れることができなかった。距離関係を表す「近イ」などは、「神戸ト近イ」「神戸ニ近イ」「神戸カラ近イ」のように三形式を取りうる。これについても触れることができなかった。本章は、仁田義雄『語彙論的統語論』(1980、明治書院)で展開した Lexico‒Syntax の姿勢でもって書かれている。

注
1　「低気圧ガ大雨ヲモタラシタ」「雨ガ石畳ヲ激シク打チツケテイル」などの「低気圧ガ」「雨ガ」を、行為主の擬人化したものとして位置づけるか、典型的ではないが自然現象主として位置づけるかによって、対象格の共起の有無・起こり易さに対する記述も変わってくる。また、「コノ印ハ郵便局ヲ指ス」「レモンハビタミンCヲ含ンデイル」を関係と位置づければ、関係主にもそれなりに対象格は共起することになる。

（初出、「格の表現形式―日本語―」『講座日本語学 10』明治書院、1982）

第3章　日本語の格を求めて

1. はじめに

　同一文中に生じる動詞と名詞句との共起関係には、ある種の制限が認められる。その制限は、述語としての動詞が、自らと同一の文中において共起しうる名詞句の種類と数とをあらかじめ指定する、といった現象として立ち現れてくる。さらに、当の動詞がどのようなタイプの名詞句を共起させうるかには、その動詞の有している語義のタイプ（範疇的意義）が深く関わっている。深く関わっているというよりは、動詞がある類的な範疇的意義を有していることが、動詞と共起する名詞句の種類と数とを決めてかかる基因をなしていると言える（当然、ある名詞句の組み合わせの中に当の動詞が生起するといったことが、その動詞にある類的語義を付与することになる、という逆の現象が、存しないわけではない）。動詞がこのような機能を有することによって、文は意味ー統語的に適格な一つの〈叙述内容の核〉を形成しうることになる。したがって、動詞の有している名詞句への共起指定といったこの種の機能を明らかにすることは、文の生成や分析・記述を明示的に行うための欠かすことのできない作業になってくる。また、動詞の有している名詞句への共起指定を十全に明るみに出すことによって、文の生成や分析・記述は、よりきめ細かく明示的なものになる。動詞の示す名詞句への共起制限が、動詞の有している類的語義と密接に関わっていることによって、動詞の示す名詞句への共起制限の諸タイプをきめ細かく抽出することは、動詞を語彙的にも統語的にもより明示的により正確に性格付けることになる。

　以上のようなことが、十分正当性を持っていると、かなり広く認められるようになってから、既に相当の年月が過ぎた。筆者が上述のような考えへの

方向性と基本的な輪郭を、1971年に執筆し、1972年に「係助詞・副助詞と格表示」として公刊してからでも、もう20年以上の歳月が流れた（本章のもととなる稿を執筆していた1992年当時）。しかし、基本的な考え方の方向や、典型的な現象については、比較的意見の一致を見、相当程度広く受け入れられてきてはいるものの、細かい点や周辺的な現象になると、すぐさま、意見の不一致や未だ内実のある形で呈示されていない部分に出くわす。

その代表的なものとして、動詞にあらかじめ自らの生起を指定されている名詞句の、動詞ならびに他の名詞句に対する類的な関係的意味のあり方に、どのような種類が存在するのか、といった問題がある。これは、いわゆる〈格〉にどのようなタイプが存在するのか、といった問題である。どのような格をいかほど取り出すのかといった問題には、格の研究者の数に応じて存在すると言われるほど、様々な解答・見解が提出されている。言い換えれば、この種の問題は、なかなか意見の一致を見ない問題である。本章では、屋上屋を架することを承知の上で、日本語を対象言語に取り、日本語の格として、どのような格が抽出できるのか、そういった格は、どのような体系性をもって存在しているのか、といったことを、かなりの量の動詞の分析を通した結果として、提出してみたい。本章は、日本語の格類型の抽出への一つの試案である。

2. 依存関係から見た文の成分

2.1 共演成分と付加成分

日本語ではどのような格が抽出されるのか、それらはどのような体系性を持って存在しているのか、などについての考察が行われるにあたっては、まず、名詞句が動詞にあらかじめ自らの生起を指定される、といったことが、どういうことであるのかが、明らかになっていなければならない。

文は、述語を中核・センターにして構成されている。これは、言い換えれば、述語は、文の主要素（Governor）であり、他の諸要素は、述語に従属・依存していく従要素（Dependent）である、ということである。本章は、考察対象を述語が動詞によって形成されている動詞述語に限る。したがって、上述の現象は、動詞は主要素であり、他の成分は動詞に従属・依存している、

と表現し直すことができる。動詞に対する従要素の中には、大きく次の二つのタイプが存在する（もっとも、「松下君、君の書いているものには、かねがね敬服しているのだがね。(高木彬光「妖婦の宿」)」や「あら、お発ちですか？(松本清張「溺れ谷」)」のように、動詞との結び付きにおいて遊離している遊離成分といったものがある。これも、従属・依存のあり方といった点からは、一つの従属・依存のタイプではあるが、本章では問題にしない。したがって、基本的には二タイプということになる）。第一のタイプを〈共演成分〉と仮称し、もう一方のタイプを〈付加成分〉と仮に呼んでおく。

共演成分と付加成分は、概略次のように規定される。[1]〈共演成分〉とは、動詞が、文を生成するにあたって、自らの表す動き・状態・属性を実現・完成するために必須的・選択的に要求する成分である。言い換えれば、共演成分とは、動詞の表す動き・状態・属性の実現・完成に必須的に参画する関与者を表した成分である。共演成分は、動詞の表す動き・状態・属性の実現・完成のために必須的・選択的に要求されるからこそ、その生起をあらかじめ、動詞に指定しておくことが可能になるのである。つまり、どういった共演成分が必要なのか、どういった共演成分が自らと共起しうるのかは、動詞ごとに、動詞の表す動き・状態・属性の類型ごとに定まっている。それに対して、[2]付加成分とは、動詞の表す動き・状態・属性の実現・完成にとって、非必須・付加的な成分であり、また、意味的に整合性が保たれている限り、動詞のタイプによる選択的な共起制限といったものは存しない。言い換えれば、動詞に従属・依存してはいるものの、その生起のあり方をあらかじめ指定しておくことのできないもの、共起関係成立において、従属成分である付加成分の方に主導権があると考えられるものである。

2.2 共演成分の抽出に向けて

当の名詞句が、動詞にあらかじめその生起を指定された共演成分であるのか否かの決定は、さほど簡単な問題ではない。言語の常として、共演成分と非共演成分（付加成分）とは、截然と分かたれ切るものではない。連続した様相を示し、その中間に位置すると思われるものの存在を否定することはできない。最終的には、当の名詞句が共演成分であるのか否か、といった問題は、その名詞が動詞の表す動き・状態・属性の実現・完成にとって必須的な

ものであるか(あるいは必須的なものとして捉えられたのか)どうかに関わってくる、といった意味論的な性格を有するものである。

　当の名詞句が共演成分であるのか否かは、最終的には意味論的な問題であるにしても、言語研究としての客観性を幾分でも高めるために、なるたけ形式的なテスト手段が用意されていることが望ましい。共演成分か否かの判定にそれなりに関与してくると思われる基準として、とりあえず、[1]主題化、[2]連体修飾節の主要語化、[3]分裂文の焦点部化、[4]付加・削除の制約、といった四つのテスト手段を取り挙げる。以下、順次それらについて簡単に説明を加えておく。

　[1]〈主題化〉といったテスト手段は、当の名詞句を格助辞を伴わず主題化した時、その名詞句がもと有していた動詞に対する類的な関係的意味を復元できるか否か、といったことを問うものである。

　これは、たとえば、

　　（1）［憲二ガ亮太ヲ叱ッタ］コト←亮太ハ憲二ガ叱ッタ。
　　（2）［憲二ガ亮太ヲ激シイ言葉デ叱ッタ］コト←*激シイ言葉ハ憲二ガ亮太ヲ叱ッタ。

などの違いとして現れてくる現象である。「Nヲ」で表示されている成分は、(1)の例が示すように、主題化可能である。それに対して、(2)のようなタイプの「Nデ」で表されている成分は、例が示しているごとく、主題化することができない。つまり、格助辞抜きでの主題化において、(1)の「Nヲ」が動詞に対して有していた類的な関係的意味は、復元可能であるが、(2)の「Nデ」が動詞に対して持っていた類的な関係的意味は、復元することができない、といった異なりが生じている。

　[2]〈修飾節の主要語化〉とは、動詞を連体修飾構造の修飾成分(Modifier)に取り、当の名詞句を主要語(Head)に取る構造の中において、主要語たる名詞句の類的な関係的意味が復元できるか否か、といった問題である。

　これは、たとえば、

　　（3）［［憲二ガ亮太ヲ叱ッタ］ソノ亮太］←憲二ガ叱ッタ亮太
　　（4）［［憲二ガ亮太ヲ激シイ言葉デ叱ッタ］ソノ激シイ言葉］←??憲二ガ亮太ヲ叱ッタ激シイ言葉

のような異なりとして現れる現象である。(3)の主要語「亮太」は、もとの

文に存していた「N ヲ」が表す類的な関係的意味でもって解釈することができる。それに対して、(4)の主要語「激シイ言葉」では、もとの文が有していた「N デ」に担われる類的な関係的意味を復元することは極めて困難である。つまり、(3)のような「N ヲ」は、連体修飾節の主要語にできるが、(4)のような「N デ」は、連体修飾節の主要語には通常できない、といった違いが存在している。

　[3]〈分裂文の焦点部化〉とは、当の名詞句を、格助辞を伴わず分裂文の焦点部分にした時、その名詞句がもと有していた動詞に対する類的な関係的意味を復元できるか否か、といったことを問題にするものである。

　たとえば、これは、
　　(5)　[憲二ガ亮太ヲ叱ッタ] コト←憲二ガ叱ッタノハ亮太ダ。
　　(6)　[憲二ガ亮太ヲ激シイ言葉デ叱ッタ] コト←??憲二ガ亮太ヲ叱ッタノハ激シイ言葉ダ(憲二ガ亮太ヲ叱ッタノハ激シイ言葉デダ)。

のような異なりとして生じてくる現象である。(5)(6)の例が示しているように、(5)の「N ヲ」が表している類的な関係的意味は、格助辞抜きで分裂文の焦点部分に据えても、復元可能であるが、それに対して、(6)の「N デ」で表されているような〈手段―様態〉的な意味関係は、格助辞抜きで分裂文の焦点部分に据えると、極めて復元が困難になる。上掲の現象は、(5)の「N ヲ」と(6)の「N デ」では分裂文の焦点化に差が存する、といったことを示している。

　以上、[1] 主題化、[2] 修飾節の主要語化、[3] 分裂文の焦点化、のいずれのテストにあっても、復元できるもの・復元の確かなものが、復元が不可能なもの・復元が困難なものに較べて、その動詞にとってより必須度・要求度の高い名詞句であることを示している。動詞にとって必須度・要求度が高いからこそ、関係的意味の表示形態がなくとも、関係的意味を読み取ることができるのである。

　もっとも、こういった基準も、完全なものからはほど遠く、一応の目安といったものに過ぎない。同一の名詞句がこの三つのテストにおいて、同じ振る舞い方をするとは限らない。というよりは、それぞれのテスト手段は、それぞれに微妙に違った適用範囲を有している。たとえば、〈手段―道具〉的

な「Nデ」や受身的動作での「N｛カラ／ニ｝」などは、[1] 主題化「??棒ハ憲二ガ亮太ヲ殴ッタ→［憲二ガ棒デ亮太ヲ殴ッタ］コト」「??A氏ハB君ガ英語ヲ教ワッタ→［B君ガA氏｛カラ／ニ｝英語ヲ教ワッタ］コト」、[2] 連体修飾節の主要語化「憲二ガ亮太ヲ殴ッタ棒→［［憲二ガ棒デ亮太ヲ殴ッタ］ソノ棒］」「B君ガ英語ヲ教ワッタA氏→［［B君ガA氏｛カラ／ニ｝英語ヲ教ワッタ］ソノA氏」、[3] 分裂文の焦点部化「憲二ガ亮太ヲ殴ッタノハ｛?棒／棒デ｝ダ→［憲二ガ棒デ亮太ヲ殴ッタ］コト」「B君ガ英語ヲ教ワッタノハA氏ダ→［B君ガA氏｛カラ／ニ｝英語ヲ教ワッタ］コト」等が示すように、[1] 主題化、[2] 連体修飾節主要語化、[3] 分裂文の焦点部化の三つのテストにおいて、同じ振る舞い方をするわけではない。概略、これら三つのテスト手段は、通過させる名詞句の範囲の広さの点で、「主題化＜分裂文の焦点部化＜連体修飾節の主要語化」といった広狭関係にある、と言えそうである。しかしながら、「主題化」に叶えば、必ず共演成分であるとも言えず、また、共演成分は、少なくとも「連体修飾節の主要語化」を通過するとも言えないのが、現実である。たとえば、動きなどの成立時を表す〈時の状況成分〉は、言表事態が時の流れの中で生起する現象であれば、その生起を選ばず、したがって、共演成分ではなく、付加成分であるが、「3月3日ハA大学ガ合格発表ヲ行ッタ。→［3月3日ニA大学ガ合格発表ヲ行ッタ］コト」が示すように、主題化が可能である。それに対して、「男ハ竹ヲ篭ニ作ッタ。」の「篭ニ」の成分は、［#男ガ竹ヲ作ッタ］コトを表しているのではないことからも分かるように、この構文の中での「作ル」にとっては、それが表す動きの実現・完成のために、必須・不可欠の共演成分である。しかし、「*男ガ竹ヲ作ッタ篭→［［男ガ竹ヲ篭ニ作ッタ］ソノ篭］が示すように、連体修飾節の主要語にするには無理がある。このように、これらの基準は、やはり目安に過ぎないものである。

　さらに言えば、これらのテスト手段は、形式的な統語的なテスト手段のような装いを取ってはいるが、見かけほど形式的なものではない。もとの文で当の名詞句が有していた動詞に対する類的な関係的意味を復元できるか否かが、テストの内実である限り、これらのテスト手段は、既に基本的なところで、意味論的な判定に大きく寄り掛かっているのである（したがって、テスト適応の個々のケースでは、判定者の適否の判断にずれが生じてくる）。従

来この辺りへの認識に欠けるところがあった。テスト手段を統語的な形式的なものとして提出してはみたものの、その実、かなりの程度に既に意味論的な性質の有するものでしかなく、また、テストの結果にも確かさに欠けるところが生じるのも、結局は、当の名詞句が共演成分であるのか否かといった問題は、最終的には意味論的なものである、といったことに基因している現象なのであろう。

　次に述べ残した［4］〈付加・削除の制約〉について、簡単に触れておく。これは、(a)その名詞句を付加することによって、当の動詞によって形成される文が逸脱文になってしまう、(b)その名詞句を削除することによって、当の動詞によって作られる文が逸脱文や意味的に不充足文になってしまう、といった二つの現象として取り出すことができる。ただ、日本語の場合、名詞句の省略がかなり自由に行われることによって、(b)削除の制約は、実際さほど効力を発揮しない。付加・削除の制約は、名詞句には、動詞との共起関係において制限の課せられているものが存する、といったことから直接的に出てくる現象である。したがって、もう少し別の側面からのものである方が、傍証を呈示することで、現象の存在を主張するテスト手段としては、ふさわしいのかもしれない。しかし、共起制約の現象を直接に明示化する方途があれば、それはそれに越したことがない（多かれ少なかれその現象の存在を直接的に明示化することが困難であるからこそ、通例、その現象存在の傍証となる事象を呈示するために、テスト手段を用いるのである）。

　削除の制約がさほど実効性を持たないことから、ここでは、付加の制約を中心に、この種の現象が、共演成分の認定の基準として、いかに用いられうるのかを、少しばかり見ていこう。

　　　（7）　*広志ハ洋平ヲ走ッタ。
　　　（8）　*父ガ｛息子ニ／息子カラ｝酒ヲ飲ンダ。
　　　（9）　*彼ハ市ノ中心部カラ　郊外ニ彼女ニ恋シテイル。
　　　（10）　*新幹線ハ野原ヲ高速道路ト交差シテイル。

などの例が示しているように、〈対象〉を表す「Nヲ」や、〈相方：ゆく先〉として働いている「Nニ」や、また〈相方：出どころ〉に当たる「Nカラ」や、さらに〈出どころ(場所)〉である「Nカラ」や、〈ゆく先(場所)〉としての「Nニ」や、〈経過域(空間)〉を意味している「Nヲ」などの名詞句は、動詞によっ

ては、共起させてしまうと、逸脱性を有した文が出来上がってしまう。こういったことは、これらの名詞句が、動きや状態や属性といった動詞の表す類的語義のあり方によって形作られる動詞のタイプにより、その生起を制限されている、といったことを示している。自らが生起可能な動詞のタイプに制約がある、言い換えれば、動詞によってその生起を指定されているからこそ、自らの生起を許されないタイプの動詞と共起することによって、逸脱性を有した文が生成されてしまうのである。これは、観点を変えれば、自らの生起を許すタイプの動詞とであれば、これらの名詞句は、その共起が可能になる、といったことでもある。事実、ある種のタイプの動詞にあっては、「広志ハ洋平ヲヤサシク叱ッタ」「父ハ息子ニ愛用ノ時計ヲ与エタ」「父ハ息子カラ手紙ヲ受ケ取ッタ」「工場ガ市ノ中心部カラ 郊外ニ 移ッタ」「馬ニ乗ッタ侍ノ一団ガ野原ヲ 駆ケ抜ケタ」などが示しているように、これの名詞句の共起が可能になる、さらに言えば、その生起が必要とされている。つまり、〈付加の制約〉の適用によって、上掲の、〈対象〉を表す「Nヲ」や、〈相方：ゆく先〉である「Nニ」や、〈相方：出どころ〉に当たる「Nカラ」や、〈出どころ(場所)〉たる「Nカラ」や、〈ゆく先(場所)〉としての「Nニ」や、〈経過域(空間)〉を表す「Nヲ」は、動詞の表す類的語義のあり方にその生起を指定された共演成分である、ということが分かる。

　このように、付加の制約といった現象は、具体的な個々の動詞にとって、どのような名詞句が当の動詞と共起可能な名詞句であるのか、といった形で、共演成分を明示化してくれるわけではないが、名詞句のタイプに対して、どのような名詞句のタイプが動詞にその生起を指定された名詞句であるのか、といったことを教えてくれる。しかも、かなり形式的なあり方でそれらを列挙しうる手段である。以上述べたところからも、付加の制約が、共演成分の取り出しにあたって、それなりに有効なテスト手段である、ということが、了解できたものと思われる。

　付加の制約の適用で問題になるのは、主体を表す「Nガ」と、事象の成立時を表す〈時の状況成分〉や〈手段―道具〉的な「Nデ」などとの異なりを、どのように明らかにしていくかである。結論から言えば、本章では、主体を表す「Nガ」は共演成分であるが、時の状況成分や〈手段―道具〉的な「Nデ」は付加成分である、とする。しかしながら、これらは、とも

にかなり広範囲の動詞と共起する。したがって、付加の制約ではその異なりを取り出しにくい。

しかし、動きを表す典型的な動詞のタイプではないが、「Nガ」が生起しない動詞の使い方がないわけではない。たとえば、

(11)　<u>僕ニハ</u>　<u>ソウナルト</u><u>分カッテイタ</u>。
(12)　<u>コノ辺リデ</u><u>家ヲ借リルニハ</u>　<u>月15万円デモ</u><u>足リナイ</u>。

が示しているように、「分カル」や「足リル」には、[Nニ、Sト]や[Nニ、Nデ]といった名詞句（および文相当）の組み合わせで意味的に充足する使われ方が存する。このことは、「Nガ」といった名詞句も、やはり、動詞による生起制約から完全に自由でないことを示している。

それに対して、〈時の状況成分〉は、文の表している言表事態が時の流れの中で起こるものであれば、そのタイプを選ばない。たとえば、

(13)　<u>その夜</u>、私たちは〜、ベランダごしにもうこの鳥籠はあずかれないのだ、と大声で聞えよがしに話しました。

(遠藤周作「男と九官鳥」)

(14)　<u>1945年ニ</u><u>第二次世界大戦ガ終ワッタ</u>。

などが示しているように、意志的な動作であれ、無意志的な動きであれ、時間の流れの中で起こる事象である限り、時の状況成分は共起しうる。動詞文のみならず、「<u>今朝</u><u>頭ガ痛カッタ</u>。」のように、形容詞文であれ、時の流れの中で生じる事象には、時の状況成分の生起は可能である。それに対して、

(15)　??<u>明日</u><u>2足ス2ハ4ニナル</u>。

などのように、言表事態が時から解放されているような事象である場合、時の状況成分を共起させると、極めて変な文になってしまう。

また、〈手段―道具〉的な「Nデ」の名詞句に対しても、次のようなことが観察されうる。

(16)　彼ハ<u>自転車デ</u><u>学校ニ通ッタ</u>／犯人ハ<u>金ノ延べ棒デ</u><u>被害者ヲ殴リ殺シタ</u>／彼ハ<u>口当タリノ良イ酒デ</u><u>女ヲ酔ワセタ</u>。

などが示しているように、意志的な事象を形成しうる動詞に対しては、「Nデ」は、〈手段―道具〉的に解釈される、言い換えれば、この種のタイプの事象を表す文にあっては、〈手段―道具〉的な「Nデ」の共起可能性は、動詞を選ばない。それに対して、

(17) 金ノ延ベ棒デ争イガ起コッタ／父ハ口当タリノ良イ酒デ酔ッテシマッタ／前線ノ到来デ大雨ガ降ッタ。

などの例が示すように、非意志的な事象を表す文にあっては、「Nデ」は、原因的に解釈される傾向にある。言い換えれば、これらのタイプの文においては、〈手段―道具〉的な「Nデ」は、通例共起しない（もっとも、「僕ハウッカリ金槌デ窓ガラスヲ割ッテシマッタ。」のように、無意図的に行ってしまった動きにも、〈手段―道具〉の「Nデ」が共起することがないわけではない）。

〈時の状況成分〉や〈手段―道具〉的な「Nデ」の生起にも、全く制限がないわけではない。しかし、これらにあって制限を引き起こしているものは、共演成分の共起制限の基因になっているような、動詞の表している動きや状態や属性の類型ではない。もう少し一般的な事象のタイプといったものである。それに対して、主体の「Nガ」の不在に関わっているものは、動詞の表している動きや状態や属性のあり方といったレベルでの類型である。

以上、付加の制約では明確には捉えにくかったものの、主体を表す「Nガ」が共演成分であり、時の状況成分や〈手段―道具〉的な「Nデ」が付加成分である、といったことへの論拠をそれなりに示しえたものと思われる。

2.3　主要共演成分と副次的共演成分

以上述べてきたところから、動詞が、文を形成するにあたって、自らの表す動き・状態・属性を実現・完成するために必須的・選択的に要求する共演成分が、動詞ごとに確定できることが分かった。しかし、既に述べたように、共演成分が、動詞の表す動き・状態・属性の実現・完成にとって、何を必須的なものとして捉えるかに関わってくる、といった最終的には意味論的な性格を有しているものであれば、共演成分と付加成分との間に、繋がり連続したところが存し、その違いが常に截然としているわけではないのも、無理はない。こういった共演成分と付加成分の繋がり・連続性をきめ細かく捉えるために、本章では、動詞に従属・依存している成分を、単に共演成分と非共演成分（付加成分）とに二分するのではなく、動詞からの必須度・要求度の違いに応じて、共演成分の中にも、〈主要共演成分〉と〈副次的共演成分〉といったタイプの異なりを設けておく（それと相呼応する形で、付加成分の中にも、副次的共演成分に近い比較的要求度の高いものもあれば、そう

でないものもある)。

　主要共演成分と副次的共演成分の異なりは、たとえば、
　　(18)　社長ガ女性ヲ一人秘書ニ雇ッタ。
の例で言えば、「社長ガ」「女性ヲ」が主要共演成分であり、「秘書ニ」が副次的共演成分である(「一人」は、言うまでもないが、付加成分である)。この両者の異なりは、「社長ガ秘書ニ雇ッタ女性→[[社長ガ女性ヲ秘書ニ雇ッタ]ソノ女性]」のように、「女性ヲ」は〈連体修飾節の主要語化〉をパスするが、「*社長ガ女性ヲ雇ッタ秘書→[[社長ガ女性ヲ秘書ニ雇ッタ]ソノ秘書]」が示すように、「秘書ニ」は〈連体修飾節の主要語化〉をパスしない、といった統語的な振る舞い方の違いに反映している。

　もっとも、主要共演成分と副次的共演成分の異なりが、常に統語的な振る舞い方に反映するわけではない。
　　(19)　子供達ガ吊リ橋ヲ渡ッタ。←子供達ガ渡ッタ吊リ橋
　　(20)　子供達ガ運動場ヲ走ッテイル。←子供達ガ走ッテイル運動場
が示しているように、〈経過域(空間)〉を表す「Nヲ」は、(19)にあっても、(20)にあっても、ともに、〈連体修飾節の主要語化〉を通過する。その点で違いはない。しかし、本章では、(19)の〈経過域(空間)〉は主要共演成分であり、(20)のそれは副次的共演成分である、という立場を取る。それは、「Nヲ」を抜いた「子供達ガ渡ッタ」が、不充足感を示すのに対して、「子供達ガ走ッテイル」は、これだけで意味的に充足している、と感じられるからである。存在していないことが意味的に不充足さを招来するのは、取りも直さず、その成分の必須度が高いからであり、不在であっても不充足さが生じないのは、必須度が低いからである。

　したがって、主要共演成分と副次的共演成分は、概略次のように規定できよう。〈主要共演成分〉とは、より必須度の高い共演成分であり、動詞の表す動き・状態・属性の実現・完成に最低限必要な存在である。それに対して、〈副次的共演成分〉とは、少し必須度・要求度の落ちる共演成分である。

　それにしても、既に述べたように、最終的に意味論的な性格を有するものであるということからも、やはり、両者の区別は、常に明瞭というわけではない(両者に対する規定からして非形式的であることを免れない)。主要共演成分と副次的共演成分とは連続する部分もあり、また、副次的共演成分と

非共演成分との間にも連続するところがある(たとえば、本章では、「彼ハ息子ヲ医者ニ育テタ」の「医者ニ」は副次的共演成分である、といった扱いをするが、「彼ハ壁ヲ赤色ニ塗ッタ」の「赤色ニ」は〈結果の副詞〉といった比較的要求度の高い付加成分である、といった立場を取る)。

2.4 共演成分たる名詞句

次に、既述のテスト手段・基準、特に〈付加・削除の制約〉で取り出される共演成分たる名詞句に、どのようなものがあるかを、ざっと概観しておく。名詞句の形式と、名詞句の表している類的な関係的意味とが、一対一の対応をしていない、といったことを承知の上で、ここでは、どのような形式の名詞句が共演成分たりうるのかを瞥見しておく。

まず、「Nガ」から見ていこう。「子供ガ遊ンデイル」「雨ガ降ッタ」「乗用車ガ通勤列車ト衝突シタ」「広志ガ洋子ニ時計ヲ贈ッタ」などのような動詞と共起する「Nガ」は、これなしでは、意味に不充足が生じ、また、既に述べた「僕ニハソウナルト分カッテイタ」のように、「Nガ」の生起なしに意味的に充足する動詞が存在することからしても、共演成分である。しかも、最も中核をなす共演成分である。

次に、「Nヲ」について瞥見する。これには、いくつかの類的な関係的意味が担われるが、生起する動詞に制約の存在が観察され、やはり共演成分である。たとえば、「子供ガ窓ガラスヲ割ッタ」や「彼ハA大学ヲ卒業シタ」「舟ガ川ヲ下ッテイル」「彼ハ貧シイ少年時代ヲ送ッタ」などの「Nヲ」は、いずれも共演成分である。また、この種の「Nヲ」を欠くと、言表事態は意味的に不充足になる。

「Nニ」といった形式を持つ名詞句も、また、生起する動詞に制約が存し、これを抜いてしまうと、意味的に不充足になる共演成分である。「彼ハ交通事故ニ会ッタ」「僕モ新シイ仕事ニヤット慣レタ」「父ハ額ヲ壁ニ掛ケタ」「A先生ハ子供達ニ愛ハ世界ヲ救ウト教エタ」「父ハ娘ノ合格ニ喜ンダ」などの「Nニ」は、関係的意味は様々ではあるが、いずれも共演成分である。

次に、「Nカラ」について瞥見しておく。これも、やはり共演成分として機能している。「船ハ岸カラ離レタ」「水ハ酸素ト水素カラ成ッテイル」「会計ハ会員カラ会費ヲ集メタ」「感謝ノ気持チヲ込メテ、子供達カラ先生ニ時

計ヲ贈呈シタ」などは、いずれも、欠くと意味的に不充足になり、生起する動詞に制約が存するところの共演成分である。

次に、「Nト」について見ておこう。これにも、生起制約を有するものがある。「N{ト一緒ニ／ トトモニ}」と同じ働きをする「Nト」は、「広志ハ洋子ト（一緒ニ）学校ニ行ッタ」「僕ハ友達ト酒ヲ飲ンダ」「僕ハ仲間ト山ヲ降リテキタ」「洋平ハ亮介トA先生カラ英語ヲ教ワッタ」が示しているように、かなり広範囲の動詞に起こりうる。それに対して、「洋平ハ健太ト喧嘩シタ」は、「洋平ハ健太ト一緒ニ喧嘩シタ」とは意味が異なる。「Nト一緒ニ」の場合、「洋平ハ健太ト一緒ニ（誰カト）喧嘩シタ」のように、更なる「Nト」が必要になる。この種の「Nト」には、生起制約が存在する。「彼ハ敵ト戦ッタ」「A氏ハ奥サント離婚シタ」「日本ハ中国ト条約ヲ結ンダ」のようなものが、共演成分の「Nト」である。また、「我々ハA氏ヲ建国ノ父ト仰イデイル」の「Nト」も、欠けると意味的に不充足になり、生起制約を有するものである。さらに、「豊かな祖父伝来の財産は莫大な負債と変わっていた。（高木彬光「妖婦の宿」）」の「Nト」も、欠くと意味的に不充足であり、生起制約を有する共演成分である。

最後に、「Nデ」について触れておく。既に見たように、〈手段―道具〉を表す「Nデ」は、基本的に付加成分であった。したがって、非共演成分である。しかし、「広場ガ群衆デ埋マッタ」の「Nデ」は、欠けると意味的に不充足になり、生起制約を有している。したがって、共演成分であると考えられる。また、「私ノ方デ事ノ真相ヲ解明シテオキマス」の「Nデ」も、主体を表し、欠くと意味的に不充足な言表事態になってしまう。このように、「Nデ」といった形式を持つものの中にも、共演成分として働いているものが存する。

以上、日本語にあって、本章で述べた共演成分として働きうる名詞句には、「Nガ」「Nヲ」「Nニ」[1]「Nカラ」「Nト」「Nデ」といったものが存することが指摘できる。

名詞句ではないし、意味的にも、動詞の表す動きの様態修飾表現的ではあるものの、

　　（21）　彼ハ行儀正シク振ル舞ッタ。

の「行儀正シク」のようなものも、「？彼ハ振ル舞ッタ」のように、これを欠くと、意味的に不充足になってしまうことから、動詞の表す動きを実現・完成するための参画者たる共演成分の一タイプとして扱う必要があろう。

3. 格と格支配と格体制

　ここでは、本章での分析・記述にとって基礎になる〈格〉や〈格支配〉や〈格体制〉といった概念・用語について、簡単に説明を加え規定を与えておく。

　既に述べたように、動詞がどういったタイプの語義を有しているかによって、動詞には、文の形成にあたって自らの表す動きや状態や属性を実現・完成するために、どのような共演成分の組み合わせが共起するかが、決まっている。このように、動詞が、文の形成にあたって自らの表す動きや状態や属性の実現・完成のために、必要な共演成分の組み合わせを選択的に要求する働きを、その動詞の〈格支配〉と呼ぶことにする。そして、この共演成分の動詞および他の共演成分群に対する類的な関係的意味のあり方を、〈格〉と名付ける。さらに、動詞が文の形成にあたって自らの表す動きや状態や属性を実現・完成するために要求する共演成分の組み合わせを、格の組み合わせとして見た時、これを〈格体制〉と呼ぶ。たとえば、これらの諸概念を、

　　　（1）　広志ガ亮太ニ時計ヲ贈ッタ。

といった例でもって説明すれば、次のようになる。「広志ガ」「亮太ニ」「時計ヲ」といった名詞句が、動詞「贈ル」にとっての〈共演成分〉である。動詞「贈ル」が、自らの表す動きの実現・完成のために、「広志ガ(Nガ)」「亮太ニ(Nニ)」「時計ヲ(Nヲ)」といった共演成分を要求する働きが〈格支配〉であり、「広志ガ」「亮太ニ」「時計ヲ」といった共演成分が、それぞれに「贈ル」および他の共演成分に対して表している〈主(運動)：出どころ〉〈相方：ゆく先〉〈対象(変化)〉といった論理的な類的な関係的意味が〈格〉である(格のタイプおよび格の相互関係のあり方については、次の節で少しばかり詳しく分析する)。そして、「贈ル」の要求する〈主(運動)：出どころ、対象(変化)、相方：ゆく先〉といった格の組み合わせが、動詞「贈ル」の取る〈格体制〉である、ということになる。

以上述べた簡単な規定およびサンプルとして挙げた一例からでも、本章で言う〈格〉〈格支配〉〈格体制〉といったものの概略が、ほぼ分かったものと思われる。

4. 格の抽出と格類型
4.1　格抽出にあたって─その基本的姿勢─
　これから、日本語にどのような種類の格が抽出されるのか、といった試案を具体的に述べていくことにする。まず、その前に、本章での格抽出の基本姿勢について簡単に触れておく。そのような基本的姿勢として、暫定的に、次のようなものを挙げておく。［1］格として取り出される意味は、言語的意味である。［2］表層の表現形式を重視する立場を取る。［3］共演成分を占める名詞の意味素性が、格的意味に関与することがある。［4］格的意味は、常に截然と分かたれ切るとは限らない。典型的なものだけでなく、周辺的なものやまた中間的なものが存在する、といった「ゆらぎ」を持つものとして扱う。［5］共演成分の有する関係的意味、言い換えれば格的意味は、一つであるとは限らない。また、これらの五つの基本的原則は、決してバラバラなものではなく、相互に関連しあっている。
　まず、［1］の、格として取り出される意味は、言語的意味である、といったことから簡単に説明していく。これは、格的意味が、事態・世界の担っている論理関係のあり方に単純に還元できるとは思わない、といったことを意味している。むしろ、格の抽出にあたっては、事態の論理的意味関係を、当の言語がどのように捉えたか・切り取ったかを問題にすることが、大切であると思われる。これは、たとえば、語句の意味のレベルで考えれば、「父」と「母の亭主」や「宵の明星」と「明けの明星」は同一指示対象を指すが、言語的意味は同じではない、とされることと同趣のことである。
　格の問題に直接的に繋がる現象としては、言い換え可能性、真理値の同一性や含意の問題が挙げられる。たとえば、

　　（1）　<u>父親の方</u>は、～ぺすとるを誰かへ貸して～　　　（三浦哲郎「拳銃」）
　　（1'）　<u>誰カガ</u>　父親ノ方カラペストルヲ借リテ、
　　（2）　<u>圭一郎</u>は、～長い談話原稿を～<u>他の大雑誌</u>に売って～

(嘉村磯「崖の下」)

　　(2')　　他ノ大雑誌ガ　圭一郎カラ長イ談話原稿ヲ買ッテ、
　　(3)　　Aサンノ奥サンガ　ボクニ二個ノ絹色ノ糸デカガラレタ手鞠ヲクレテ、
　　(3')　　(ぼくは) Aさんの奥さんから〜二個の絹色の糸でかがられた手鞠をもらって、
　　　　　　　　　　　　　　　　　　　　　　　　(水上勉「寺泊」)

ような「貸ス─借リル」「売ル─買ウ」「ヤル(クレル)─モラウ」などの動詞に見られる現象が挙げられる。［父親ノ方ガペストルヲ誰カヘ貸シタ］ということは、取りも直さず、［誰カガペストルヲ父親ノ方カラ借リタ］ということである。言い換えれば、これらの対には、それぞれ、言い換え可能性や真理値の同一性が存している、と言える。そこで、これらの対に見い出される下線部名詞や破線を付された名詞の格を、同じものとして扱うべきか、といった問題が生じる。結論から言えば、本章では、これらを同一の格として扱わない。しかし、ただ異なった格として放置するだけで事が足りるとも思わない。言い換え可能性や真理値の同一性が存する分、意味的に何らかの共通性を有しているはずである。その異なりと似かよりを捉える努力をすべきであろう。先取りして言えば、(1)「父親ノ方ハ」は〈主：出どころ〉といった格を担っており、(1')「父親カラ」は〈相方：出どころ〉といった格として規定できる。また、(1)の「誰カヘ」は〈相方：ゆく先〉として、(1')の「誰カガ」は〈主：ゆく先〉として、規定できる。それぞれは、〈出どころ〉〈ゆく先〉を共有していることによって、似かより、〈主〉〈相方〉に分かれることにおいて、異なっている。

　また、

　　(4)　　女ガ子供ヲ宿シタ。←→　(4')　　子供ガ女ニ宿ッタ。

も、真理値の同一性を持っており、言い換えの関係にある。その意味で、下線部は、それなりの似かより性を有している。しかし、(4)が「女ガ腹ニ子供ヲ宿シタ」のように、三項動詞的に広げられるのに対して、(4')が「子供ガ女ノ腹ニ宿ッタ」のようにしかならない点において、異なり性を有している。

　言い換え可能性には似かよりの基因が存在し、表層における表現形式ならびに統語的地位の違いが異なりを招来している。

さらに、
　　（5）　私か誰かが戸を開けたのだろう。　　　（尾崎一雄「虫のいろいろ」）
　　（5'）　戸ガ開イタノダロウ。

などでは、（5）は（5'）を含意している。しかし、やはり本章では、似かよりの存在を認めるとともに、その異なりを重視し、下線部の名詞を同一の格を担うものとしては扱わない。（5）の「戸ヲ」は、変化を体現する存在である、といった（5'）の「戸ガ」と似た意味的あり方を有しているとともに、（5'）の「戸ガ」にない〈働きかけの対象〉といった意味的関係を持っている。

　事態や世界のあり方そのものではない、として述べた、[1]の、格は言語的意味、といった特徴づけは、すぐさま、[5]の、共演成分の二重格的あり方、といった特性と結び付いていく。

　次に、[2]の、表層の表現形式を重視する立場を取る、といったことについて簡単に見ておく。この基本的姿勢は、[1]から導かれるものである。表層の表現形式重視の姿勢からは、また、ある共演成分が、表示形式の交替形を持つなら、通常それは、その共演成分の格的意味の異なりに影響を及ぼすであろう、とする立場が導き出される。これは、当の共演成分は、交替表示形式のあり方に応じた格的意味を合わせ持つ、あるいは、中間的な関係的意味を有するものとしての「ゆらぎ」を持つだろう、といった考え方である。

　格表示形式の交替現象とは、たとえば、
　　（6）　来てもらいたいという手紙を、女｛から／ガ｝（私に）寄越したので、　　　　　　　　　　　　　　　　　　　　　　　（近松秋江「黒髪」）

などがこれに当たる。原文は、「女カラ」のように、「Nカラ」で表示されている。しかし、「Nガ」の表示も可能である。つまり、表示形式に交替現象が存する。これを受けて、（6）の「女カラ」は、動きの起こし手である、といった中核的意味関係とともに、「手紙」の出どころ、といった関係的意味を帯びている。つまり、〈主：出どころ〉（正確には〈主：出どころo〉）といった二重の格的意味を有している。

　また、
　　（7）　その隙間｛から／ニ｝ジャージー種の乳牛が重なり合うようにのぞいている～　　　　　　　　　　　　　　　（鮎川哲也「急行出雲」）

は、「ソノ隙間カラ」が、「Nニ」といった交替表示形式の存在、および、

主体である「乳牛」の物理的空間移動の欠如を受け、典型的な〈出どころ〉から、既に、知覚物の存在場所といった〈ありか〉的なあり方に移行していっている。〈出どころ〉と〈ありか〉といった双方の間に位置するような存在である。捉え方によって、この両者の間をゆらいでいる。

　この［2］の基本原則も、また、［4］格のゆらぎ、［5］二重格指定、といった他の特性に結び付いていく。

　もっとも、本章でも、表層の表現形式と意味的なレベルの存在である格が、必ずしも一対一の対応を示すわけではないことを、前提にしている。つまり、(a) 一つの表示形式が、いくつもの格的意味を表す、(b) ある格的意味が複数の表示形式によって表される、といった現象の存在を認めている。

　「Nニ」といった表示形式を例に取り、まず、(a) の、一つの表示形式がいくつもの格を表す、といった現象を具体的に示してみよう。

　　（8）　相手もロシヤ煙草を～私にくれたので、　　　（木山捷平「耳学問」）
　　（9）　ぼくは～凍える寒さに閉口していたが、　　　（水上勉「寺泊」）
　　（10）　編輯長の机が真中にあって、　　　（田山花袋「少女病」）
　　（11）　母は何年か前に自分で寺に行って、　　　（藤枝静男「私々小説」）

などから分かるように、これらの「Nニ」は、総て異なった格的意味を表している。(8) は〈相方〉であり、(9) は〈基因〉であり、(10) は〈ありか〉であり、(11) は〈ゆく先〉である。これらの異なりを招来している基本は、動詞のタイプの異なりであるが、「私」が人名詞であり、「凍える寒さ」が抽象的な現象名詞であり、「真中」や「寺」が場所名詞や物的場所名詞である、といった名詞の意味素性がそれを補強している。ここでも、他の特性（［3］名詞の意味素性）への関連を見て取ることができよう。

　(b) 格的意味が複数の表示形式で表される、といったことは、

　　（12）　恋人は、君に逢って、　　　（大宰治「富嶽百景」）
　　（12'）　諸君がもし恋人と逢って、　　　（大宰治「富嶽百景」）
　　（13）　「お袋さんか誰かから聞いたんでしょう。」（上林暁「ブロンズの首」）
　　（13'）　「僕は医者に聞いたんだが、～」　　　（田山花袋「少女病」）

などに、その実例を見ることができよう。〈相方〉といった格的意味は、浮かび上がってくる副次的な意味的あり方によって、(12)(12') や (13)(13') から分かるように、中心的かつ代表的な表示形式は「Nニ」であるが、「N

ト」でも「Nカラ」ででも表示されうる。

　本章では、表層の表示形式が常に格的意味と一対一の対応をなすわけではない、ということを十分認識しながらも、従来より表層の表現形式を重視する立場を取る。

　次に、［3］の、名詞の意味素性が格的意味に関与することがある、といったことについて、若干説明を加える。これは、

　　　(14)　彼ハ本ヲ彼女ニ上ゲタ。←→　(14′)　彼ハ本ヲ机ノ上ニ上ゲタ。
　　　　　　　　　〈相方〉　　　　　　　　　　　　　　〈ゆく先〉

といった例などに現れる現象である。(14)では、名詞が人名詞であることによって、「上ゲル」といった動詞が〈所有権・所持権の移動〉のタイプを実現し、そのことによって、その「Nニ」は〈相方〉格を表し、(14′)では、名詞が場所名詞であることによって、同じ動詞が〈物理的空間移動〉のタイプになり、したがって、その「Nニ」は〈ゆく先〉格として立ち現れてくる。

　もう少し微妙な例を挙げてみよう。

　　　(15)　女は～、井波にビールをついだ。　　　　　　（水上勉「赤い毒の花」）
　　　(15′)　母ガ父ノオチョコニ酒ヲ注イダ。

「注グ」は、(15′)が示すように、物的場所名詞を取り、〈物理的空間移動〉を表し、その「Nニ」は、対象の〈ゆく先〉を表す。それに対して、「Nニ」に人名詞を取った(15)では、名詞が人名詞である分、「Nニ」は、対象の〈ゆく先〉であるとともに、対象の授与される〈相方〉へとずれ込んでいく。

　［3］の、名詞の意味素性は、［4］格のゆらぎ、［5］二重格指定、といった他の現象とも繋がりを有している。

　次に、［4］の、格的意味は、典型的なものもあれば、周辺的なものや中間に位置するものも存し、常に截然と分かたれ切るとは限らない、といったことについて見ておこう。

　　　(14)　「だが、奴らは、おれを殺してはくれるまい。」
　　　　　　　　　　　　　　　　　　　　　　　　（筒井康隆「その情報は暗号」）

における「オレヲ」は、典型的な〈対象〉格である。それに対して、

　　　(15)　私は～落葉しきった細い山路を～歩きまわった。
　　　　　　　　　　　　　　　　　　　　　　　　（太宰治「富嶽百景」）
　　　(16)　彼は～大いそぎで店のドアに近づき、（筒井康隆「その情報は暗号」）

の「落葉シキッタ細イ山路ヲ」や「店ノドアニ」は、典型的な〈経過域〉や〈ゆく先〉を表す格である。

こういった典型的な存在に対して、

　　(17)　私は翌日源四郎を訪ねてみようと～　　　（日影丈吉「かむなぎうた」）
　　(17')　教授達は、～京南大学の研究室を訪ねているかもしれない。
　　　　　　　　　　　　　　　　　　　　　　　　　（水上勉「赤い毒の花」）

などの「Nヲ」は、(17')が〈対象〉の典型から大きく外れた所に位置しているだけでなく、(17)が、「源四郎ヲ訪ネル」が「源四郎ノ所ヲ訪ネル」に近似していくことにおいて、既に〈対象〉の典型からずれている。また、(17')の「研究室ヲ訪ネル」は、場所名詞を取り、かつ「Nヲ」表示である点、〈経過域〉への繋がりもなくはない。しかし、「A氏ヲ研究室ニ訪ネル」と言いうることにおいて、より〈ゆく先〉と結び付いている。実際は、〈対象〉的でもあり〈ゆく先〉であり、さらに〈経過域〉とのつながりも否定できない、といったのが、この「研究室ヲ訪ネル」といったものであろう。

また、

　　(18)　未亡人は～久保君の死後方々を整理した際、
　　　　　　　　　　　　　　　　　　　　　　　　　（上林暁「ブロンズの首」）

といった例も、「部屋ヲ捜ス」とともに、〈経過域〉との関連性を持ち、

　　(19)　彼ハ経営不振ノタメ子会社ヲ整理シタ。

などの存在からも、一方では〈対象〉性を色濃く有しうるものである、と思われる。〈対象〉性の高さは、(19)の方が(18)よりも高い。また、この異なりには、(18)の「Nヲ」が場所名詞によって成り立っているのに対して、(19)のそれが物名詞によって形成されている、といった［3］名詞の意味素性、という他の特性との関連が見て取れる。

このように、共演成分の有する格的意味には、典型的なものもあれば、周辺的なものもあり、中間的なものも存する、といった「ゆらぎ」を持つものである、ということが分かった。上掲の例は、格のゆらぎを示すほんの一例に過ぎない。格的意味を固定的に扱うことには、問題がある。

最後に、［5］の、共演成分の有する格的意味は一つであるとは限らない、といったことについて、ごく簡単に見ておく。

〈主〉〈相方〉と〈ゆく先〉〈出どころ〉の重なりを、まず見ておく。

(20)　私は〜シャボテンを〜青木に贈ることにした。　（井伏鱒二「鯉」）
　　　〈主：出どころ〉　　　　　〈相方：ゆく先〉
(21)　ぼくは〜常連から得た知識にしたがって、（梅崎春生「突堤にて」）
　　　〈主：ゆく先〉〈相方：出どころ〉

(20)の「私ハ」は〈主〉と〈出どころ〉をともに有し、「青木ニ」は〈相方〉と〈ゆく先〉を併存させている。それに対して、(21)の「ボクハ」には〈主〉と〈ゆく先〉が重なり、「常連カラ」は〈相方〉と〈出どころ〉の双方によって規定される。

　本章では、この種の二重格だけではなく、問題がないわけではないし、かなり性格が異なるものの、次のような相互動詞にも、格の重なりを認める。

(22)　広志ハ洋平ト殴リ合ッタ。

は、「広志ガ洋平ヲ殴リ」かつ「洋平ガ広志ヲ殴ッタ」ことを表している。したがって、(22)の「広志ハ」には〈主：対象〉、「洋平ト」には〈対象：主〉、といった二重格指定を有している。また、

(23)　今一人のアンナは、〜人形師のハンスと、堅い契りの言葉を取り
　　　かわしておったのでした。　　　　　（高木彬光「妖婦の宿」）

の「今一人ノアンナハ」は、〈主〉でありながら〈相方〉を兼ね備えたもの、つまり、〈主：相方〉として取り扱い、それに対して、「人形師ノハンスト」は、中核は〈相方〉でありながら〈主〉のあり方も兼ね備えたもの、つまり、〈相方：主〉であるといった立場を取る。

　この格的意味の重なりの認定といった姿勢も、また、[4]格を固定的に見ない、といった立場や、[2]表現形式の重視、といった立場に、少なからず関係している。

　以上で、これらの五つの基本的姿勢は、それぞれバラバラな存在ではなく、互いに関連し合うところの少なくないことが、分かったものと思われる。

　上述のような、表層の表現形式の重視や、格の「ゆらぎ」への認識や、二重格指定などは、かつての筆者の取り扱いをも含めて、従来の主流的な格の考え方と少しく異なるものである。

4.2 格の二タイプ

規定もせず、既にいくつかの格を具体的に取り出した。個々の格がどのような意味的性格を持つかを略述する前に、それらの格がどのようなタイプに類別されるのか、それらのタイプの相互関係がどのようなものであるのか、などについて、ごく簡単に触れておく。

本章では、格のタイプとして二つの類型を認める。一つは〈文法格〉であり、他の一つは〈場所格〉である。以下、この二タイプにどのような格が所属するのか、についての暫定案(これは、また格の種類設定の暫定案でもある)を、提出する。

文法格には、〈主(ぬし)〉〈対象〉〈相方〉〈基因〉が存在している(もっとも、必須度の低いものではあるが、〈基因〉に繋がる〈手段―基因的〉といった格が指摘できる。たとえば、「西も南も北も研究所や<u>病棟</u>で埋まっていましたから、(遠藤周作「男と九官鳥」)」や「腹腔が濁った<u>腹水</u>で充満し、(藤枝静男「私々小説」)」などの下線部の名詞句がこれである。これらを入れると文法格は 4.5 ないしは 5 種になる)。場所格には、〈ゆく先〉〈出どころ〉〈ありか〉〈経過域〉の 4 種が属している。

場所格は、文法格を前提として存在している。文法格が主要な格であり、場所格は副次的な格である。両者のこのような関係は、

(24) 本阿弥光泉は〜<u>駅の構外</u>にでて、　　　　　（大河内常平「安房国住広正」）

(25) 主任は、〜『主要旅客列車編成表』を<u>唐沢の前</u>にさしだした。
　　　　　　　　　　　　　　　　　　　　　　　　（鮎川哲也「急行出雲」）

(26) ぼくが〜、<u>部屋</u>をでると、　　　　　　　　（田中小実昌「魚撃ち」）

(27) 花村敏夫は、<u>応接室</u>から椅子を運んできて、（高木彬光「妖婦の宿」）

(28) 電話がすぐ<u>側</u>(わき)にあるので、　　　　　　（田山花袋「少女病」）

(29) ぼくは〜<u>信州</u>に仕事場をもち、　　　　　　（水上勉「寺泊」）

などによって示される次のような関係のあり方の中に立ち現れている。(24)の下線部〈ゆく先〉は、〈主〉の〈ゆく先〉に外ならないし、(25)の〈ゆく先〉は、〈対象〉の〈ゆく先〉である。また、(26)の〈出どころ〉は、〈主〉の〈出どころ〉であるし、(27)の〈出どころ〉は、〈対象〉の〈出どころ〉に外ならない。さらに、(28)の〈ありか〉は、〈主〉の〈ありか〉であるし、(29)の〈ありか〉は、〈対象〉の〈ありか〉として存在している。つまり、この

ことは、〈ゆく先〉や〈出どころ〉や〈ありか〉が〈主〉や〈対象〉との関係を経由することによって、〈ゆく先〉や〈出どころ〉や〈ありか〉でありうる、ということを意味している。言い換えれば、〈ゆく先〉や〈出どころ〉や〈ありか〉は、〈主〉や〈対象〉との関係を前提にして存在しているということである。場所格は、文法格を前提として存在しているのである。

〈相方〉格自身は、「彼ハ彼女ニ花束ヲ贈ッタ」や「会計ハ会員カラ会費ヲ集メル」のように、逆に、〈ゆく先〉や〈出どころ〉といったあり方を帯びることがあり、しかも、〈相方〉が出立する〈出どころ〉や行き着く〈ゆく先〉が存しないことによって、場所格の成立・認定に対して必ずしも前提として存在しているわけではない。その意味では、〈相方〉は、文法格の中で、〈主〉や〈対象〉に対して、その中核性を減じている。同様なことが〈基因〉(および〈手段―基因的〉)にも当てはまる。文法格は、より中核的な〈主〉〈対象〉と、いくぶん中核性を減ずる〈相方〉〈基因〉(および〈手段―基因的〉)に、まず分かたれる(もっとも、この二類の文法格が常に類として等質であるわけではない。[主＞対象＞相方＞基因＞(手段―基因的)]といったあり方でもって、連続しながら、その中核性のスケールの中に存している)。

場所格も、必ずしも同質的な格によって成り立っているわけではない。〈ゆく先〉〈出どころ〉〈ありか〉と〈経過域〉は、少しく趣を異にする。

〈経過域〉には、

(30) 私は<u>二条の方へ</u> <u>寺町を</u>下がり、　　　　　(梶井基次郎「檸檬」)

(31) 大矢部長刑事は～<u>そこからは</u>～<u>石段を</u>のぼってゆく。
　　　　　　　　　　　　　　　　　　　　　　(斎藤栄「江の島悲歌」)

(32) <u>ながいプラットフォームを</u>私は～<u>はじから</u> <u>はじまで</u>一人で歩いた。
　　　　　　　　　　　　　　　　　　　　　　(安岡章太郎「陰気な愉しみ」)

などの例から分かるように、〈ゆく先〉と〈出どころ〉を包み込んでしまう、といった特性が存する。そして、これら(30)から(32)では、〈主〉の〈経過域〉である、といった関係が存在している。また、二重ヲ格制約といったものがありはするものの、〈対象〉の〈経過域〉といった関係を持つ「<u>人工衛星ヲ地球ノ回リヲ回ラセル</u>」といった言い方ができないわけではない。その意味で、〈経過域〉を場所格の一種として位置付けることに基本的に問題はない。

70　第 2 部　格

しかし、〈経過域〉的なものは、このような典型的なものばかりではない。

(32)　良二は〜<u>教室を</u>探してみたけれど〜　　（庄野潤三「小えびの群れ」）

などでは、まだ「教室ヲ隅カラ隅マデ探ス」と言うことができ、この種の「Nヲ」は、非典型的ながら〈経過域〉的ではあるが、

(33)　「そのときはそのときで、また<u>証人を</u>探しますから。」

(鮎川哲也「急行出雲」)

のような、人名詞を「Nヲ」に取るものになると、もはや、〈経過域〉からはかなりずれ込んで、〈対象〉的でさえある。

上で見たことは、〈経過域〉が、文法格と場所格の橋渡し的存在であることを示している、と考えられる。

4.3　文法格認定の原則、あるいは文法格の特性

本章では、文法格として〈主〉〈対象〉〈相方〉〈基因〉（および〈手段―基因〉的）を認定したが、ここでは、これらに通じて見られる文法的特性を取り出し、それを文法格認定の原則として措定したい。

この文法的特性とは、文法格はヴォイスでの変換の対象になる格である、といったものである。これは、言い換えれば、文法格は、ヴォイス的変換（ヴォイスの選択）によって、主語に立ちうる格である、といったことでもある。

以下、ヴォイスのタイプごとに、この現象の内実を簡単に見ていく。まず、〈能動と受動〉といったヴォイスから見ていく。

(34)　広志ハ<u>亮太ヲ</u>叱ッタ←→<u>亮太ハ</u>広志カラ叱ラレタ

(35)　男ガ海カラ<u>自動車ヲ</u>引キ上ゲタ←→<u>自動車ガ</u>海カラ引キ上ゲラレタ

(36)　雪ガ<u>山ヲ</u>覆ッテイル←→<u>山ハ</u>雪 ｛ニ／デ｝ 覆ワレテイル

(37)　ミカンハ<u>ビタミンＣヲ</u>多量ニ含ンデイル←→<u>ビタミンＣハ</u>ミカン ｛ニ／＊デ｝ 多量ニ含マレテイル

が示しているように、〈主〉と〈対象〉は、能動・受動（まとものも受身）の変換・選択によって、いずれも主語の位置に立ちうる。しかし、「Nヲ」で表示されてはいても、〈出どころ〉といった場所格の場合、「彼ハ<u>大学ヲ</u>卒業シタ→＊<u>大学ハ</u>彼ニ卒業サレタ」が示すように、ヴォイス的変換の対象にはなりえ

ない。
　また、
　　(38)　広志ハ洋子ニ手紙ヲ渡シタ←→洋子ハ広志カラ手紙ヲ渡サレタ
　　(39)　男ハ通行人カラ金ヲ奪ッタ←→通行人ハ男ニ金ヲ奪ワレタ
　　(40)　部下ガA氏ニ背イタ←→A氏ハ部下ニ背カレタ
からわかるように、〈相方〉も、能動・受動の変換によって、〈主〉と表層上の主語といった地位の取り替えを行う（ただ、「亭主ハ女房ニ逃ゲラレタ」や「女ハ変ナ男ニ近付カレタ」のような、問題になりそうなものが存することをも指摘しておかなければならない）。
　以上、〈主〉〈対象〉〈相方〉は、類として、ヴォイス的変換の対象になり、主語の位置を占める存在である。したがって、これらは文法格である（もっとも、「憲二ガ本ヲ読ンデイル→??本ガ憲二ニヨッテ読マレテイル」のように、語彙的な特性などの理由から、これらの格に属しながら、ヴォイス的変換の対象にならない、あるいはなりにくいものの存在することも事実である）。
　次に、〈元の文と使役〉といったヴォイスを取り上げる。
　　(41)　母ハ父ノ放蕩ニ悩ンダ←→父ノ放蕩ガ母ヲ悩マセタ
　　(42)　僕ハ彼ノ突飛ナ言動ニ驚イタ←→彼ノ突飛ナ言動ガ僕ヲ驚カセタ
が示しているように、〈基因〉格は、共演成分の数を増やさない、したがって、派生的であるといった性格をほとんど持たない（言い換えれば、〈能動・まともの受身〉といった対立的な関係と極めて近い）使役化において、主語の位置に変換されている。このような使役化において、主語の位置に変換されていることによって、〈基因〉は、〈主〉〈対象〉〈相方〉と同趣のヴォイス的転換の対象になっているものとして認定される（通常の埋め込み構造を取る使役での現象はこの枠外である）。
　以上、簡単ながら、またいくつかの問題点については触れずじまいのままではあるが、それでも、〈主〉〈対象〉〈相方〉〈基因〉の、ヴォイス的変換の対象になる、といった文法的特性は示しえたものと思われる。

5. 格の種類に対する略述

ここでは、〈主〉〈対象〉〈相方〉〈基因〉（および〈手段―基因的〉）〈出どころ〉〈ゆく先〉〈ありか〉〈経過域〉といった、それぞれの格について、具体例を挙げていくことを通して、ごく簡単に見ておく。

5.1 主

まず、〈主〉から見ていく。

（1）　空知さんが三田を殺したのではないかという～
　　　　　　　　　　　　　　　　　　　　（鮎川哲也「急行出雲」）
（2）　係官たちは、食虫植物などというものはゆっくりと見たこともなかった。　　　　　　　　　　　（水上勉「赤い毒の花」）
（3）　何百年の伝統と家柄を誇るこの生まれが、～、この好ましい青年を作り上げたのだったろうか。　　（高木彬光「妖婦の宿」）
（4）　入口の鉄の扉は、いつも、締まっていて、（和田芳恵「接木の台」）
（5）　ひとつの異常な事件が突発したのである。（高木彬光「妖婦の宿」）
（6）　二人が堂々としているのに反して、（上林暁「ブロンズの首」）

〈主（ぬし）〉格には、(1)のように、対象に変化を与える動きを自ら行う主体もあれば、(2)のような、知覚・認知・思考などといった動きの主体や、(3)のような、事象発生の起因的な引き起こし手といったものや、(4)のように、変化を実現する主体もあるし、(5)のごとき、発生（現象）物や、(6)のような、属性・性質の持ち主、といったものなどが存在する。以上のように、かなり種々の関係的意味を実現することになる〈主〉を、本章では、〈動きや状態を体現する項〉と暫定的に規定しておく（このように規定することで、表層分析での分節成分である主語との関係を、再度問い返さなければならない責めを負うことを承知の上で、このように規定しておく。同様なことは、次に取り挙げる〈対象〉についてもあてはまる）。

〈主〉の表示形式は、「Nガ」であるのが原則ではあるが、

（7）　女｛から／ガ｝私に何とか言ってくるだろう～（近松秋江「黒髪」）
（8）　警察｛で／ガ｝念入りに老婆の足どりを検べた～
　　　　　　　　　　　　　　　　　　　　（日影丈吉「かむなぎうた」）

に示されているように、「Ｎカラ」や「Ｎデ」といったものがないわけではない。

5.2　対象

次に、〈対象〉を取り挙げる。これも、かなり種々の意味的あり方を実現している。これには、

（９）　太い腕で中年看護婦が体を押さえつけます。
(遠藤周作「男と九官鳥」)

（10）　「隣の主婦が豆を煮ていたんです。〜」　(鮎川哲也「急行出雲」)

（11）　私と姉と妹は〜湯をわかし、　(藤枝静男「私々小説」)

（12）　神津恭介氏は〜この怪事件の謎を完全に解いてみせると、
(高木彬光「妖婦の宿」)

（13）　井波は研究室の連中や、博士の眼にこうして小夜子と話しているのを見とがめられることを恐れていたので、(水上勉「赤い毒の花」)

（14）　妻はそう言って、ひざのあたりをまくってみせた。
(島尾敏雄「家の中」)

（15）　（祖母は）箱根で梅雨を迎えた頃から〜　(高井有一「仙石原」)

のように、物理的な働きかけの対象である(９)や、物理的働きかけを受け変化を被る対象といった(10)や、変化を引き起こす主体の働きかけの結果、生み出される対象たる(11)、同種の主体の働きかけの結果、消滅させられる対象といった(12)や、主体の知覚・認識・感情の対象たる(13)などがある。また、(14)のような、主体の働きかけの及ぶ部位といったものもある。さらに、(15)の「梅雨ヲ迎エル」は、「客ヲ迎エル」といったものから繋がるもので、こういった、時名詞を「Ｎヲ」に取るようなものをも、主体の活動の対象的存在として認定する。さらに触れなければならないタイプを省いてしまっていることを認めながらも、以上のように、かなり種々の関係的意味を実現することになる〈対象〉を、本章では、とりあえず〈動きがめざす対象〉と規定しておく。

〈対象〉の表示形式は、「Ｎヲ」が基本であるが、認識や情報伝達の活動を表す動詞では、文相当を〈対象〉に取りえて、

（16）　我々の行かない限り、決してやって来ないと私は信じているので

ある。　　　　　　　　　　　　　（大岡昇平「歩哨の眼について」）
(17)　老婆と源四郎、その間にどんな特別の関係があるのか、勿論私は
　　　知らなかったが、　　　　　　　　　　　（日影丈吉「かむなぎうた」）
(18)　私は〜女中に鍵を持ってくるように命じた。（高木彬光「妖婦の宿」）
から分かるように、「〜ト」「〜カ」「〜ヨウニ」といった表示形式を取るものがある。

　また、この種の認識や情報伝達の活動を表す動詞には、名詞だけでなく、
(19)　「おれが死んだら、これを田ノ口まで送ってくれ。」
　　　私は家人にそう言ってある。　　　　　　　（上林暁「ブロンズの首」）
(20)　私は〜おや！と思った。　　　　　　　（井上靖「セキセイインコ」）
のように、引用的存在であるということを受けて、指示詞や感嘆詞を取るものも存在する。

5.3　相方

　次に、〈相方〉について簡単に触れておく。〈相方〉とは、
(21)　老婆が源四郎に大切な箱を預けるとは〜

　　　　　　　　　　　　　　　　　　　　　　　（日影丈吉「かむなぎうた」）
(22)　（私は）あんたはんが始終無事にしといやすちゅうこと、いつも
　　　娘から聞いていました。　　　　　　　　　　（近松秋江「黒髪」）
(23)　彼は〜パッと男にとびかかった。　　　　（北杜夫「クイーン牢獄」）
(24)　あばたがあるみたいな印象をうける顔の兵士が、〜ソバカスのあ
　　　る兵士に向かって笑いかけたのである。　　　（木山捷平「耳学問」）
(25)　あなたは〜、さっき花村さんと言い争っていた〜

　　　　　　　　　　　　　　　　　　　　　　　（高木彬光「妖婦の宿」）
などの下線部がそれである。(21)(22)は、対象のゆく先性や出どころ性を持ったものである。(21)が、対象のゆく先でもある〈相方〉、つまり〈相方：ゆく先$_O$〉^{2}と表記できるものであり、(22)が、対象の出どころでもある〈相方〉、つまり〈相方：出どころ$_O$〉と表しうるものである。(23)は、〈主〉に対してゆく先性を持った〈相方〉、たとえば〈相方：ゆく先$_S$〉とでも記述できそうなものである。(24)は、(23)との連続性を持ち、〈相方〉は、〈主〉の動きのゆく先的ではあるが、〈主〉そのもののゆく先ではない、といった

ものである。また、(25)のように、以上のようなものとは趣をいくぶん異にし、相互性しかも〈主〉との相互性を持った〈相方〉、つまり〈相方：主〉と表記できるものをも、〈相方〉として措定しておく。上に掲げたような〈相方〉に対して、本章では、暫定的に〈動きや状態の成立の一端を担う相手〉といった規定を与えておく。

〈相方〉の表示形式としては、(21)のように「Nニ」を取るもの、(22)のように「Nカラ」を取るもの、(25)のように「Nト」を取るものの外に、(24)のような「Nニ向カッテ」の形式を取るものなどが存し、さらに、「彼ハ彼女ニ対シテ何モ答エナカッタ」のように、「Nニ対シテ」といった形式もある。

5.4 基因

引き続き、〈基因〉（および〈手段―基因〉）についてごく簡単に見ていく。

(26) <u>祖父の機嫌がいいのに</u>私は安堵し、　　　　（高井有一「仙石原」）
(27) 九官鳥は<u>我々の物音に</u>驚いて〜　　　　　　（遠藤周作「男と九官鳥」）
(28) 光泉は<u>その反応の激しさに</u>困ったように、

（大河内常平「安房国住広正」）

(29) 小肥りの男は〜三か月間<u>死に</u>おびえ、　（筒井康隆「その情報は暗号」）
(30) 襟元が、浴びたように<u>血糊｛に／デ｝</u>そまり、

（大河内常平「安房国住広正」）

(31) 西も南も北も<u>研究所や病棟｛で／??ニ｝</u>埋まっていましたから、

（遠藤周作「男と九官鳥」）

などの下線部が、〈基因〉の例である。〈基因〉とは、〈動きや状態を引き起こす原因となる項〉とでも規定しておくことができよう。本章で〈基因〉と名づけるものの中核は、(26)から(29)に現されているような、感情動詞の表す感情を引き起こす要因といったものである。感情といった動きを引き起こす存在である、といったことからして、〈基因〉は、〈主〉に継ぐ起動性の高い要素である。この起動性の高さが、〈基因〉をして文法格の中へと押し上げている。(31)は、「Nニ」で表示することのできない手段性の高い〈基因〉である。これを本章では、〈手段―基因〉と仮称している（もっとも、意志動詞とともに使われる「男ヲ<u>棒デ</u>殴リ倒シタ」などのような、付加成分

たる手段とはタイプを異にしている)。典型的な〈基因〉と、この〈手段―基因〉の間に位置するものとして、「Nニ」ででも「Nデ」ででも表示されうる(この点は、典型タイプと同じ)ところの(30)のようなものが存する。これは、基因性と手段性が相半ばするものであろう。ここにも、格の「ゆらぎ」といった現象の一例を見て取ることができよう。

5.5 出どころ

　次に、〈出どころ〉について瞥見しておこう。〈出どころ〉とは、
　　　(32)　撃った浜田は、部屋をとびだしたが、　　　(田中小実昌「魚撃ち」)
　　　(33)　唖然とした石戸は、〜船底からとび出した。　(中薗英助「霧鐘」)
　　　(34)　この男は、〜ぼくと同じ町{から／*ヲ}きた男だったが、
　　　　　　　　　　　　　　　　　　　　　　　　　　(田中小実昌「魚撃ち」)
　　　(35)　(悠子は)ズボンから皮のバンドをはずし、　(和田芳恵「接木の台」)
　　　(36)　ぼくだけが二等兵から一等兵にならなかった。
　　　　　　　　　　　　　　　　　　　　　　　　　　(田中小実昌「魚撃ち」)

　　　(37)　広志ハ卵カラ稚魚ヲカエシタ。

などの例に挙げられる下線部のようなものである。〈出どころ〉は、〈主体や対象の出立点や離点を表した項〉である。〈出どころ〉は、基本的に、〈主〉の出立点であるか、〈対象〉の出立点であるのか、〈出どころ〉が物理的な空間であるのか、それとも、抽象的な状態であるのか、によって、交差分類的に四タイプに分かれる(もっとも、これ以外のタイプがないというわけではない)。このような観点から、上掲の〈出どころ〉は、それぞれ、次のように類別される。(32)(33)(34)は、〈主体〉の出立点であり、物理的な空間である〈出どころ〉、つまり〈出どころ(空間)s〉と表記できるものであり、(35)は、〈対象〉の出立点であり、物理的な空間たる出どころ、つまり〈出どころ(空間)o〉と書き表せるものである。それに対して、(36)は、〈主〉の出立点であり、抽象的な状態である〈出どころ〉、つまり〈出どころ(状態)s〉と示しうるものであり、(37)は、対象の出立点であり、抽象的な出どころ、つまり〈出どころ(状態)o〉と表記できるものである。このような四タイプが〈出どころ〉の基本である。

5.6 ゆく先

次に、〈ゆく先〉について、簡単に触れておく。〈ゆく先〉は、既に述べた〈出どころ〉と相対する関係にある。もっとも、使用量や次に述べる〈ありか〉との関係において、完全な相称関係にあるわけではない。

(38) まもなく、私が自動車で、東京へ帰りますから、
　　　　　　　　　　　　　　　　　　　　　　　（高木彬光「妖婦の宿」）
(39) 母は何年か前に自分で寺に行って、　　（藤枝静男「私々小説」）
(40) ぼくたち自身が指定されたところに武器弾薬をまとめてはこんだだけで、　　　　　　　　　　　　　　（田中小実昌「魚撃ち」）
(41) 牧師は～ふたりをバーゴラの下に案内した。（鮎川哲也「急行出雲」）
(42) 三田稔が恐喝屋に転向して～　　　　　（鮎川哲也「急行出雲」）
(43) 静かな綾母の海が騒然たる群衆でふみ荒らされた海水浴場と化したように、　　　　　　　　　　　　（赤江爆「八月は魑魅と戯れ」）
(44) 見る人を石に化したというゴルゴンの鬼面～（梶井基次郎「檸檬」）
(45) 私の方で気をきかして、(生年月日を)西洋紀元に翻訳して～
　　　　　　　　　　　　　　　　　　　　　　　（木山捷平「耳学問」）

などの下線部が、〈ゆく先〉の典型的なものとして挙げられる。〈ゆく先〉は、概略〈主や対象の目標や着点を表した項〉として規定される。〈ゆく先〉も、〈出どころ〉と同様に、それが〈主〉か〈対象〉かのいずれの着点なのか、といった点、および、その目標や行き着く先が、物理的な空間として捉えられるものなのか、それとも抽象的な状態として把握されるものなのか、といった点から、交差分類的に四タイプに分かたれる（もっとも、これが典型でこれ以外の〈ゆく先〉がないということではない）。

上掲の〈ゆく先〉は、この観点から、次のように特徴付けられる。(38)(39)は、着点が〈主〉の行き着く先であり、それが物理的な空間である、といった〈ゆく先〉、つまり〈ゆく先(空間)s〉と表記できるものであり、(40)(41)は、着点は物理的な空間ではあるが、〈対象〉の行き着く先である、といった〈ゆく先〉、つまり〈ゆく先(空間)o〉と書き表しうるものである。それに対して、(42)(43)は、着点は〈主〉の行き着く先ではあるが、物理的な空間ではなく、抽象的な状態といったものであるところの〈ゆく先〉、つまり〈ゆく先(状態)s〉と表記できるものであり、(44)(45)は、着点は、同じく抽

象的な状態といったものではあるが、〈主〉ではなく〈対象〉の行き着く先である、といった〈ゆく先〉、つまり〈ゆく先(状態)o〉として示しうるものである。

〈ゆく先〉の表示形式は、「Nニ」であるものが多数を占めるが、物理的な空間的な着点を表すものには、(38)のように「Nヘ」の形式をとるものも少なくないし、抽象的な状態的な着点を示すものには、(43)のように「Nト」で表示されるものが少なくない。

〈ゆく先〉は、次に述べる〈ありか〉に密接に繋がっていく。「彼ハ<u>自宅ニ</u>帰ッタ」は〈ゆく先〉であるが、「彼ハ<u>自宅ニ</u>帰ッテイル」は「彼ハ<u>自宅ニ</u>居ル」に近似していき、〈ありか〉的である。

5.7 ありか

引き続き、〈ありか〉についてごく簡単に概説する。〈ありか〉も、〈出どころ〉〈ゆく先〉と同様に、基本的に、何の〈ありか〉なのか、および〈ありか〉が物理的な空間的なものなのか、それとも非空間的な抽象的なものなのか、によって、交差分類的に分かたれる(もっとも、これは、何も分類がこの基準だけで常に截然と行く、ということを、主張しているわけではない)。〈ありか〉とは、概略〈主や対象の存在・所属する空間的・非空間的場所を表した項〉であると規定できよう。

まず、在りかが物理的な空間的な〈ありか〉から見ていく。
(46) 芝田順や若林たけ子たちは、当夜<u>自宅に</u>いて、
　　　　　　　　　　　　　　　　　　　　　　　(鮎川哲也「急行出雲」)
(47) <u>病舎や研究所の建物むこうには</u>富士山が遠望できる〜
　　　　　　　　　　　　　　　　　　　　　　　(遠藤周作「男と九官鳥」)
(48) <u>その桶にも</u>隙ができてしまった。　　(徳田秋声「風呂桶」)
(49) ぼくは〜<u>信州に</u>仕事場をもち、　　　　(水上勉「寺泊」)
(50) 博士は、<u>自宅の庭の隅に</u>わざわざ池をつくって、
　　　　　　　　　　　　　　　　　　　　　　　(水上勉「赤い毒の花」)
(51) 私は〜、<u>氷の面に</u>絵を描いてみた。　　(井伏鱒二「鯉」)

などの下線部がこれである。(46)(47)(48)は、〈主〉の物理的な空間的存在場所を表している〈ありか〉、つまり〈ありか(空間)s〉と表記できるもので

ある。それに対して、(49)(50)(51)は、〈対象〉の物理的な空間的在りかを表している〈ありか〉、つまり〈ありか(空間)〉$_O$と書き表しうるものである。

次に、在りかが非空間的な抽象的なものである場合について見ておく。これは、いわゆる同定関係や一致認定を表す文の同定項に与えられる意味関係である。このようなものを、〈ありか〉として認定してよいのかどうかは、議論の分かれるところであろうが、本章では、〈ありか〉として措定しておく。

(52) 六連発の弾倉が回転式になっている。　　　（三浦哲郎「拳銃」）

(53) 夜間歩哨は二時間交替となる。　　　（大岡昇平「歩哨の眼について」）

(54) 荻野館のこの長女は小夜子といった。　　　（水上勉「赤い毒の花」）

などの下線部がこれに当たる。これらは、たとえば、(52)を例に取れば、[六連発ノ弾倉＝回転式]といった関係が成り立っているものである。この種のものについては、〈主〉の非空間的な抽象的所属場所を表すものとして、〈ありか(状態)〉$_S$と表記しておく。こういった同定関係の同定項を〈ありか〉として定立することが、あながち無茶なことではないといったことは、

(55) 私も正確に同じ状態にある。　　　（大岡昇平「歩哨の眼について」）

のような実例が示してくれる。〈ありか〉を取る代表的な動詞が使われており、「私」が「同ジ状態」の集合の中に存在することが、結局[私＝同ジ状態]といった同定関係を形成することになっている。

(56) 「いつもの店がいいだろう」といった空知の言葉を、丹那は待ち合わせの場所を指定したものと解釈していた。

　　　　　　　　　　　　　　　　　　　　　（鮎川哲也「急行出雲」）

(57) 私たちはそれを"お祖母さんの風"と呼んで〜

　　　　　　　　　　　　　　　　　　　　　（高井有一「仙石原」）

などは、〈対象〉の非空間的な抽象的所属場所を表したものとして、〈ありか(状態)〉$_O$といったものとして取り扱っておく。

5.8　経過域

最後に、〈経過域〉について瞥見しておこう。

(58) 弟も母も、もし幽明の境をさまよっているのなら、

　　　　　　　　　　　　　　　　　　　　　（藤枝静男「私々小説」）

(59) 私は~、路地を切れてから三、四度かどを曲がると、
(島尾敏雄「家の中」)
(60) 私は、山の方に上がってゆく静かな細い通りを歩いて、
(近松秋江「黒髪」)
(61) 各自、三日間を~自由に過ごすという~
(赤江爆「八月は魑魅と戯れ」)
(62) 自分は汽車に一夜を明かして、　　　　　　(近松秋江「黒髪」)

などの下線部が、〈経過域〉である。本章では、暫定的に〈経過域〉を〈動きが経過する領域を表した項〉と規定しておく。〈経過域〉には、二種が存在する。一つは、(58)(59)(60)のような、主体が移り動く移動空間を表したもので、これを〈経過域(空間)〉として措定しておく。(58)(59)では〈経過域(空間)〉は主要共演成分であり、(60)は、必ずしも必須ではない副次的共演成分である。他の一つは、(61)(62)のように、主体の動きが経過する時間を表したものである。これを本章では、〈経過域(時間)〉として認定しておく(動きの経過時間は、通常、付加成分であるが、これらは、動詞の語義的あり方から共演成分として地位を占めることになったものである)。これらは、いずれも〈主〉の〈経過域〉である。極めて稀ではあるが、「人工衛星ヲ地球ノ回リヲ回ラセル」のように、表層構造上での〈対象〉の〈経過域〉を表すものが存在しえないわけではない。

注
1　「Nへ」については触れていないが、これも、「Nニ」の一部を担当するものとして、共演成分として働きうる名詞句に位置づけられる。
2　〈ゆく先 o〉〈出どころ s〉といった表記は、当の格が〈対象〉の〈ゆく先〉であり、〈主〉の〈出どころ〉である、といったことを示している。

(初出、「日本語の格を求めて」『日本語の格をめぐって』くろしお出版、1993)

第4章　ヲ格の対象性

1. はじめに

　動詞（述語）は、動詞文の中核であり主要素である。他の成分は、動詞に従属・依存していく従要素である。また、動詞は、「何カガ割レル」「誰カガ何カヲ割ル」「誰カガ 誰カニ 何カヲ贈ル」「ドコソコニ 何カガ有ル」のように、自らの表す動きや状態などの類型に応じて、その動きや状態の実現・完成に必須的に参画する関与者たる名詞句の組み合わせを、選択的に要求する、といった文法的機能を有している。こういった、動詞の動き・状態などの実現・完成のために、必須的にその生起を指定された名詞句を、本章では《共演成分》と仮称する。ただ、総ての共演成分が、同程度に動詞にその生起を要求されているわけではない。「橋ヲ渡ル」のように、要求のされ方の強いものもあれば、「歩道ヲ歩ク」のように、比較的要求度の低いものもある。

　いずれにしても、動詞の有している名詞句に対する共起指定を十全に明るみに出すことによって、文の生成や解析への分析・記述は、より生産的なものになるし、また、各々の動詞（類）に対しても、より明示的に語彙─統語論的な性格づけを施すことが可能になる。

　また、共起を要求された名詞句は、動詞の表す動きや状態を実現・完成するために、動詞の表す動き・状態や他の名詞句（群）に対して、〈主体〉〈対象〉〈相方〉〈ありか〉などといった類的な関係的意味のあり方を担いつつ、動詞にその生起を指定されている。

　本章では、「Nヲ」で表示される共演成分には、どういった意味的あり方が存するのか、また、それぞれの意味的タイプは、どのような相互関係を有

しているのか、といったこと（特に〈対象〉と仮称するタイプ）について、少しばかり具体的に考察してみることにする。

2. ヲ格名詞の意味的タイプ

　名詞のヲ格形式で表される関係的意味は一つではない。次に、ヲ格名詞の表す関係的意味のタイプについて、簡単に瞥見しておく。
　ヲ格で表示される名詞句の中には、
　　（１）　男ハ雨ノ中ヲ自宅ニ急イダ。
のように、〈状況〉を表し、もはや本章で言う共演成分に属さないものも存する（もっとも、このタイプが、常に他のタイプと截然と分かたれ切るわけではない）。それに対して、
　　（２）　洋平ガ信一ヲ軽ク叩イタ。
　　（３）　見張リガ持チ場ヲ離レタ。
　　（４）　舟ガユックリ川ヲ下ッテイル。
　　（５）　彼ハ山小屋デ心細イ一夜ヲ明カシタ。
などのヲ格名詞は、いずれも本章で共演成分と呼ぶものである。(2)の「信一ヲ」は、動きが目指す存在たる〈対象〉といった関係を担っており、(3)の「持チ場ヲ」は、主体（や対象）の出立点や離点を表した〈出どころ〉といったものである。(4)(5)の「川ヲ」「心細イ一夜ヲ」は、共に動きが経過する領域を表した〈経過域〉と仮称するものである。〈経過域〉には、(4)の「川ヲ」のように、動きが行われる移動空間を表した〈経過域(空間)〉と、(5)の「心細イ一夜ヲ」のように、主体の動きが経過する時間たる〈経過域(時間)〉とがある。

3. ヲ格名詞の対象性

　既述したところから、名詞のヲ格形式で実現される共演成分には、いくつかの意味的タイプのものの存することが分かった。ここでは、その中で〈対象〉と仮称した一類について、少しばかり詳しく見ていくことにする。〈対象〉といったタイプを設定することは、なにも、このタイプに属させること

になるヲ格名詞が総て均一なものである、といったことを主張しているわけではない。かなり広範囲にわたる関係的意味の持ち主が〈対象〉という一類に属させられているのが、現実である。

以下、〈対象〉といった類に属するヲ格名詞には、どのような下位的異なりが存するのか、〈対象〉の典型とはどのようなものなのか、下位的種の相互関係・繋がり・連続性はいかようなものであるのか、といったことを、具体例を挙げながら少しく見ていきたい。

3.1 〈対象〉の典型

〈対象〉は、概略的に、動詞の表す動きが目指す存在として規定される。動きが目指す、といった規定で表される内実に、どのようなあり方が含まれるのか、さらに、もはや、この表現では捉え切れない関係のあり方を担ったものが存するのではないのか、などといったことをも考慮に入れながら、〈対象〉の代表・典型と考えられるものを呈示してみよう。

動きが対象を目指すといったことの代表・典型は、主体の働きかけが対象に及ぶといったものであろう。さらに、最も明示的で捉えやすい働きかけが、物理的な働きかけであることからすれば、〈対象〉の代表・典型は、主体からの物理的な働きかけを受けるものである、ということになろう。たとえば、

（1）　「三田を殺したのはあなたではないかと〜」（鮎川哲也「急行出雲」）
（2）　たまりかねた服部君が鳥籠の出口をあけて〜

（遠藤周作「男と九官鳥」）

（3）　私は妻のからだをゆすぶった。　　（島尾敏雄「家の中」）
（4）　久保君は〜粘土をこねた。　　（上林暁「ブロンズの首」）

などにおいて、(1)(2)のヲ格名詞は、主体の物理的な働きかけを受け、自らのあり方に変化を被る存在であり、(3)(4)のヲ格名詞は、あり方の変化は生じないにしても、主体からの物理的な働きかけを明確に受ける存在である。主体からの物理的な働きかけを明確に受ける、といった関係的意味のあり方を有するこれらのヲ格名詞が、〈対象〉の代表・典型であるといえよう。

3.2 対象性

〈出どころ〉や〈経過域〉としてではなく、〈対象〉として括られるにしても、それらヲ格名詞の中に、異なりが存しないわけではない。主体の物理的な働きかけを受ける、といった関係的意味を有するヲ格名詞を、〈対象〉の典型・極に位置するものとすれば、〈対象〉としてまとめられるヲ格名詞には、それから段階的・連続的にずれていくいくつかのタイプが存在する。このような、ヲ格名詞の有する〈対象〉らしさを、本章では仮に〈対象性〉と呼ぶ。

ヲ格名詞の対象性は、そのヲ格名詞の共起を要求する動詞の意味的タイプのあり方に大きく影響されている。もっとも、ヲ格名詞の対象性は、動詞の意味的タイプに完全に規定され切っているわけではない。同一動詞でありながら、ヲ格を占める名詞によって、その対象性に変化が生ずることがある。対象性といったものを取り出す意味がここにある。

3.3 対象性の様々

3.3.1 〈経過域〉〈出どころ〉への繋がり

〈対象〉としてまとめられるヲ格名詞の中には、主体の物理的な働きかけを受けるものをその典型・極として、自らの有する対象性に応じて、連続しつつ異なっていくいくつかのタイプが存在する。対象性を減じていった所には、もはや「動きが目指す存在」といった規定では捉えがたいものも存する。それだけではなく、〈経過域〉〈出どころ〉の中にも、典型的なタイプから既に一歩ずれた所に位置するものも存在する。〈対象〉〈経過域〉〈出どころ〉といった三タイプの近接を、ここで瞥見しておく。

たとえば、「運動場ヲ走ル」は、典型的な〈経過域〉であるが、それに対して、「僕ハ次ノレースヲ走ル」のヲ格名詞は、名詞が場所名詞でないということを受け、もはや典型的な〈経過域〉から一歩〈対象〉へ近付いている。

（1） そのころ私は〜友だちの下宿を転々として〜　（梶井基次郎「檸檬」）

の「友だちの下宿を」などは、動詞が移動動作を表すこともあって、〈対象〉と〈経過域〉との中間に位置するような存在であろう。

「部屋ヲ捜索スル」は、「部屋ノ中ヲ捜索スル」に繋がり、「部屋ノ中デ物証ヲ捜索スル」に比して、〈対象〉から〈経過域〉の方にずれている。

また、「故郷ヲ去ル」のヲ格名詞は、典型的な〈出どころ〉であると措定できるが、

　（２）「お父さんは、研究室を引退すれば、〜」　　（水上勉「赤い毒の花」）

のヲ格名詞は、「室長職｛ヲ／カラ｝引退スル」のように、ヲ格だけではなく、カラ格でも表示されうる動詞に要求されている、といったこととともに、意味的に「研究室ヲ止メル」に近い、などといったことから、〈出どころ〉と〈対象〉の狭間に位置する存在であると考えられる。

3.3.2　対象性の段階的あり方

　先の小節では〈対象〉と〈経過域〉〈出どころ〉との狭間に存するヲ格名詞について、瞥見した。ここでは、通常〈対象〉として扱われるものの中に観察される対象性の諸タイプ・段階性を、対象性の高低に関与すると思われる要因の抽出への試みとともに、少しばかり見ていくことにする。

［１］　動き以前での対象の存在の有無

　主体からの物理的な働きかけの及ぶ〈対象〉を、対象性の最も高いものと認定した。物理的な働きかけを受ける点では、同じではあるが、このタイプの〈対象〉にも、動きの実現以前に既に存在している場合と、動きによって初めて出現するものとがある。動き以前に既に存在している〈対象〉の方が、動きの実現によって出現する〈対象〉より、さほどではないが、対象性が高いと考えられる。たとえば、

　（１）　この店を爆破したとこで〜　　　　　　　（吉行淳之介「食卓の光景」）
　（２）　〜いくらかキズをこしらえても見分けがつくまい、
　　　　　　　　　　　　　　　　　　　　　　　　（田中小実昌「魚撃ち」）

を比べれば、（１）の動き以前に存在する「この店を」に対しては、主体の物理的な働きかけが目指すということが、文字通り成り立つにしても、（２）の動きの実現によって初めて出現する「キズを」に対しては、もはや文字通りの意味では、働きかけが目指すとは言いがたい、といった異なりが生じている。動きの実現によって出現する〈対象〉は、働きかけが物理的なものであっても、目指される存在であるとは文字通りには言えない分、その対象性を減じている。

このことは、〈対象〉が、主体から切り離せない主体の側面・様態といったものである時、さらに明確になる。

　　（３）　全く変な声をだす男だ、　　　　　　　　（鮎川哲也『急行出雲』）
　　（４）　今度創作集を出すときは、～　　　　　　（上林暁『ブロンズの首』）

を比べてみよう。(4)に比べ(3)の方が、対象性が低くなると思われるが、これは、(4)の「創作集」が主体から独立しうる存在であるのに対して、(3)の「変な声」が主体と切り離せないことによっている。もっとも、このことは、再帰的用法の〈対象〉が常に対象性を低くする、といったことを、直ちに意味するわけではない。たとえば「(患者は)小きざみに膝を動かしています。(遠藤周作「男と九官鳥」)」は、再帰用法の例であるが、節全体の他動性は低くなっているものの、ヲ格名詞の対象性は、「机ヲ動カス」に比べ低くなっているわけではない。

[２]　動きの物理性

　既に周知のことであろうが、典型的に物理的なものである場合に比べて、動きが物理性や外的である度合いを減じていくにしたがって、ヲ格名詞の対象性は低くなっていく。

　　（１）　隣の主婦が豆を煮ていたんです。　　　　（鮎川哲也「急行出雲」）
　　（２）　初老の巡査部長は石戸をジロリと見やってから、（中薗英助「霧鐘」）
　　（３）　私は過ぎたことを何かと思い浮べてみた。　（近松秋江「黒髪」）
　　（４）　海老名牧師は自分の軽薄なふるまいを後悔するにちがいない。
　　　　　　　　　　　　　　　　　　　　　　　　　（鮎川哲也「急行出雲」）

(1)は、外的な物理的な働きかけといった動きで、そのことを受けて、当のヲ格名詞は、物理的な働きかけが及ぶ存在、といった最も高い対象性を有している。それに対して、(2)(3)(4)に一例として挙げたものは、知覚・認知・感情といった外的な物理性の減じたタイプの動きである。動きの非物理性・非外的性に応じて、動きは、〈対象〉に及ぶといったあり方を減少させていく。それでも、(2)の「見ヤル」は、視線が〈対象〉に及んでいる、といえないこともない。それに対して、(4)の「後悔スル」になると、「N｛ヲ／ニ｝後悔スル」のように、ヲ格だけでなく、ニ格でも表示できることから分かるように、ヲ格名詞は、既にかなりの程度に基因的で、「後悔スル」といった

心的な動きが及ぶ存在とは、もはや単純には言えない。対象性は、[(2)「Nヲ見ヤル」→(3)「Nヲ思イ浮ベル」(4)→「Nヲ後悔スル」]の順に低くなっていく。

　こういった、動きの物理性の減少に応じた対象性の減少の極には、[「鳩ハ平和ノシンボルヲ表シテイル」≒「鳩ハ平和ノシンボルダ」]のような関係を表す動詞に要求されるヲ格名詞が挙げられる。

[3]　意志的な動き遂行の試みの可能性
　既に見たように、「後悔スル」は、「見ヤル」「思イ浮ベル」に比べて対象性が低かった。「見ヤル」「思イ浮ベル」が、動き遂行への試みがかろうじて可能な動詞であったのに対して、「後悔スル」は、自らの意志で遂行を試みることが困難な動きである。これは、動き遂行への試みが意志的に行いうるのか否か、といったことが、対象性の高低に関与していることを示している。
　　（１）　伊波は〜時間のすぎるのを忘れた。　　　（水上勉「赤い毒の花」）
　　（２）　彼ノコトヲ忘レヨウ。
（1）は、意志的に動き遂行を試みることが不可能な動きを表す「忘レル」であり、（2）は、動き遂行への試みがかろうじて可能な場合の「忘レル」である。意志の元に動きの遂行を試みることが可能である、ということは、動きの対象となる存在が、主体の意識の中に動きの実現以前から自覚されている、といったことを意味している。それに対して、意志的に遂行を試みることが不可能である、といったことは、対象的存在が自覚されていないことがある、といったことに繋がる。対象的存在が意識の中に存しなければ、当然それを目指して動きを行う、といったあり方で、動きを遂行することは不可能になる。このことが、意志的な「忘レル」に対して、無意志的な「忘レル」のヲ格名詞の方が対象性を低くしている基因である。「彼ハウッカリ花瓶ヲ割ッタ」では、対象的存在が自覚的であることによって、文全体は無意志的であるものの、ヲ格名詞の対象性が低くなるということはない。

（初出、「連語論―ヲ格名詞の対象性」『国文学解釈と教材の研究』38巻12号、1993）

第5章　格のゆらぎ

1. はじめに

　名詞の格を、ヲ格・ニ格・カラ格などといった形態レベルではなく、動詞の表す動きや状態などに対して、どのような関係にあるのか、といった、少しでも意味に踏み込んだレベルにおいて捉えようとすれば、たちまち、かなりの困難さに出くわす。動詞と名詞（群）との組み合わせによって表される現実の事態が、極めて多様であるのに比して、動詞に対する名詞の関係のあり方を表示する形式が限定されていれば、この困難さは当然のことであろう。多様でかつ微妙に異なる関係のあり方は、用意された限られた形式で表示されることになる。したがって、一つの形式そのものが、不可避的に、多様でかつ微妙に異なる関係のあり方を表示することになる。表示形式は、名詞の担う多様な関係のあり方を一定の広がりで切り取り、それに一定の範疇化・類型化を付与することになるものの、名詞が動詞に対してある類的な関係のあり方を帯びるのは、そもそも、動詞および名詞の表す意味が作り出す関係のあり方そのものによってである。したがって、格表示形式による表示を受けた名詞の担う動詞に対する関係のあり方は、表示形式による分節化・型はめを受けながら、事態の多様性に応じて、多岐にわたることになる。そうであれば、表示形式の表す関係のあり方が、唯一的でも均質的でもないのは、当然のことであろう。これは、ある〈格〉として取り出される、名詞の動詞に対する類的な関係のあり方に、典型的なものもあれば、周辺的なものも存し、格を静的・固定的に捉えるのでなく、ゆれ、ゆらぎ、うつりゆきといった連続性の中で捉えることが必要になることを示している。

2. 関係のあり方に影響する要因

　表示形式による範疇化・分節化を受けながら、名詞が動詞に対して帯びるある類的な関係のあり方は、そもそも、動詞と名詞との組み合わせによって作られる現実の事態に基因している。したがって、名詞の担う類的な関係のあり方の現れには、動詞と名詞の表す意味のタイプが関わってくる。もっとも、動詞と名詞の両者が、常に同様に影響を及ぼしてくるわけではない。

　名詞の表す意味のタイプが、当の名詞の帯びる類的な関係のあり方に大きな影響を与えるのは、周辺的な表示形式、言い換えれば、動詞に必須的に要求されていない成分の表示を担う形式の場合に多い。たとえば、

　　（1）　部屋デ殴リ合ッタ。
　　（2）　物差シデ殴リ合ッタ。
　　（3）　遺産相続デ殴リ合ッタ。
　　（4）　兄弟デ殴リ合ッタ。

の名詞は、いずれも、「デ」で表示され、かつ「殴リ合ウ」という同じ動詞と共起している。したがって、これら名詞の担う類的な関係のあり方が異なっているとしたら、それは、それぞれの名詞の表す意味的タイプの違いに基因していることになる。事実、(1)の「部屋」は〈動きの行われる場所〉を表し、(2)の「物差シ」は〈道具〉を、(3)の「遺産相続」は〈原因〉を、(4)の「兄弟」は〈主体〉を、それぞれに表している。「名詞＋デ」は、その名詞が、「部屋」といった〈所〉を表す名詞であることによって、〈動きの行われる場所〉という関係のあり方を担うことになり、「物差シ」が〈具体物〉を表す名詞であることによって〈道具〉を、「遺産相続」が〈抽象的事柄〉を表すことによって〈原因〉を、「兄弟」のように、〈複数性をもった人〉名詞であることによって〈主体〉を、それぞれに表すことになる。〈主体〉は、動詞の表す動きにとって、必須成分であるものの、上掲の〈動きの行われる場所〉や〈道具〉や〈原因〉は、いずれも、動詞にその生起を指定された必須成分ではない。必須成分でないということは、動詞にその生起を指定されていないということであり、したがって、逆に、「運動場デ遊ブ」「別室デ署名スル」「喫茶店デ話シ合ウ」「人前デ叩ク」「書斎デ書類ヲ調ベル」や「人形デ遊ブ」「筆デ署名スル」「電話デ話シ合ウ」「虫眼鏡デ書類ヲ調ベル」の

ように、広く様々な動詞と共起するということである。基本的に動詞にその生起を指定されていない、ということは、名詞と動詞の関係の形成には、名詞の方がより中心的に関わっている、ということである。名詞が中心的な役割を果たしていればこそ、動詞に対する名詞の類的な関係のあり方の現れには、名詞の表す意味のタイプが、大きな影響を与えることになる。「デ」のような、周辺的な表示形式の表す関係のあり方の現れは、まさにこのタイプである。

　それに対して、動詞の表す動きにとって必須的な名詞にあっては、それが担う関係のあり方の実現において、動詞の表す意味のタイプが大きく関与してくることになる。たとえば、

　（5）　部屋ヲ改造スル。
　（6）　部屋ヲ歩キ回ル。
　（7）　部屋ヲ出ル。

において、(5)の「部屋ヲ」は、働きかけを受ける〈対象〉を表し、(6)の「部屋ヲ」は、主体の動き─移動運動─が経過する〈経過域（空間）〉といった関係を担い、(7)の「部屋ヲ」は、主体の出立点や離点である〈出どころ〉を表している。(5)(6)(7)の「部屋ヲ」の担う類的な関係のあり方の異なりは、それぞれの動詞が意味的にタイプの違った動詞であることから招来されている。言い換えれば、動詞の表す動きの成立に必須的に参画する名詞の、動詞に対する類的な関係のあり方は、表示形式による型はめを受けながらも（したがって、格は、非言語的な世界のあり方そのものではなく、言語的な存在である）、動きの必須的な参画者であることによって、動詞の表す動きの類型によって基本的に定められている、といったことを意味している。上掲の例で言えば、具体的には、「改造スル」は〈対象〉といった関係のあり方を帯びる名詞を、「歩キ回ル」は〈経過域（空間）〉の関係にある名詞を、「出ル」は〈出どころ〉の関係にある名詞を、それぞれ、「ヲ」表示を受ける名詞として要求する、ということである。動き実現の参画者として、動詞の表す動きの類型によって、あらかじめその出現を要求されているということは、名詞は、関係のあり方の点においてだけではなく、その意味的タイプの点においても、基本的に指定されている、ということである。事実、「Nヲ」に、「改造スル」は物名詞を取り、「歩キ回ル」「出ル」は所名詞を取る。(5)から(7)

の「部屋」は、(5)では物名詞として解釈され、(6)(7)では所名詞として解釈されることによって、整合性を持った連語を形成している。したがって、名詞に対して、要求されている適切な意味的タイプでの解釈を施すことができなければ、連語は逸脱性を帯びてしまうことになる。「自転車ヲ改造スル」が適格であるのに対して、「*自転車ヲ歩キ回ル」「*自転車ヲ出ル」が逸脱性を有しているのは、「自転車」に〈物〉としての意味解釈が施されても、〈所〉としての意味解釈が施されえないことによっている。

　これは、言い換えれば、逆に、必須的な名詞と動詞から成る連語が適格性を有している時、名詞の意味に対して、要求にふさわしいタイプへの読み替えが行われている、ということでもある。たとえば、「始メル」という動詞は、ヲ格名詞に対して、

　　（8）　{研究／営業／会議／居眠リ／テニス／オ喋リ／研究会／大学生活} ヲ始メル。

のように、〈活動〉名詞や〈営み〉を表す名詞を要求する。ところで、最近、行きつけの喫茶店の壁に、

　　（9）　パンジャブカレー、始めました。

という張り紙を見付けた。「パンジャブカレー」は食べ物の名前である。「Nヲ始メル」のヲ格名詞の位置を占めながら、連語が適格性を有していることによって、物名詞「パンジャブカレー」は、臨時的に「パンジャブカレーの売り出し」とでもいったふうに、活動を表す名詞への読み替えを受けることになる。言い換えれば、活動名詞への読み替えを受けうることにおいて、(9)の連語は適格な連語になる。

3. 格のゆれ・うつりゆき

3.1 周辺的な表示形式の場合

　既に触れたように、周辺的な表示形式を中心に、名詞の表す意味のタイプの異なりが、名詞が動詞に対して帯びる類的な関係のあり方の異なりを招来することが観察された。したがって、名詞の表す意味のタイプをどのように解釈するかによって、名詞の動詞に対する類的な関係のあり方の解釈に、ゆれの生じることがある。

既に見たように、「デ」で表示される名詞の中には、〈主体〉として解釈される場合が存した。既に挙げた「兄弟デ殴リ合ウ」のようなケース以外に、

　　(10)　我々ノ組織デ調査シタ結果、事ノ真相ガ明ラカニナッタ。
　　　→我々ノ組織ガ調査シタ結果、〜

のように、名詞が〈組織・団体〉を表す場合にも、「Nデ」では、〈主体〉を表すことがある。したがって、

　　(11)　警察で念入りに老婆の足どりを検べたところでは、〜
　　　　　　　　　　　　　　　　　　　　（日影丈吉「かむなぎうた」）

は、「警察」が〈組織・団体〉として捉えられ、〈主体〉の関係を持つ名詞句が存在しないことによって、「デ」表示で〈主体〉として解釈されることになる。一方、「警察」といった名詞は、「警察ニ行ク」から明らかなように、所名詞でもある。「警察デ」は、「警察」が所名詞として捉えられた場合、〈動きの行われる場所〉として解釈されることになる。このようにして、(11)の「警察デ」は、文脈によって、〈主体〉と〈動きの行われる場所〉との間を揺れ動くことになる（「Nデ」の表す〈場所〉と〈道具〉とのゆれ等については、山梨1987をも参照）。

3.2　必須的成分の表示形式の場合—ゆく先・ありかをめぐって—

　必須的な成分は、動詞に対する関係のあり方とその意味的タイプを、動詞の表す動きの類型によって、基本的に定められていた。これは、逆から言えば、ある関係のあり方に在る必須成分を要求する動詞は、その意味的類型をかなり制限的に限定されている、といったことでもある。したがって、動詞の意味的類型が期待される典型から外れるにしたがって、必須的に出現する名詞の動詞に対する関係のあり方も、典型からずれていくことになる。

　以下、少し「ニ」で表示される〈ゆく先〉と〈ありか〉について見てみる（ニ格が担う関係のあり方には当然これ以外も存する）。

　〈ゆく先〉と〈ありか〉が同一表示形式を持つのは、行き着いた先に人や物が留まれば、そこが人や物の在りかとなる、といったことからすれば、ごく自然であろう。したがって、当の「Nニ」が〈ゆく先〉を表しているのか、〈ありか〉を表しているのかが問題になってくる場合が生じてきても、これもまた、ごく当然のことであろう。

〈ゆく先〉の典型・基本は、

(12) 母は何年か前に自分で寺に行って、〜 （藤枝静男「私々小説」）
(13) 喬子は〜八時四十分ごろ宿に戻る。 （大坪砂男「天狗」）
(14) ロンドン警察の電報がこちらにきていることを、〜
　　　　　　　　　　　　　　　　　　　　　　　（北杜夫「クイーン牢獄」）
(15) 私は〜塑像を〜久保君の家に送り届けることにした。
　　　　　　　　　　　　　　　　　　　　　　　（上林暁「ブロンズの首」）
(16) おふくろは、〜それを手提金庫の底に戻した。　（三浦哲郎「拳銃」）

のような、主体や対象の物理的な空間移動の目標や着点である。これらは、いずれも、動詞の表す意味類型が、主体の空間移動や対象に対する空間移動の引き起こし、といったものであることに応じたものである。

　動詞の表す動きが、主体や対象の物理的な空間移動・位置変化から、抽象的な移動、言い換えれば、主体や対象の様変化にずれていくことによって、ニ格の帯びる〈ゆく先〉性も、物理的なものから抽象的なものへと、その質を変容させていく。移動が抽象的な様変化であっても、

(17) 外においておくと、〜水は熱湯になる。 （田中小実昌「魚撃ち」）
(18) 私も〜ついに支配人の地位についた。 （高木彬光「妖婦の宿」）
(19) 圭一郎は〜広い百姓家を病的に嫌って、〜近代的なこざっぱりした家に建て替えようと〜 （嘉村磯多「崖の下」）

のように、主体や対象に対する何らかの移動（この場合は変化といった抽象的な移動）が加わることによって、ニ格は〈ゆく先〉といった関係を帯びることになる。

　広義の移動性は、〈出どころ〉の共起によって、確かめられもし強められもする。〈ゆく先〉が〈出どころ〉に対する〈ゆく先〉であれば、このことは、極めて当たり前のことであろう。現実の表現が〈ゆく先〉と〈出どころ〉を二つながらに出現させることは、かえって少ないにしても、移動表現の典型は、〈ゆく先〉と〈出どころ〉とを、ともに取るものである。

(20) 僕は、旅団本部の野戦病院の伝染病棟から ここにきた。
　　　　　　　　　　　　　　　　　　　　　　　（田中小実昌「魚撃ち」）
(21) 老人は〜鳥籠を病室から 自分のベランダに運びます。
　　　　　　　　　　　　　　　　　　　　　　　（遠藤周作「男と九官鳥」）

(22)　ぼくだけが二等兵から一等兵にならなかった。
(田中小実昌「魚撃ち」)

のようなものが、これである。(20)(21)は物理的な空間移動の場合であり、(22)は抽象的な移動、様変化の場合である。様変化における〈ゆく先〉は、物理的な空間移動の〈ゆく先〉とは、質的な変容を有しはするものの、〈ゆく先〉性において、必ずしも無条件的に低いといったものではない。

それに対して、典型的な〈ありか〉とは、

(23)　芝田順や若林たけ子たちは、当夜自宅にいて、(鮎川哲也「急行出雲」)
(24)　編集長の机が真中にあって、(田山花袋「少女病」)
(25)　ぼくは～信州に仕事場をもち、(水上勉「寺泊」)

のような、主体や対象の空間的な存在場所を表すものである。主体や対象がその場所に存在するのは、動詞の表す動きや状態の結果ではない。元来的にそこに存するものとして捉えられている。したがって、典型的な〈ありか〉を取る動詞は、主体や対象に対して、何ら移動・変化を及ぼさない。さらに言えば、典型的な〈ありか〉を取る動詞は、主体や対象が被動性を持たない。

動詞の表す動きの移動性が低くなれば、その動詞と共起するニ格の〈ゆく先〉性は、減少する。逆に、主体や対象に被動性が生じることによって、〈ありか〉から〈ゆく先〉へ一歩踏み出すことになる。

動詞の表す動きの移動性の減少は、〈出どころ〉の出現・不出現に関わってくる。既に触れたように、物理的なものであれ、抽象的なものであれ、移動が明確であれば、〈ゆく先〉だけでなく、〈出どころ〉も、出現もしくは出現可能になる。ひるがえって言えば、〈出どころ〉の出現が困難になるにしたがって、出現可能なものに比して、ニ格の〈ゆく先〉性が低下する。たとえば、

(26)　ダグラスＤＣ８ジェット旅客機が空の一角に現れ、
(北杜夫「クイーン牢獄」)
(27)　この作品に現れる、名探偵神津恭介。(高木彬光「妖婦の宿」)

を比べてみれば、このことは明らかであろう。(26)には、「遥カ彼方カラ」とでもいった〈出どころ〉が出現可能である。それに対して、(27)には、〈出どころ〉を加えることはできない。〈出どころ〉の出現可能性に呼応して、(26)の「現レル」は、「ヤッテ来ル」に近似する移動性の高い動きを表して

いる。それに対して、〈出どころ〉の出現が不能な(27)は、移動性の極めて低い動きを表している。移動性の高低を受けて、(26)の「空ノ一角ニ」が〈ゆく先〉であるのに対して、(27)の「コノ作品ニ」は〈ありか〉になる。

　次のようなものも、〈出どころ〉の出現が困難になるにしたがって、生起するニ格名詞名の〈ゆく先〉性に減少が生じる。

　　(28)　<u>林には</u>鶍鳥が朝ごとに群れ〜　　　　　　（大坪砂男「天狗」）

　　(29)　<u>一本の樹に</u>数十匹が塊って、　　　（大岡昇平「歩哨の眼について」）

などは、「Xガ（ドコソコカラ）ドコソコニ集マル」に近い動きを表しながら、〈出どころ〉が出現しにくい分、そのニ格は、〈ゆく先〉から〈ありか〉に移り動いている。また、

　　(30)　軍曹殿は、〜まだ<u>岩の上に</u>立って、　　　　（田中小実昌「魚撃ち」）

　　(31)　ぼんやりと<u>部屋の椅子に</u>腰かけて〜　　　　（志賀直哉「城の崎にて」）

のような、主体の姿勢変化に関わる動詞も、主体が何らかの移動を伴う動きを被るものの、もはや、その動きは、主体そのものの位置変化を目指したものでない―そのことは、これらには〈出どころ〉が出現しにくい、といったこととして現象している―ことによって、そのニ格は、〈ゆく先〉から〈ありか〉へと大きく移り動いている。さらに、

　　(32)　<u>庭には</u>霜柱が立っていた。　　　　　　　　（太宰治「富嶽百景」）

になれば、主体が非可動の物名詞であり、動詞がテイル形を取っていることによって、ニ格は、もはや〈ありか〉である。ちなみに、テイル形やテアル形は、〈ゆく先〉を〈ありか〉に変更する働きがある。「男ガ絵ヲ壁ニ掛ケタ」の「壁ニ」が〈ゆく先〉であるのに対して、「絵ガ<u>壁ニ</u>掛ケテアル」の「壁ニ」は、もはやかなりの程度で〈ありか〉に移り動いている。

　既に触れたように、〈ありか〉の典型は、「編輯長の机が<u>真中に</u>あって」「ぼくは<u>信州に</u>仕事場をもち」のように、主体や対象のその場所での存在に対して、動詞の表す動きの結果としては捉えられていないものであった。したがって、主体や対象のその場所での存在に、動詞の表す動きが関与してくれば、動きのタイプに応じて、そのニ格の〈ありか〉性は、典型からずれていくことになる。

　　(33)　博士は、<u>自宅の庭の隅に</u>わざわざ池をつくって、

　　　　　　　　　　　　　　　　　　　　　　　　（水上勉「赤い毒の花」）

(34)　二人は庭のいちじくの木の根っこに小さな穴を掘った。

(島尾敏雄「家の中」)

のような、〔出現させ〕を表す動きは、対象のその場所での存在が動詞の動きによっていることによって、そのニ格は、典型的な〈ありか〉から一歩ずれている。さらに、

(35)　(日の丸の手拭いを)腰に下げていることもあるし、

(梅崎春生「突堤にて」)

のようなニ格は、まさに〈ゆく先〉と〈ありか〉にまたがるものであろう。

参考文献
言語学研究会編 1983　『日本語文法・連語論(資料編)』むぎ書房
仁田義雄 1993　「日本語の格を求めて」『日本語の格をめぐって』(くろしお出版)所収
仁田義雄 1993　「連語論―ヲ格名詞の対象性」『国文学』38 巻 12 号
山梨正明 1987　「深層格の核と周辺」『言語学の視界』(大学書林)所収

(初出、「格のゆらぎ」『言語』24 巻 11 号、1995)

第3部　ヴォイス

第 3 部 1　相互構文

第6章　相互構文を作る「Ｖシアウ」をめぐって

0. はじめに

　本章は、相互構文（相互態）ないしは相互動詞を形成する生産的な形式である、「Ｖシアウ」の意味・用法について、比較的詳しく考察することを目的としている。

1. 「Ｖシアウ」形式の下位的タイプ

　「～アウ」を付加して複合動詞を作るといった方法は、〈非相互動詞〉や〈半相互動詞〉[1]を〈相互動詞〉に変える最も生産的な手段である（もっとも、「～アウ」によって複合化された動詞の総てが、〈相互動詞〉になるといったわけではない）。「～アウ」については、姫野昌子(1982)にも、詳しい論考がある。
　「～アウ」の付加による複合動詞化によって形成された相互動詞の表現には、次のような下位的タイプがある。［Ｉ］まともの相互構文、［Ⅱ］第三者の相互構文、［Ⅲ］持ち主の相互構文、といったものである。これらは、もっぱら、相互動詞化される前の動詞と、「～アウ」の付加によって相互動詞化された動詞とが、必要とすることになる共演成分の関係から、「～アウ」の付加による複合動詞化によって形成された相互動詞の構文を、下位分類したものである。その意味で、この下位類化は、相互動詞化された構文の有している構造的側面からの下位類化である、と言えよう。言い換えれば、この分類は、もとの文の有する構造のあり方と、相互動詞化された文の有している構造のあり方との、対応関係の異なりの観点からなされたものである。もっ

とも、構造の違いは、それぞれの相互構文が帯びることになる相互性といった意味的なあり方の異なりを、招来しないわけではない。

次に、それぞれのタイプの属する相互動詞構文の例を、一つずつ挙げておくことにする。

（１） 広志ガ武志ト殴リアッタ。
（２） 広志ガ武志ト次郎ヲ殴リアッタ。
（３） 広志ガ武志ト頬ヲ殴リアッタ。

(1)が〈まともの相互構文〉の例であり、(2)が〈第三者の相互構文〉の例であり、(3)が〈持ち主の相互構文〉の例である。

〈第三者の相互構文〉は、単純動詞の相互構文[2]では、見られない構文であるし、〈持ち主の相互構文〉も、単純動詞のそれでは、ほとんど見られないものであろう。〈第三者の相互構文〉や〈持ち主の相互構文〉の存在は、〈派生された相互動詞〉による相互構文の特徴である。また、「〜アウ」によって形成された〈相互動詞〉は、いずれのタイプであっても、〈ガ格をめぐる相互動詞〉である。

2. まともの相互構文

以下、「Vシアウ」といった〈相互動詞〉によって形成されている相互構文のタイプについて、それぞれ、実例をあげながら、もう少し詳しく述べていくことにする。まず、最初に、〈まともの相互構文〉から見ていこう。

2.1 まともの相互構文とは

〈まともの相互構文〉とは、どのようなものであるのか、どのように規定されるものであるのか、といったことを、極簡単に述べておく。

（１） 広志ガ武志ト殴リアッタ。

は、「殴リアウ」といった派生された〈相互動詞〉を持つ相互構文であるが、この〈相互動詞〉は、「殴ル」といった動詞から派生されたものである。「殴ル」は、

（２） 広志ガ武志ヲ殴ッタ。

のように、動作の主体と動作の対象との二項の共演成分を要求する〈非相互

動詞〉である。(1)と(2)とを較べてみて分かることは、もとの動詞にあっても、「Vシアウ」の形式を取った相互動詞にあっても、必要とされる共演成分の数が、増えていないことである。変化は、もとの動詞では、「Nヲ」で表示され、ガ格と非相互性を有していた共演成分が、「〜アウ」が付加することにより、相互動詞化し、「Nト」で表される相互性を持った共演成分に変わる、といったところにある。

「広志ガ武志ト殴リアッタ。」といった相互構文においては、「広志」は、殴るといった動きの主体であり、動きの対象でもある。また、同時に、「武志」も、殴るという動きの対象であり、動きの主体でもある。つまり、「広志ガ武志ト殴リアッタ。」といった文の表している〈事態の核〉の意味論的なあり方は、概略、[殴リアウ（主体：対象、対象：主体）]とでも表記できるものである。〈主体：対象〉や〈対象：主体〉といった表記法は、その共演成分が、意味役割的に、主体でありかつ対象であること、対象でありかつ主体として機能していることを、示すものである。相互性を帯びることによって、相互関係にある二つの共演成分は、もとの動詞が両者のそれぞれに対して有していた格関係のあり方を、双方がともに帯びることになる。

上述から分かるように、〈まともの相互構文〉とは、もとの動詞が要求している共演成分の中で、ガ格と非相互関係にある共演成分が、相互動詞化によって、ガ格と相互性を帯びることになり、その結果、相互関係を有することになった二項が、ともに、もとの動詞が二項のそれぞれに対して有していた格関係の双方を帯びることになった文である、と規定できよう。したがって、〈まともの相互構文〉において、相互関係にある二項は、お互いに相互的であることによって、二重の格関係的意味を有することになる。

2.2 まともの相互構文の種々

〈まともの相互構文〉の下位類化には、いろいろな観点が考えられようが、本章では、次のような観点からの下位類化を行う。「Vシアウ」といった〈派生的な相互動詞〉を形成することによって、相互関係を有することになる二項が帯びることになる二重の格関係的意味が、いかなるものであるかといった観点である。これは、また、もとの動詞がどのようなタイプの動詞であるのか、といった観点でもある。

もとの動詞がいかなるものであり、そのことによって、相互関係にある二項が帯びる二重の格関係的意味がいかなるものであるか、といった観点からの〈まともの相互構文〉の下位的タイプとしては、次のようなものが挙げられる。［Ⅰ］もとの動詞が［ガ、ヲ］といった格体制を取り、ヲ格にガ格に対する相互性が付与されるもの、［Ⅱ］もとの動詞が［ガ、ニ］といった格体制を取り、ニ格にガ格に対する相互性が付与されるもの、［Ⅲ］もとの動詞が［ガ、ヲ、ニ］といった格体制を取り、ニ格にガ格に対する相互性が付与されるもの、［Ⅳ］もとの動詞が［ガ、ヲ、カラ］といった格体制を取り、カラ格にガ格に対する相互性が付与されるもの、などが存在する。以下、それぞれについて実例を挙げながら、簡単に見ていくことにする。

［Ⅰ］　もとの動詞が［ガ、ヲ］といった格体制を取るもの

　まず、最初にもとの動詞が［ガ、ヲ］といった格体制を取り、ヲ格にガ格に対する相互性が付与されることになる〈まともの相互構文〉について、見ていこう。たとえば、

（3）　英子が 美和子と 知り合ったのは美容院だ。
　　　　　　　　　　　　　　　　　　（川辺豊三「公開捜査林道」）

（4）　「そのお嬢さんっていうのは、承知してくれたのか。」
　　　「それは、若い女同士だもの。わたしが必死になって、彼とは愛し合っている仲だし、間もなく結婚することになっていたんです。どうか、長い間ふたりの仲を裂くようなことはお許し下さいって頼んだら、お嬢さんもわかってくれたの。」
　　　　　　　　　　　　　　　　　　（笹沢左保「闇へ疾走」）

（5）　「梨花さん大変だったでしょ。親爺と 勝代とが どなりあったんだって？ そいから米子のあれ来たんだって？」　（幸田文「流れる」）

（6）　「いいのよ。当分抱いてくれなくても。あなたと 私の部下が 殺し合うところをみながら自慰するから。」
　　　　　　　　　　　　　　　　（小池一夫「クライング・フリーマン8」）

（7）　「ペチカに、きみの友だちはいないのか。」
　　　「いないわ。あそこは友だちをつくるような所じゃない。女たちは、知合った途端に憎しみ合うわ。」　　（結城昌治「凍った時間」）

（8）「ああッ!! 竜が来るッ。虎が竜を呼ぶ。竜虎が 呼び合う。」
（「クライング・フリーマン5」）

のようなものが、このタイプの〈まともの相互構文〉の実例である。用例数は、もとの動詞が、［ガ、ヲ］といった格体制を取るこのタイプのものが、最も多いだろう。表現形式の上から言えば、(3)(4)が、「N_1 ガ N_2 ト V シアウ」といった形式で表されているもの。(5)(6)が、「N_1 ト N_2（ト）ガ V シアウ」といった、ガ格の内部が並列構造で形成されているものであり、(7)(8)が、複数性を意味するガ格で実現されているものである。

もとの動詞が［ガ、ヲ］といった格体制を有している動詞である、ということは、派生された相互動詞によって形成された文の中で、相互関係にある二項は、それぞれ、もとの動詞が持っていた格関係的意味を二つながらに帯びている、といったことでもある。たとえば、(4)〔ワタシガ彼ト愛シ合ウ〕コトを例に取れば、これらの二項は、［主体：対象、対象：主体］といった格関係的意味を有している。

ガ格が複数性を帯びるにあたっては、色々なあり方が存する。そこで、複数性を意味する名詞による形式について、少しばかり細かく見ておこう（話は少しくそれるが、日本語文法においては、冠詞などが存しないこともあって、名詞句の文法的性格はあまり解明されていない。もう少し、名詞句の意味―文法的な性格に考察の眼が向けられてもよい）。

(7)は、「～たち」といった、名詞が複数性を有していることを表す接辞が付加されたもの。このタイプには、外に「～ら」とか「～方」とか「～同士」といった接辞の付加されたものがある。次のような畳語形式も、これに準ずるものであろう。

（9）彼は「動くな。お前は私の俘虜だ。」といった。我々は 見合った。
　　　一瞬が過ぎた。
（大岡昇平「俘虜記」）

また、(8)は、ガ格を占める名詞の意味そのものが、複数性を表す場合である。これには、「夫婦ガ」「親子ガ」などのように、対的なものと、「家族ガ」「仲間ガ」「グループガ」などのように、集団的なものとがある。「兄弟ガ」には、対的な場合と集団的な場合の両用があろう。たとえば、

（10）～、疎遠で嫌いあっていても親子とは時にはこんな素早い話がで

(11) 搭乗タラップを上る前、家族がお互いを撮影し合った一、二枚目に続く三枚目の写真には、シートに座ってVサインを出して笑う知佐子さんと、隣でほほえむ母昌子さんの姿があった。
(毎日、1990, 10, 13、夕)

などが、このタイプの実例である。

さらに、複数性のガ格名詞といった表現形式の一つとして、名詞が数量詞表現を冠して使われるといったものがある。たとえば、

(12) 小野寺「～。」玲子「～。」
二人、強く抱き合い、唇を重ねる。　(小松左京「シ・日本沈没」)

などが、この実例である。また、

(13) 親睦をはかるために、各家庭は招き合う。　(丹羽文雄「渇き」)

の「各家庭」の「各」も、数量詞表現の一種と考えてよい。

さらに、次のような例も、数量詞表現に準ずるものであろう。

(14) お互いが喰い合うような目で、顔を見合っていたのは、数瞬時のことで、車は、なめらかに滑り出していった。(大仏次郎「帰郷」)

もっとも、日本語の名詞は、そのままで、複数性を帯びることが可能である。したがって、上述のような積極的な標識を持たない名詞が、文脈などの働きで複数性を帯びて、使われることも少なくない。たとえば、

(15) 席を奪い合って口ぎたなくののしる者や、列に割りこもうとして追いだされる者や、囲いの筵の下にもぐりこもうとする者が押しあったり、ころんだり、小突かれたりして、そのたびに笑い声や悲鳴や罵声が聞こえた。　(辻邦生「嵯峨野名月記」)

(16) 人間はどこでも働いたり、楽しく食事をしたり、唄ったり、そぞろ歩きをしたり、新聞を見たり、お互いに熱心に話し合ったり、時には革命や内乱で殺し合ったりしている。　(「シ・日本沈没」)

などが、複数性を明示する特徴を積極的に持たない無標の名詞が使われていながら、文脈などから、それの指し示している者が複数であることが分かるタイプである。

主体を表す名詞が複数性を持ったものであることによって、主体は、「N

ガ」といった表示形式だけでなく、「Nデ」といった表示形式でも表されうる（ちなみに、主体が「Nデ」で表されうるのは、複数主体の場合だけでなく、場所性を帯びた主体の場合にも、可能である。「私ノ方デ処理ヲシテオキマス。」「警察デコトノ真相ヲ発表シタ。」のような例がこれである）。たとえば、

(17)　みんなで励ましあいながら、この一年は頑張りぬいた。

(朝日、1975,1、姫野1982より引用)

などは、主体が「Nデ」の形式で表された例である。

　以上挙げたものは、相互関係にある二項（もっとも、複数性を持った存在として、二項に分化せず、一つの要素に融合化している場合も多い）が、いずれも、文表現の上に何らかの形で顕在化している例であったが、文表現上に顕在化しない文も少なくない。たとえば、

(18)　'おっとオ、玉城いきなりの左フック！'
　　　「いいですね。あの左は、相手には見えません‼ 香坂選手はよくかわしましたよ！」
　　　「裕次、落ちつけ‼ 打ちあうな！かわすんだ‼」

(弘兼憲史『課長島耕作』9)

などは、誰と打ちあうのかが、当の文には明示的に示されていないが、「玉城ト打チアウ」のであることが、文脈から分かる。

　以上挙げた例は、相互関係にある二項が、いずれも有情物、もっと言えば人間であった。しかし、非情物が相互関係にある二項に来れないわけではない（もっとも、非情物が相互関係にある二項を形成することは、やはり多くない）。

(19)　おれは平坦な四角い画面にむかうと、妙にその四隅の空白が気になった。～。そこに触れると自分の心のなかに充満し熱っぽく押しあい、絡みあっているものが、突然、音もなくしぼんでいくような～そうした奇妙な手応えのなさが感じられたからだ。

(「嵯峨野名月記」)

(20)　～その上の断続した線は居士の目に、ありし日の図形を再現し始めた。それは、人の気配を感じて絵具で画かれた線一本一本が再び生気を取り戻して、互いに励まし合いながら作者の意図を再現

しようと努めているかと思われた。　　　　　（三浦朱門「冥府山水図」）

などが、相互関係にある二項が非情物の場合である。もっとも、(20)は、純粋に非情物間の相互性というよりは、既に擬人化された用法である。

〈まとものの相互構文〉全体にわたる特徴・問題点については、この、もとの動詞がどういった格体制を取る動詞であるのか、といった下位類化を一通り見渡した後で、簡単に触れることにする。

[Ⅱ]　もとの動詞が［ガ、ニ］といった格体制を取るもの

次に、もとの動詞が［ガ、ニ］といった格体制を取る動詞である場合について、見ていこう。

(21)　その窓際で小野寺が 阿部怜子と 向かい合っている。
　　　　　　　　　　　　　　　　　　　　　　　　　（「シ・日本沈没」）

(22)　いや、八十五歳の主人公が八十歳のときにできた子供と自宅の海の見える風呂に入る場面などは、印象的な光景なのだが、それが物語の進行と 溶け合わない。（毎日、1990, 9, 27、秋山駿「文芸時評」）

(23)　しかし、このところは日曜日などは人と 人とが ぶつかり合うほどのにぎわいをみせている。　　（毎日、1990, 9, 4、朝）

(24)　それは、苦痛と よろこびの 混じり合った、人間の声であった。
　　　　　　　　　　　　　　　　　　　　　　　　（吉行淳之介「鳥獣虫魚」）

(25)　何かどよめきのようなもの、重い、騒然とした人の叫び、馬の嘶きのようなものが、夜の町のむこうに、ひしめき、せめぎあい、ぶつかりあっているようだ。　　　　　　　　　　（「嵯峨野名月記」）

(26)　私たちは、正面からぶっかり合いそうになり、間ぢかに向かい合って立止まった。　　　　　　　　　　　　　　　　（「鳥獣虫魚」）

(27)　「なんとも不思議な光景じゃのう。」
　　　「三つの魂が 触れ合っているのでしょう。」
　　　　　　　　　　　　　　　　　　　　　　（「クライング・フリーマン 5」）

(28)　見学の列の後方でジャレあって先生におこられている生徒もいる。　　　　　　　　　　　　　　　　　（毎日、1990, 8, 22、夕）

(29)　親子で、河原を見おろして縁の藤椅子に掛けて向かい合っていると、～、遠く稲光りが光った。　　　　　　　　　（「帰郷」）

などの例が、もとの動詞が［ガ、ニ］といった格体制を持っている場合である。

　もとの動詞が［ガ、ニ］といった格体制を有している動詞である、ということは、〈派生された相互動詞〉によって形成された文の中で、相互関係にある二項は、それぞれもとの動詞が有していた格関係的意味を二つながらに帯びている、といったことでもある。［ガ、ニ］の「Nニ」がいかなる格的意味を担っているのかは、なかなか難しいところではあるのだが、ここでは、格的意味の厳密な付与にめざしているわけではないので、とりあえず〈相方〉としておく。すると、たとえば、(21)を例に取れば、このタイプでの相互構文では、相互関係にある二項は、［主体：相方、相方：主体］といった格的意味を担っている。つまり、(21)は、「小野寺が阿部怜子に向かっている」とともに、「阿部怜子が小野寺に向かっている」ことを表している。

　表現形式の点から、上掲の例文を見れば、次のようになる。(21)(22)が、「N_1ガN_2トVシアウ」といった形式で表されているもの。(23)(24)が、「N_1トN_2ガVシアウ」といった、ガ格の内部が並列構造で形成されているものである。また、(25)も、並列を表す助辞「ト」は出現していないものの、要素が列挙されることで、ガ格が並列構造になっている。(26)(27)(28)(29)は、複数性を意味しうるガ格が来たタイプである。(26)(27)は、接辞「～たち」や数量詞表現の修飾を受けたりして、複数性が積極的に表示されているものであり、(28)は、逆に、「Vシアウ」の使用によって、単独の名詞に複数性が読み込まれるものである。(29)は、複数主体であることによって、表現形式が「Nデ」といった形を取った場合である。

　［ガ、ニ］といった格体制を取る動詞から派生された相互構文の、他に対する特徴として注目すべきは、相互関係にある二項が、非情物である場合が少なくないといったことである。(22)「それ」と「物語りの進行」、(24)「苦痛」と「よろこび」、(25)「何かどよめきのようなもの」と「重い騒然とした人の叫び」と「馬の嘶きのようなもの」、(27)「魂」のような例が、それである。［ガ、ヲ］といった格体制を持つ動詞から派生された相互構文の場合と較べてみれば、この特徴は明瞭であろう。

　また、［ガ、ニ］動詞から派生された相互構文には、［ガ、ヲ］動詞からのそれとは異なって、〈非相互動詞〉からだけではなく、〈半相互動詞〉から派

生されたものも存在する。上掲の例文で言えば、「N {ト／ニ} ブツカル」や「N {ト／ニ} 混ジル」が、〈半相互動詞〉から派生された〈相互動詞〉である(半相互動詞とは、「洋平ガ洋子ト恋シタ」のように相互的にも、「洋平ガ洋子ニ恋シタ」のように非相互的にも使いうる動詞のこと)。

[Ⅲ] もとの動詞が［ガ、ヲ、ニ］といった格体制を取るもの

引き続き、もとの動詞が［ガ、ヲ、ニ］といった格体制の動詞である場合について、触れておこう。

(30) おれはむしろ世俗を好んでいた。はやり唄をうたい、九鬼水軍の船漕ぎ歌を怒鳴り、顔の白いぺったりした女たちと猥雑な冗談を言いあって、げらげら笑っているほうが気楽だった。
(「嵯峨野名月記」)

(31) ブッシュ大統領は十六日、メーン州ケネバンクポートの別荘でヨルダンのフセイン国王とイラクのクウェート侵攻問題を二時間余にわたり話し合った。　(毎日、1990, 8, 17、夕)

(32) 料理をつまみながら酒を注ぎあっている 伊織と 村岡。
(荒井晴彦「シ・ひとひらの雪」)

(33) 彼と 私は病院以来の知合で、本などを融通し合い、戦況と作戦について意見を交換した仲である。　(「俘虜記」)

(34) もう一つは、〜。自立したグループが連絡を取り合うという、今はやりのネットワーキング的なやり方をとっています。
(「自立できなきゃ男じゃない」『三省堂ぶっくれっと85』)

(35) 骨を分ちあった ふたりには、世間の母娘とちがった格別の絆があって、父親のぼくが立入れない雰囲気でもあった。
(水上勉「寺泊」)

(36) 我々は概して日本については語り合わなかった。　(「俘虜記」)

(37) 「ただいま緊急降下中。マスクをつけて下さい。」という機内アナンスが流れた。乗客同士で 教え合い、スムーズにマスクをつけたという。　(毎日、1990, 10, 13、夕)

などが、もとの動詞が［ガ、ヲ、ニ］といった格体制を持ち、ニ格にガ格に対する相互性が付与されている場合である。

もとの動詞が、［ガ、ヲ、ニ］といった格体制を取り、ニ格にガ格に対する相互性が付与されていることによって、ガ格とそれに対して相互関係にある項は、それぞれ、もとの動詞が両者に対して有していた格的意味を二つながらに帯びることになる。たとえば、(30)を例に取れば、このタイプの相互構文は、［主体：起点；相方：着点、対象、相方：着点；主体：起点］といった意味的なあり方をしていることになる。〈主体：起点；相方：着点〉は、起点的な主体であるとともに、着点的な相方であり、〈相方：着点；主体：起点〉は、着点的な相方であるとともに、起点的な主体である、といったことを表している。つまり、(30)の「おれ」は、冗談を発する主体であるとともに、受け取る相方でもあり、「女たち」は、冗談を受け取る相方であるとともに、発する主体でもあるのである。

　表現形式の点から、上掲の文は、次のようになる。(30)(31)が、「N_1 ガ N_3 ト Vシアウ」といった形式を取っているもの。(32)(33)が、「N_1 ト N_3 ガ Vシアウ」のように、ガ格が並列構造になっているもの。(34)(35)(36)(37)は、ガ格が複数性を意味する名詞で形成されているタイプである。(34)は、「グループ」といった集団を意味する名詞が使われており、(35)は、数量詞表現で作られており、(36)(37)は、複数性を付与する接辞が付加される、といったタイプのものである。また、(37)は、複数主体であることによって、「Nデ」といった形式で表されているものである。

　また、このもとの動詞が［ガ、ヲ、ニ］といった格体制を持つ動詞から派生される相互構文の中には、〈非相互動詞〉からだけでなく、〈半相互動詞〉から形成されるものが少なくない。(31)の「N_3 {ニ／ト} 話ス」や、(36)の「N_3 {ニ／ト} 語ル」などが、半相互動詞から派生された例である。

　また、例文を見れば分かるように、このタイプの相互構文は、相互関係にある二項が、ともに人間である。

　上掲の例文は、いずれも、〈授け〉や〈伝え〉といったカテゴリカルな語義を有する動詞ないしはそれに準ずるものであった。ところが、

　(38)　～眼を醒ますと、両親が顔を 寄せ合って 話していた。

（高井有一「仙石原」）

　(39)　また次の日には千登世と二人で～芝や青山の方まで駆け廻って、結局は失望して、～互いの肩と肩とを 凭せ合って 引き返し

てくるのであった。　　　　　　　　　　　（嘉村礒多「崖の下」）

(40)　母ト娘ハ体ヲクッツケアッテ、座ッテイタ。

などは、今までのものと異なって、〈引っ付け〉動詞から派生された相互構文である。〈引っ付け〉動詞から派生された相互構文の特徴としては、ヲ格がガ格の身体部分を取り、(39)からも明らかなように、ヲ格そのものも相互性を帯びることである。また、〈引っ付け〉動詞は、場所的なニ格を取るのが本来的であるにも拘わらず、派生された相互構文の中では、今までの例文と同様に、ガ格と相互関係にある他の一項には、人間を表す名詞が来ることは、注目してよい。

[IV]　もとの動詞が［ガ、ヲ、カラ］といった格体制を取るもの

続いて、もとの動詞が［ガ、ヲ、カラ］といった格体制の動詞である場合について、極簡単に触れておこう。

(41)　近所の友達と交替に子供を預かりあい、当番でない時は、ゆっくり買い物をしたり、自由な時間を楽しみます。
　　　　　　　　　　　（『ＰＨＰ』1979年2月号、姫野1982より引用）

(42)　阪神5―4太洋
　　　中盤激しく点を取り合ったが、阪神が1点差を守って逃げ切り。野田はプロ入り初めての2ケタ勝利。　　　（毎日、1990,8,16、朝）

(43)　時おり仕事に疲れて、そうした町すじに足をむける折、私はよく、呉服屋の店先に集まった客たちが布地をうばい合うようにして、手にとっている姿を見かけた。　　　（「嵯峨野名月記」）

などが、もとの動詞が［ガ、ヲ、カラ］といった格体制を取り、カラ格にガ格に対する相互性が付与されている場合の例である。

もとの動詞が、［ガ、ヲ、カラ］といった格体制を取り、カラ格にガ格に対する相互性が付与されることによって、ガ格とそれに対して相互関係にある項は、それぞれ、もとの動詞が両者に対して有していた格的意味を二つながらに帯びることになる。たとえば、(41)を例に取れば、次のような意味的関係を有している。我々は、近所の友達からの子供の預かり手であるとともに、近所の友達への子供の預け手でもある。また、近所の友達は、我々への子供の預け手であるとともに、我々からの子供の預かり手でもある。し

がって、(41)の相互構文は、概略［主体：着点；相方：起点、対象、相方：起点；主体：着点］というふうに表記できる意味的構造を有している。〈主体：着点；相方：起点〉は、着点的な主体であるとともに、起点的な相方であることを、〈相方：起点；主体；着点〉は、起点的な相方であるとともに、着点的な主体であることを、表している。

(41)が、「N_1 ガ N_3 ト Vシアウ」型の表現形式を取っているもの。(42)が、「N_1 ト N_3 ガ Vシアウ」といった、ガ格が並列構造型の表現形式に相当しそうなもの。(43)が、複数性を意味するガ格名詞で形成されているものの例である。

また、これらのタイプでは、相互関係にある二項は、人間である。

[V] それ以外の場合

以上、もとの動詞が、［ガ、ヲ］［ガ、ニ］［ガ、ヲ、ニ］［ガ、ヲ、カラ］といった格体制を持つものについて、見てきたのであるが、〈まともの相互構文〉には、これ以外のものが全くないのであろうか。中核的なところは、これでよい。しかし、まったく外のタイプが考えられないかといえば、たとえば、次のようなものが挙げられる。

(44) 仕事ノ都合トハイエドモ、親ガ子供ト離レ合ッテ暮ラスノハ、良クナイ。

の「離レル」は、「N_1 ガ N_2 ｛カラ／ト｝ 離レル」のように、［ガ、カラ］といった格体制を取りうる〈半相互動詞〉からの相互動詞化である。もっとも、これは、「離レル」が、既に「Nト」を取りうる〈半相互動詞〉であるので、純粋な［ガ、カラ］型動詞ではない。

2.3 まともの相互構文の特性

引き続き、ここまで述べ来たった〈まともの相互構文〉の有している特性を、粗々見ておくことにする。

[Ⅰ] 動きの直接的な関与者

まず、第一に、〈まともの相互構文〉において、「NガNトVシアウ」といった形で現れうるところの「Nト」は、動詞の表す動きの直接的な関与者で

あって、付加的な共同行為者でないことが、挙げられる。このことを確かめるテストとして、既に触れたように、〈「一緒ニ（共ニ）」挿入テスト〉といったものが考えられる。たとえば、

（１）　「ホタルの光は10分で消える。愛道の子分たちは闇へ誘う10分前にホタルを竜太陽に渡すことになっている。おまえと撃ち合うときには、ホタルは光らない。」　　（「クライング・フリーマン9」）

（1'）　「ホタルノ光ハ10分デ消エル。愛道ノ子分タチハ闇ヘ誘ウ10分前ニホタルヲ竜太陽ニ渡スコトニナッテイル。オマエト｛一緒ニ／共ニ｝撃チ合ウトキニハ、ホタルハ光ラナイ。」

（２）　その窓際で小野寺が阿部怜子と向かい合っている。
　　　　　　　　　　　　　　　　　　　　　　　　　　（「シ・日本沈没」）

（2'）　ソノ窓際デ小野寺ガ阿部怜子ト｛一緒ニ／共ニ｝向カイ合ッテイル。

（３）　私は川崎昇と、～倉田百三の求道精神や武者小路実篤の人道主義について、随分話し合った。　（伊藤整「海の見える町」）

（3'）　私ハ川崎昇ト｛一緒ニ／共ニ｝、～倉田百三ノ求道精神ヤ武者小路実篤ノ人道主義ニツイテ、随分話シ合ッタ。

に挙げた(1)と(1')、(2)と(2')、(3)と(3')のペアを較べてみれば、明らかなように、〈まともの相互構文〉の「NガNトVシアウ」の「Nト」の後ろに「一緒ニ（共ニ）」を付加すると、「Nト｛一緒ニ／共ニ｝」全体が付加的な共同行為者に成り下がり、動きの成立に直接的に参画する別の関与者が必要になる。つまり、(1')(2')(3')の方は、「オマエト｛一緒ニ／共ニ｝Ｘ｛ト／ヲ｝撃チ合ウ」「阿部怜子ト｛一緒ニ／共ニ｝Ｘ｛ト／ニ｝向カイ合ッテイル」「川崎昇ト｛一緒ニ／共ニ｝Ｘ｛ト／ニ｝話シ合ッタ」といった意味になる。これは、もとの動詞の要求している共演成分の中で、ガ格と非相互関係にある共演成分に、「～アウ」の付与によって、相互性を帯びさせたものが、〈まともの相互構文〉である、といった〈まともの相互構文〉の規定からして、極めて当然のことではあるが、次に述べることになる〈第三者の相互構文〉との異なりを理解するうえにおいても、充分認識しておく必要がある。

[ⅠⅠ] 対的な動きにはなりえない

　単純動詞たる〈相互動詞〉の中には、極少数ではあるが、ガ格と相手との一対で完成する対的な動きを表すものがあった。〈対動詞〉と仮称するものである。単純動詞では、〈相互動詞〉の一部に〈対動詞〉といった特殊なものがあるのに対して、派生化した「Ｖシアウ」の〈まともの相互構文〉には、対的な動きを表すものは存しない。すべて、三者以上の総当たり的事態を表すことが可能なものである。

　三者以上の総当たり的な事態を表しうる相互性であることは、

　　（４）　何かどよめきのようなもの、重い、騒然とした人の叫び、馬の嘶きのようなものが、夜の町のむこうに、ひしめき、せめぎあい、ぶつかりあっているようだ。　　　　　　　（「嵯峨野名月記」）

のような例の存在からも、分かろう。

　また、対的な動きでないといったことは、〈「(オ)互イ(ニ)」の挿入〉によって確かめられる。対的な動きを表す場合、「オ互イニ」を挿入してしまうと、優先的な解釈が、二項がそれぞれ別の存在を相手どって動きを行うこと、二つの出来事の並存、といったものに変わってしまう（たとえば「結婚スル」は〈対動詞〉たる単純動詞である。これに「洋平ハ洋子ト互イニ結婚シタ」のように「互イニ」を挿入すると、優先的な読みは、「洋平ガ洋子ト結婚シタ」にはならず、「洋平」「洋子」それぞれが、それぞれの相手と結婚したの意味になる）。それに対して、対的でない動きの場合は、そのまま、一つの相互的な事態を表す。たとえば、

　　（５）　圭一郎は～子供と敵対の状態でもあった。～。互いに　憎み合ってきた、～。　　　　　　　　　　　　　　　　　　　　（「崖の下」）
　　（６）　「まさしく、相違ない……では、広正、刀をみたまえ。」
　　　　　　「いや、どうぞ……殿様から」
　　　　　　「これは、君のご先祖の作じゃ……さ、君から」
　　　　　たがいに　ゆずりあい、ついに、～広正が震える手で刀をとった。
　　　　　　　　　　　　　　　　　　　　（大河内常平「安房国住広正」）
　　（７）　夫婦だと、いつの間にか、どこかでお互いに　補い合ってしまう。
　　　　　　　　　　　　　　　　　　　　（毎日、1990, 10, 24、朝）

などは、「～アウ」を取る派生された〈まともの相互構文〉であるが、これ

らの例から「(オ)互イニ」を消去しても、表されている文意に変更は生じない。言い換えれば、これは、また、「(オ)互イニ」の挿入が、一つの相互的な事態を表す、という優先的な読みに変更を加えない、といったことでもある。

[Ⅲ]　同時的か非同時的か

　〈まともの相互構文〉の表す相互的な事態とは、Xが主体であるとともに、動きの片棒でもあり、また、Yも動きの片棒であるとともに、主体でもある、といったものであった。その意味で、〈まともの相互構文〉の表す相互動作は、複数の動きによって構成されていると言えよう。ただ、そういった双方から繰り出される動きを、全体で一つの相互的な動き、したがって、一つの事態として捉えているのが、〈相互動詞〉の表している動きの意味的特徴である。これは、「争ウ」や「結婚スル」といった〈単純動詞の相互動詞〉の場合は、言うまでもないことであるが、〈派生された相互動詞〉にあっても、基本的には当てはまる。このことは、「広志ガ武志ト殴リアッタ。」が、「広志ガ武志ヲ殴ッタシ、武志ガ広志ヲ殴ッタ。」にそのままには還元されない、それと全同ではない、といったことを意味している。相互動作は、動きの並存だけではなく、並存に加えて、相互性といったものが付与され、そのことによって、一つの事態として把握されている。たとえば、このことは、[A]「ソノ舞踏会デ広志ハ洋子ト知リ合ッタ。」が、単に[B]「ソノ舞踏会デ広志ガ洋子ヲ知ッタ。」と[C]「ソノ舞踏会デ洋子ハ広志ヲ知ッタ。」との並存ではないことからも、了解できよう。[B][C]は、広志の側に洋子を知るといった動きが生じたことと、洋子の側にも広志を知るといった動きの生じたことを、述べてはいるが、[A]のように、両者が、知人になったといったことを、必ずしも意味しはしない。この「知リ合ウ」の場合は、相互性の有無が、明確に事態の異なりとなって現れているケースであるが、他の相互動作にあっても、これほど歴然としていなくとも、やはり単なる並存ではないことが、基本的には当てはまる。

　しかし、〈単純動詞たる相互動詞〉では、双方から繰り出される動きが、常に同時的なものでしかなかったのに対して、〈派生された相互動詞〉にあっては、双方から繰り出される動きは、同時的に生じている場合だけでなく、

非同時的に時間をおいて生じている場合が存在する。そこで、

(8) そしたら思いがけず、ツツジの繁みの向うで人かげを見てしまった。若い女の子と男の子で、しっかり<u>抱き合って</u>、長い接吻をしていた。　　　　　　　　　　　　　（田辺聖子「坂の家の奥さん」）

(9) 正直いえばそのぺすとるがみつかったときから、厭な気がしていたが、その後、本物まがいの玩具で押し込みの道具に使われたり、その玩具に悪い細工を施して人を傷つけたり、本物で<u>撃ち合ったり</u> <u>殺し合ったり</u>というような話が世間から伝わってくるたびに、〜　　　　　　　　　　　　　　（三浦哲郎「拳銃」）

(10) 家の前まで来て、
「じゃあ、また。」
まだ子供っぽい声を<u>かけ合って</u>、別れる。（庄野潤三「小えびの群れ」）

(11) 料理をつまみながら酒を<u>注ぎあっている</u>伊織と村岡。
　　　　　　　　　　　　　　　　　　　　　　（「シ・ひとひらの雪」）

(12) 近所の友達と交替に子供を<u>預かりあい</u>、当番でない時は、ゆっくり買い物をしたり自由な時間を楽しみます。
　　　　　　　　　　（『ＰＨＰ』1975年2月号、姫野1982より引用）

の五つの〈まともの相互構文〉を見てみよう。(8)は、もとの動詞が「抱ク」という接触動詞なので、双方からなされる働きかけは同時的でしかありえない。同時的である相互動作を表している。それに対して、(12)は、「交替ニ」といった副詞的修飾成分の存在からも分かるように、双方がなす動きは、時間差のあるものである。そういった時間差のある双方の動きを一つの相互動作として捉えているのである。(9)の「殺シ合ウ」も、同時的にしか試みえない相互動作である。(9)の「撃チ合ウ」は、全く同時に撃つこともあれば、時間的に少しずれて相互の動きが生じることもあろう。しかし、この少しの時間的ずれは、同時性の範囲内のものとして捉えられているものである。また、(10)の「声ヲカケル」になると、ほとんど同時に動きの生じることもあれば、片方が、相手の声を聞いてから、声を掛け返す、といった場合もあろう。このような例では、同時的か非同時的かは、極めて微妙である。ところが、(11)の「酒ヲ注ギアウ」になると、一方が注ぎ手になり、片方が受け手になるのが自然であるところの、非同時的な相互動作であるのが、普通

である。
　上述してきたように、派生された相互構文の表す相互動作は、同時的なものだけでなく、時間差のある非同時的なものを許容する。また、これらは、常に截然と分かたれ切るわけではなく、連続していくところをも有している。

[IV]　相互関係にある両者の意味素性
　次に、相互関係にある二項の意味素性が、どのような関係になっているのかを、極簡単に触れておく。相互関係にある二項であるのだから、意味素性が同類であるのが、普通である。異類のものが、相互性を取り結ぶのは、通常ではない。したがって、「次郎ハ啓太ト割リアッタ。」「次郎ト啓太ガ壊シアッタ。」が、〈まともの相互構文〉としてではなく、〈第三者の相互構文〉として解釈されるのは、「割ル」「壊ス」などが、ガ格とヲ格とで、異なった意味素性の名詞を取ることによっている。
　もっとも、相互関係にある二項に、異類の意味素性を持ったものが絶対来ないかというと、そうではない。極めて少数ながら、二項の意味素性が異類である、といった場合がある。これは、単純動詞にも、派生された動詞にも見られる。
　まず、「〜アウ」の付加された〈派生の相互動詞〉の場合から見ていこう。
　（13）　〜、それは、空のようにかるく、ぼくの心にひろがり、心をひたして、つまり、ぼくは 揚子江と とけあってしまったようだ。
（田中小実昌「魚撃ち」）
　（14）　ものを喰うという行為には、常に剥きだしの感じ、なまなましい感じがつきまとう。そう感じるのは今でも同じだが、童貞の頃には、女と一緒のときにそのなまなましさと 向い合うことに耐えられない。
（吉行淳之介「食卓の光景」）
などが、「〜アウ」の形式を持つ〈派生の相互動詞〉の場合における、この種の例文である。手持ちの実例で、相互関係にある二項が、異類の意味素性を持つものは、いずれも、もとの動詞が［ガ、ニ］といった格体制を持つものであった。用例数がさほど多くないので、定かなことは言えないが、それ以外の動詞でのこういった現象の存在は、多くないだろう。［ガ、ヲ、ニ］といった格体制を取り、ガ格名詞が〈人〉を表し、ニ格名詞が〈場所〉を表

す〈引っ付け〉動詞が、「〜アウ」を付加して派生された相互動詞を形成する場合、既に触れたように、ガ格との相互性を獲得する元のニ格が、人名詞に変更させられる、といったことも、この辺りの事情に関わっているだろう。もっとも、他の格体制を持つ動詞でも、こういった現象は、皆無というわけではないだろう。たとえば、「ペンデ巨大ナ政治悪ト ヤリ合ッタガ、一介ノ記者ニ出来ルコトナド、タカガ知レテイタ。」などは、有りうるものと思われる。しかし、やはり、［ガ、ニ］動詞以外は、より稀であろう。

次に、〈単純動詞たる相互動詞〉の場合を見ておく。

(15) 私は〜、ドライブ・インの前を急ぎ足で通り過ぎた。〜。駐在所へ帰り着くまで、伊東方面から来た自動車と四度すれ違った。
(島田一男「国道駐在所」)

(16) 俘虜はそれらの物音と 競うように、声を高めて話し合っていた。
(「俘虜記」)

(17) 彼は香具子の横顔を〜眺めていた。まだ、内心の不道徳と 闘っている女の姿である。
(松本清張「溺れ谷」)

などが示すように、〈単純動詞である相互動詞〉にも、この、相互関係にある二項の意味素性が異類である、といったケースは存在する。上掲の例は、いずれも、一項が〈人間〉を表し、他の一項が、「自動車」といった〈機械〉であったり、「物音」といった〈具体的な非情物〉だったり、「不道徳」といった〈抽象的な非情物〉だったりするものである。それにしても、二項が相互関係にあるのだから、意味素性が自由にずれて行きうるわけではなかろう。たとえば、「私ハ帰リ道何度モジャリヲ一杯積ンダトラックト会ッタ。」は、まだ可能であろうが、「*私ハ帰リ道交通事故ト会ッタ。」は、逸脱性を有しているだろう。両者の意味素性が、どれくらい離れてしまうと、逸脱性を有した文になるのかは、簡単には決められない。両者の捉え方によって変わってくる（たとえば「彼ハ病気ト戦ッタ」）。

[Ⅴ] もとの格に同一指示的な名詞を取りうる場合

既に、〈まともの相互構文〉では、ガ格とそれに対して相互性を付与された成分が、それぞれ、もとの動詞が両者に対して有していた格的意味を二つながらに帯びている、つまり、相互関係にある二項は、二重の格を帯びてい

る、といったことを述べた。このことは、「N_1 ガ N_2 ト V シアウ」型の表現形式をとって現れる時は、そのまま当てはまる。しかし、「N_1 ト N_2 ガ V シアウ」といったガ格の並列構造として現れる場合や、複数性を有するガ格名詞として現れる場合は、二項として顕在化しないので、二重格性も表面化していない。

たとえば、

(18) 山本と渡老人、ただじっと眼と眼で見つめ合っている。
(「シ・日本沈没」)

(19) こうではない、あうではない、とおれたちは論じあった。
(「嵯峨野名月記」)

などのように、並列構造のガ格や、複数性を帯びたガ格を取る場合にあっては、表面的には、次のような、複数主体を要求する動詞に近似してくる。

(20) 山田ト岡田ハスグニ利益ノ得ラレソウナ所ニ群ガル男ダ。

(21) 彼ラハスグニ利益ノ得ラレソウナ所ニ群ガッタ。

において、「群ガル」は、ガ格が複数性でなければならない動詞である。その限りにおいて、「V シアウ」が複数性のガ格を取ることと、現象的には近似してくる。ただ、「群ガル」のような、単に複数性のガ格を要求する動詞では、ガ格が帯びる格的意味は、〈主体〉といった単一のものであるのに対して、「V シアウ」の複数性ガ格は、二重の格的意味を帯びたものとして解釈されねばならない。たとえば、(18)は、〈主体:対象〉として、(19)は、〈主体:相方〉として解釈されなければならない。

〈まともの相互構文〉での複数性のガ格が、二重の格を帯びている、といったことは、次のような現象としても現れる。ガ格が複数性のものを取る時、意味的には充足しているにも拘わらず、同一指示的な名詞が、もとの動詞がガ格に対するものとして要求する格の形で、生起させられることがある。たとえば、

(22) 搭乗タラップを上がる前、家族が お互いを撮影し合った一、二枚目に続く三枚目の写真には、〜。 (毎日、1990, 10, 13、夕)

(23) 阪神ト太洋ハ中盤激シク相手カラ点ヲ取リ合ッタガ、阪神ガ一点差デ逃ゲ切ッタ。

などのようなものが、これである。ガ格を占めている「家族」とヲ格に来て

いる「オ互イ（ヲ）」が同一指示であることによって、「家族」は、〈主体〉であるとともに、〈対象〉である、ことが了解されよう。また、「阪神ト太洋（ガ）」が「相手（カラ）」と同一指示であることによって、「阪神ト太洋」は、〈主体〉であるとともに〈相方〉である、といった二重の格的意味を帯びたものである、といったことが分かろう。

　複数性のガ格を持つ〈非相互動詞〉が、「相手」を他の格として取った

(24)　次郎ト三郎ハ　相手ヲ殴ッタ。

のような場合は、〈相互構文〉の場合と異なって、「相手」がガ格名詞と同一指示的になることはない。

　「オ互イ」に関していえば、共演成分として現れてくることは稀であるものの、〈非相互動詞〉が、複数性のガ格を取り、「オ互イ」を、動詞の要求する他の格形式で、同一文中に存在させてしまうと、文は、〈非相互構文〉から、〈相互構文〉へ変わってしまう。たとえば、

(25)　〜 それでも戦いに負けた人間であるという点で　僕等はちょっぴりお互いを哀れんでいた 〜

　　　　　　　　　　　　（黒田三郎「死の中に」『現代作詞講座3』所収）

などがそうであろう。「哀レンデイタ」は、「哀レミ合ッテイタ」相当になり、「僕等は」と「お互いを」が同一指示的になり、「僕等は」は、〈主体：対象〉といった二重の格を帯びたものになる。

　また、次のような例も、相互動詞が複数性のガ格を取る時、ガ格と相互関係にある他の項に空き間が生じ、そこにガ格と同一指示的な名詞が入り込む、といったことから来ているものである。

(26)　わかりにくいところなどを、おたがいに　確かめ合いながら話すことができるので、よく理解し合うこともできます。

　　　　　　　　　　　　　　　　　　　（『新版中学国語1』教育出版）

などの「確カメル」は、二項動詞的に使われることの多い動詞であろう。ところが、上掲の例では、「確カメ合ウ」の形式で相互動詞化することによって、ガ格と同一指示的な名詞を、ガ格と相互関係にある項として取りうることになり、「オタガイニ」が、付加的修飾成分から共演成分に上昇し、「確カメル」の三項動詞的用法が、明確化することになっているものである。

3. 第三者の相互構文

次に、「Ｖシアウ」といった形式を持つ〈第三者の相互構文〉について、見ていくことにする。

3.1 第三者の相互構文とは

まず、〈第三者の相互構文〉とは、どのようなものであり、どのように規定されるものであるのか、といったことを、極簡単に述べておく。たとえば、

　　（１）　広志ガ武志ト次郎ヲ殴リアッタ。

のようなものが、「Ｖシアウ」といった形式を持つ〈第三者の相互構文〉である。これを、同一形式を持つ〈まともの相互構文〉と比較しながら、見ていこう。〈まともの相互構文〉とは、

　　（1'）　広志ガ武志ト殴リアッタ。

のようなものである。これら両者は、ともに、「殴ル」といった動詞に、「〜アウ」が付加された〈派生の相互動詞〉である。「殴ル」は、

　　（1"）　広志ガ武志ヲ殴ッタ。

で分かるように、〈主体〉と〈対象〉といった二種の共演成分を要求する動詞である。(1')の〈まともの相互構文〉が、もとの動詞の要求する共演成分の数を増やすことなく、ガ格と非相互関係にあった他の共演成分に、ガ格に対する相互性を付与することになったものである。それに対して、〈第三者の相互構文〉は、(1)を見れば分かるように、要求される共演成分の数が一つ増えている。たとえば、「広志ガ次郎ヲ殴ッタ。」には、要求される構成要素の点において欠けたところが存しないのに対して、「広志ガ次郎ヲ殴リアッタ。」では、「広志ガＸト次郎ヲ殴リアッタ。」のように、共同行為者を含んだ文にしないと、この場合の「殴リアウ」の表す動きの実現にとっては、不充足なものになってしまう。

上で見たことからも分かるように、〈第三者の相互構文〉とは、もとの動詞の要求する共演成分に加えて、共同行為者を表す要素を、動詞の表す動き実現にとって必要となる構成要素として、要求する文である、と規定できる。ここで言う〈共同行為者〉とは、〈主体〉と同じ動きを行う存在の意味

である。〈共同行為者〉の内実は、必ずしも一つではないが、公約数的に、〈第三者の相互構文〉を、とりあえず上述のように規定しておこう。

その意味では、〈相互構文〉といった名称を、そのままこの場合にも使用することは、正確でないのかもしれない。この構文では、ガ格と「Nト」が相互関係にあるわけではない。ともに、おなじ動きの主体として、事に当たるあるいは事が成るのである。したがって、〈共同構文〉および〈併発構文〉とでも呼ぶ方が、適切であろうと思われるが、「Vシアウ」といった表現形式の同一性によって、ともに〈相互構文〉と呼んで、その下位的タイプの異なりとして捉えておく。

実例を一二挙げておく。

（２）　〜、私は、若い男女が幕をめぐらせて、野良で祝言をしているのを見たことがある。親戚縁者もそこに集って、箱から焼鳥を食べ、鯨肉をつつき、酒を酌みあっていた。　　　（「嵯峨野名月記」）

（３）　子供はちょいと乳房をはなし、じろりと敵意のこもった斜視を向けて圭一郎を見たが、妻と顔を見合わせにったりと笑い合うとまた乳房に吸いついた。　　　（「崖の下」）

3.2　表現形式ともとの動詞から見た第三者の相互構文
[I]　表現形式

まず、文の中に招じ入れられる新たな一項が、どのような表現形式を取って現れるのかについて、見ておこう。この表現形式のあり方は、〈まともの相互構文〉の場合と同じであるので、触れるに留めておく。これには、[1]「N_1 ガ N_2 ト Vシアウ」型の表現形式と、[2]「N_1 ト N_2 ガ Vシアウ」のようなガ格並列構造型の表現形式と、[3] 複数性のガ格名詞によるものとが存する。

それぞれについて、実例を挙げておく。

[I.1]　まず、「N_1 ガ N_2 ト Vシアウ」型の表現形式から取り挙げる。

（４）　主人たちが帰って来て、玄関の前で誰かと大声で笑いあって別れている。　　　（「流れる」）

などが、この例である。

[I.2]　次に、「N_1 ト N_2 ガ Vシアウ」に代表されるガ格並列構造型のタイ

プを挙げておく。
　　（5）　六十をすぎた父と 義母は
　　　　　～
　　　　　文句をいい合いながら
　　　　　私の渡す乏しい金額のなかから
　　　　　自分たちの生涯の安定について計りあっている。
　　　　　　　　　　　　　　　　　　　　（「家」『石垣りん詩集』）
　　（6）　～、両作とも思春期を活写し尽くしているのである。そう、量の
　　　　　『桜の園』、質の『つぐみ』と安易に二分するには、中原俊も 市
　　　　　川準も演出力を存分に発揮し合っているのだ。
　　　　　　　　　　　　　　　　　　　　　（毎日、1990,11,17、夕）

などが、このタイプの例である。(5)が、典型的なガ格並列構造型の表現形式を取っているもの。(6)は、共説のとりたて助辞を取ったガ格並存型である。

[I.3]　最後に、複数性のガ格名詞を取る場合について瞥見しておく。
　　（7）　「わしらは敵が多い。」
　　　　　「その敵どもが金を出し合えば、フリーマンを、やとえることに
　　　　　なる。」　　　　　　　　　　　　（「クライング・フリーマン 9」）
　　（8）　善太「～」三平「～」
　　　　　とうとう魔法の喧嘩になって、二人でこんなことをさけび合いま
　　　　　した。　　　　　　　　　　　　　　　　（山本道子「魔法」）

などが、複数性を意味する名詞をガ格に取るタイプである。(8)は、主体が複数性を帯びたものであることによって、「Nデ」の表現形式を取っていることになったものである。

　表現形式の上から、〈第三者の相互構文〉を見渡して感じることは、「N_1 ガ N_2 ト」型は稀で、「N_1 ト N_2 ガ」で代表されるガ格並列構造型も多くなく、複数性のガ格名詞型が最も多い、といったことである。

[II]　もとの動詞のタイプ
　引き続き、「Vシアウ」といった形式を持つ〈第三者の相互構文〉を作りうる動詞に、どのようなタイプの動詞があるのか、といったことに、少しく

触れておく。

　〈まともの相互構文〉を表す「Ｖシアウ」と、〈第三者の相互構文〉を表す「Ｖシアウ」を形成する動詞の異なりの最大の点は、〈第三者の相互構文〉が、一項動詞をも取りうるといったことである。また、二項動詞ではあるものの、〈第三者の相互構文〉は、〈まともの相互構文〉を形成しえないような、一つの項が場所的名詞で構成されている動詞からも形成されうる。

　順次、動詞のタイプを極簡単に見ておく。

[Ⅱ.1]　まず、一項動詞の場合から見ていこう。

　既に挙げた(3)(4)の「笑イアウ」などが、この一項動詞から形成されている〈第三者の相互構文〉の代表的なものである。外にも、

(９)　あちこちの林や草のかげから
　　　子馬たちは
　　　さかんによびあい
　　　さかんにいななきあい
　　　元気で今日も帰ってくる。　　　　(詩「山の童話」『新版中学国語1』)

(10)　彼等は、その物狂おしい綾母の海の見えない手に撫でまわされ、発情しあって、際限なく戯れ痴れて行くのであった。
　　　　　　　　　　　　　　　　　　　　　　　(赤江瀑「八月は魑魅と戯れ」)

(11)　たんすの方はいっこうに壊れず、頭蓋骨の中は痛みがひびき合い、耳のそばで破れ鐘がたたかれるようなので、おそろしくなり、畳に両足をなげだし〜。　　　　　　　　　　　(死の刺)

(12)　夫婦とはしょせん他人、裏切ったり裏切られたりしながら、やはり最終的には一番安らぎ合えるカップル。
　　　　　　　　　　　　　　　　　(読売、1980,5、姫野1982より引用)

などがある。さらに、「固マリ合ッテ(寝ル)」「モガキアウ」「沈黙シアウ」のような人間の動きだけでなく、「光リアウ」「(光ガ)輝キアウ」「(木々ガ)繁リアウ」などの非情物の動きを表す動詞も、この〈第三者の相互構文〉を作ることができる。「〜アウ」が付加する一項動詞は、意外に多く、単独性が相当強い動詞でなければ、無理すれば、「〜アウ」を付加することができる。たとえば、「自害スル」などは、かなり単独性の強い動詞であると思われるものの、「石田三成ニ攻メラレテ、鳥居元忠ノ一族郎等ハ皆ココデ自害

シ合ッタ。」のように言えないこともない。

既に触れたように、一項動詞は、〈第三者の相互構文〉しか作りえない。

[Ⅱ.2] 一項に場所的名詞を取る二項以上の動詞

次に、二項以上の構成要素を共演成分として取る動詞ではあるものの、その内の一項が場所的名詞であるものについて、瞥見しておく。このタイプの動詞は、〈まともの相互構文〉を形成しない。たとえば、

(13) そして先生が友人から聞いた話をうちあけたが、老人はそのまま室内にはいってきて、二人はそこに座り合った。（「冥府山水図」）

(14) 彼の村へ入ってみると、もう両側の家々には、電灯の光がさし合っていた。　　　　　　　　　　（芥川龍之介「トロッコ」）

などが、こういったタイプの動詞を持つ〈第三者の相互構文〉の例である。「座ル」「サス」も、［ガ、ニ］といった格体制を取り、ニ格が場所的名詞で形成されているものである。

[Ⅱ.3] 対象を取る二項動詞

引き続き、もとの動詞が〈対象〉を取る二項動詞である場合について、見ていくことにする。このタイプの動詞では、ガ格とヲ格の名詞がともに人名詞である場合、〈まともの相互構文〉と〈第三者の相互構文〉とが形成される。たとえば、

(15) 彼は「動くな。お前は私の俘虜だ。」といった。我々は見合った。一瞬が過ぎた。　　　　　　　　　　　　　　　　（「俘虜記」）

(16) こうして、政府と自公民三党がそれぞれに様子を見合っている中で、合意覚書には参加しなかった社会党が二十二日、公明、民社両党に野党間協議を提案、政府間協議は新たな展開を見せている。　　　　　　　　　　　　　　　（毎日、1990, 11, 26、朝）

の「見ル」を例にとれば、(15)が、〈まともの相互構文〉を形成している場合であり、(16)が、〈第三者の相互構文〉を形成している場合である。

それに対して、ガ格人名詞であり、ヲ格には物名詞しか来ない動詞であれば、形成される相互構文は、基本的に〈第三者の相互構文〉である（「2.3」節で述べた［Ⅳ］相互関係にある両者の意味素性の項、参照）。

実例を二三挙げておく。

(17) 各連にえがかれている情景から、どのようなイメージをいだいた

か、発表し合ってみよう。　　　　　　　　　　（『新版中学国語1』）
(18)　若い未熟な恋いの句と判断をして、お互いに作者を探り合って笑い興じていただけに、ある反省を胸に覚えたのである。
　　　　　　　　　　　　　　　　　　　　　（丸岡明「落葉ふりやまず」）
(19)　津島とさく子が不快を感じあっていたというのも、今までもよくあった、彼女の弟のことからであった。　　（徳田秋声「風呂桶」）

などが、〈対象〉を取る二項動詞による〈第三者の相互構文〉の例である。このタイプのものには、［人ガ、物・事ヲ］といった格体制を取る動詞が多い。(18)も、ヲ格に「作者」が来ているが、「探ル」は、「居所ヲ探ル」「敵ノ内情ヲ探ル」のように、基本的に「物事」がヲ格に来る動詞であり、この場合も、「作者ガ誰デアルカトイッタコトヲ」といった物事相当である。もっとも、［人ガ、人ヲ］といった格体制を取る動詞が、〈第三者の相互構文〉を形成しえないわけではない。「広志ト武志ガ交互ニ次郎ヲ殴リアッタ。」と言えないことはない（この種のタイプは、やはりあまり多くないだろう）。

[Ⅱ.4]　人名詞をもニ格に取る二項動詞
　続いて、［ガ、ニ］といった格体制を持っているものの、ニ格に人名詞が来る場合について瞥見しておく。これと、［Ⅱ.2］で述べた、一項に場所名詞を取る二項動詞とは連続していく。たとえば、
　　(20)　広志ガ武志ト壁ニ モタレアッタ。
　　(21)　子供二人ガ母ニ モタレアッテイル。
は、ニ格に、物名詞と人名詞の双方を取りうる動詞の例である。(20)が［人ガ、物ニ］といった格体制を取る場合、(21)が［人ガ、人ニ］といった格体制を取っている場合である。ともに、〈第三者の相互構文〉を形成している。
　このタイプの動詞が、ニ格に人名詞を取った時、
　　(22)　広志ガ洋子トモタレアッタ。＝広志ト洋子ガモタレアッタ。
のように、〈まとものの相互構文〉をも作りうる。

[Ⅱ.5]　〈対象〉とニ格の〈相方〉を取る三項動詞
　続いて、〈主体〉〈対象〉〈相方〉といった三項を共演成分として要求し、〈主体〉とニ格で表される〈相方〉が人名詞である動詞の場合を瞥見しておく。「与エル、売ル、贈ル、貸ス、授ケル、譲ル〜」などかなりの動詞が、この

タイプに属する。このタイプの動詞は、〈まともの相互構文〉をも作りうるとともに、〈第三者の相互構文〉をも形成しうる。

 (23) 広志ハ 洋子トプレゼントヲ贈リ合ッタ。
 (23') 広志ト 武志ハ 洋子ニプレゼントヲ贈リ合ッタ。

を例に取れば、(23)が〈まともの相互構文〉であり、(23')が〈第三者の相互構文〉である。

 実例を一つ挙げておく。

 (24) 気の毒な人もいるので、席をゆずり合いましょう。
           （読売 1980, 5、姫野 1982 より引用）

[Ⅱ.6] 〈対象〉とカラ格の〈相方〉を取る三項動詞

 最後に、〈主体〉〈対象〉、カラ格の〈相方〉といった三項の共演成分を要求する動詞の場合について、瞥見しておく。「集メル、預カル、借リル、奪ウ、買ウ、取ル〜」などの動詞が、このタイプに属する動詞である。このタイプの動詞は、〈まともの相互構文〉も、〈第三者の相互構文〉も形成しうる。たとえば、

 (25) 次郎ハ 圭介ト自分達ノ持ッテイル大事ナ本ヲ借リ合ウ仲ダッタ。
 (25') 二人ノ子供達ハ争ッテ父カラオ金ヲ借リ合ッタ。

(25)が〈まともの相互構文〉の例であり、(25')が〈第三者の相互構文〉の例である。〈第三者の相互構文〉では、ヲ格名詞で表されている物の存在した場所が、カラ格で現れている「父」の許であるのに対して、〈まともの相互構文〉では、それが存在したのは、「次郎」の許であり「圭介」の許である、といった異なりが存する（[ガ、ヲ、ニ] 動詞にあっても同断）。

 実例を一つ挙げておく。

 (26) 戦利品を奪い合うかのごとく英国とフランスはアラブの土地を
    分割、占領した。   （毎日、1990, 9, 22、朝）

カラ格が文表現に顕在的に存在していないものの、ヲ格名詞で表されている物の存在場所が、「英国」や「フランス」ではないことから、(26)が〈第三者の相互構文〉であることが分かろう。

3.3　第三者の相互構文の特性

　引き続き、〈第三者の相互構文〉の特性を、〈まともの相互構文〉と対比する形で、少しばかり見ておこう。

[I]　共同行為者

　以下に述べることと同じ意味のことは、既に触れてある。ここでは、そのように位置付ける根拠を提示しながら、既に触れたことを少し詳しく繰り返しておこう。〈第三者の相互構文〉では、〈まともの相互構文〉と違って、もとの動詞の要求する共演成分に対して、必要とされる構成要素の数が一つ増加している（もっとも、並列構造のガ格、複数性名詞で構成されたガ格を取る場合は、増加は文形式の上に顕在化してはいない）。しからば、新しく要求されるようになった構成要素は、一体いかなるものであるのだろうか。そのことを、少しく考えておこう。「Ｎト」で表されうるこの成分は、「一緒ニ（共ニ）」を挿入しても、その文の表している文意に変更が生じない（〈「一緒ニ（共ニ）」挿入テスト〉の項参照）。たとえば、

　　（１）　顔ヲ見合ワセテ、広志ハ洋子ト 笑イアッタ。
　　（1'）　顔ヲ見合ワセテ、広志ハ洋子ト ｛一緒ニ／共ニ｝ 笑イアッタ。
　　（２）　広志ハ武志ト敵ヲ攻メアッタ。
　　（2'）　広志ハ武志ト ｛一緒ニ／共ニ｝ 敵ヲ攻メアッタ。
　　（３）　広志ハ武志ト父カラオ金ヲ借リアッタ。
　　（3'）　広志ハ武志ト ｛一緒ニ／共ニ｝ 父カラオ金ヲ借リアッタ。

の (1) と (1')、(2) と (2')、(3) と (3') のペアが示しているように、「一緒ニ（共ニ）」の挿入は、「Ｖシアウ」で形成された文の文意を変えてはいない。既に述べたところによれば、この種の「Ｎト」は、ガ格で表される〈主体〉とともに、同じ動きを実現する〈共同行為者〉である、ということになる。

　「Ｎト」が〈共同行為者〉であるという点では、これらは、

　　（４）　顔ヲ見合ワセテ、広志ハ洋子ト 笑ッタ。
　　（５）　広志ハ武志ト敵ヲ攻メタ。
　　（６）　広志ハ武志ト父カラオ金ヲ借リタ。

での「Ｎト」と極めて近似してくる。ガ格との関係のあり方においては、〈共同行為者〉といった点で、同じであると考えられる。ただ違うところは、「～

アウ」形式の付加されていない〈非相互動詞〉にあっては、「Ｎト」は、あくまで付加的修飾成分である。したがって、(4)(5)(6)では、「顔ヲ見合ワセテ、広志ハ笑ッタ。」「広志ハ敵ヲ攻メタ。」「広志ハ父カラオ金ヲ借リタ。」のように、「Ｎト」成分を省略しても、欠けたところが存しない。それに対して、「〜アウ」形式の付加された構文では、「顔ヲ見合ワセテ、広志ハ笑イアッタ。」「広志ハ敵ヲ攻メアッタ。」「広志ハ父カラオ金ヲ借リアッタ。」が示しているように、必要な要素の欠けた文になってしまう。このタイプにあっては、「顔ヲ見合ワセテ、広志ハ洋子ト笑イアッタ。」「顔ヲ見合ワセテ、洋子ト広志ハ笑イアッタ。」「顔ヲ見合ワセテ、二人ハ笑イアッタ。」のように、動詞に直接的に要求される成分といったあり方だけではないにしても、ガ格の並列構造や、複数性のガ格として、〈共同行為者〉が表されることが必要になる。つまり、「Ｖシアウ」で形成された文においては、〈共同行為者〉は不可欠な存在である。この点が、〈非相互性〉の単純動詞に現れる「Ｎト」との重大な異なりである。

〈まともの相互構文〉の取る「Ｎト」が、ガ格と相互関係にある項であったのに対して、第三者の相互構文での「Ｎト」は、そういったものではなく、〈共同行為者〉である、といったことは、［ガ、ヲ、ニ］や［ガ、ヲ、カラ］の三項動詞の場合、次のような異なりをも招来する。たとえば、「広志ハ武志ト金ヲ貸シ合ウ仲ダッタ。」「広志ハ武志ト金ヲ借リ合ウ仲ダッタ。」といった〈まともの相互構文〉では、ヲ格で表された「金」の〈行きさき〉〈出どころ〉は、相互性を持った「広志」「武志」であった。それに対して、「争ッテ、広志ハ武志ト友ニ金ヲ貸シ合ッタ。」「争ッテ、広志ハ武志ト父カラ金ヲ借リ合ッタ。」といった〈第三者の相互構文〉では、ヲ格で表された「金」の〈行きさき〉は「友」であり、〈出どころ〉は「父」である。これは、〈まともの相互構文〉では、「Ｎト」が、授受動作に直接的に参画しているのに対して、〈第三者の相互構文〉では、「Ｎト」が、授受動作形成の外にある、ことを示している。

まとめれば、〈第三者の相互構文〉は、〈共同行為者〉といった存在を、派生された相互動詞の必須的な構成要素として、要求することになる構文である、ということになろう。また、並列構造のガ格にしろ、複数性名詞のガ格にしろ、主体が複数的になる、といったことから、〈第三者の相互構文〉は、

主体の複数化を計るものである、とも言えよう。

[Ⅱ]　一事態性と事態併発・共存性

　先に、〈第三者の相互構文〉は、主体の複数化を計るものであると述べた。また、新たに要求される成分が〈共同行為者〉であるとも述べた。しかし、このことは、直ちに、主体の複数性や〈共同行為者〉のあり方が、総ての〈第三者の相互構文〉において、同じである、といったことを意味しはしない。

[Ⅱ.1]　既に述べたように、〈まともの相互構文〉は、同時的であるか、非同時的であるかの異なりは存するものの、「知リ合ウ」に代表されるように、双方から繰り出される動きを、全体で相互性を帯びた一つの事態として捉えていた。それに対して、〈第三者の相互構文〉は、共存性とでも言えばよいような意味合いを帯びてはいると思われるものの、総てが、一つの事態を表している、とはもはや言えない。複数主体でなされた動きが、一つの事態的に捉えられているのか、二つの事態の併発・並存として捉えられているのかの点で、既に異なりが存する（もっとも、この両タイプに常に截然と分かたれ切るわけではなく、連続していくこともなくはない）。

　たとえば、

　　（7）　厳密には鑑賞的批評と言えないかも知れませんが、地縁につながる仲間たちと詩を<u>育て合って</u>行くための批評は、どうしたって鑑賞的姿勢をとらないわけには行きません。

　　　　　　　　　　　　　　　　　　　　（『詩と思想』1990年11月号）

などは、〈主体〉と〈共同行為者〉が、相伴って一つの動きを実現している、といったものであろう。したがって、この場合、〈第三者の相互構文〉が表している事態は、一つの事態であるといった性格を強く持っているものと思われる。このことは、次のような例と較べてみれば、明らかであろう。

　　（7'）　子供達ハソレゾレ自分ノ植エタ花ヲ大切ニ<u>育テ合ッタ</u>。

は、「子供が自分の花を大切に育てる」といった動きが、併発・共存していることを表している、といったものであろう。言い換えれば、（7'）の文は、併発・共存する複数の事態を表している、と言えよう。

　さらに、もう一つ実例を加えておく。

　　（8）　三三九度の代わりに二人でお濃茶を<u>飲み合い</u>、指輪の代わりにふ

くさを交換するんです。　　　　　　（朝日 1976,3、姫野 1982 より引用）

は、複数主体の行う動きが一つの事態を実現する、といったものであろうと思われるが、これを、

　　（8'）　彼ト彼女ハ、チョッピリ喧嘩ヲシテイタノデ、テーブルノ端ト端トニ離レテ、コーヒーヲ飲ミ合ッタ。

のようにすると、併発・共存している二つの事態を表した〈第三者の相互構文〉に容易に転じてしまう。

[Ⅱ.2]　「Ｖシアウ」で形成された〈第三者の相互構文〉の表す事態は、ほぼ次のようなものであろう。一つの事態を表しているものは、文内文脈などを変えることによって、併発・共存する複数の事態を表すものに、容易に移行させうる。たとえば、〈対象〉を取る二項動詞の場合であれば、同一であった〈対象〉を、それぞれの〈対象〉に変えてやる、といったことが、この文内文脈の変更の主要なものであろう。また、併発・共存する複数の事態しか表しえないものは、存在するが、一つの事態しか表せないような〈第三者の相互構文〉は、例外的であろう。一つの事態として捉えられるようになっているものは、〈第三者の相互構文〉の有している「動きの共存性」といった性質が極に達したものだろう。

[Ⅱ.3]　上掲の「育テ合ウ」「飲ミ合ウ」は、一つの事態としても、併発・共存する事態としても、現れうるものであったが、それに対して、

　　（9）　親子は暫く沈黙し合っていた。　　　　　　（李恢成「砧をうつ女」）
　　（10）　二人は意味ありげに笑いあって、酒屋の二軒さきの炭屋を教えた。　　　　　　　　　　　　　　　　　　　　　　　　（「流れる」）
　　（11）　あちこちの林や草のかげから
　　　　　子馬たちは〜
　　　　　さかんにいななきあい
　　　　　元気に今日も帰ってくる。　　　　　　　　　　（詩「山の童話」）
　　（12）　津島とさく子が不快を感じあっていたというのも、今までよくあった、彼女の弟のことからであった。　　　　　　　（「風呂桶」）
　　（13）　なな子と染香はつぎの間へさがって、とたんに舌を出しあう。
　　　　　　　　　　　　　　　　　　　　　　　　　　　　　（「流れる」）

のような例は、事実、併発・共存する複数の事態しか表しえない〈第三者の

相互構文〉である。(9)(10)(11)のように、主体自身の動きを表す一項動詞は、基本的にこのタイプを形成する。(12)は、〈対象〉を取る二項動詞であるが、感情・認知に関わるものである。外にも「夫婦デ息子ノ合格ヲ喜ビ合ッタ」「トモニT氏ノ死ヲ悼ミ合ッタ」「分カリニクイ所ヲオ互イニ確カメ合イナガラ理解シ合ウ」「状況ヲ正シク認識シ合ウ」などがある。(13)は、再帰用法を取るものである。再帰用法を取ることによって、〈対象〉を持つ二項動詞でありながら、動きが他に及ぶところのない自動詞相当になっている。外にも「二人デ首ヲ傾ケ合ッタ」「皆ガ手ヲ叩キ合ッタ」などが、これに属する。

[Ⅱ.4]　一項動詞は、併発・共存する二つの事態を表すのが基本であった。したがって、一項動詞でありながら、逆に、一つの事態しか表せないようなものは、極めて例外的なものである、と言えよう。たとえば、

(14)　「人々は家を建てる。子供を産んで育てる。歌手になりたい娘。大学を出て一流の会社へ入りたい青年、……喜びと悲しみがごっちゃにひしめき合い、それでもみんなが精一杯に」(「シ・日本沈没」)

は、複数主体の動きが一つの事態にしかならないものである。これには、「〜アウ」の付かない単純動詞たる「ヒシメク」が、既に、複数主体を要求する動詞であるということが、深く結びついている(「混ミ合ウ」についての記述も参照)。その意味で、「ヒシメキアウ」にあっては、「〜アウ」の付加は、主体の複数化を計るという他の「〜アウ」の持っている働きを、そのまま果たしているとは、言いがたい。これに繋がるものに、

(15)　すぐ横の壁板にもたれて、若い男女がもつれあっていた。

(「八月は魍魎と戯れ」)

が挙げられる。「モツレル」は、「ヒシメク」のように、必ずしも複数主体を取らなければならないといった動詞ではない。事実、「毛糸ガモツレテイル」のように言うことができる。ただ、主体は、複数的ではないものの、それに準ずる量性といったものを持っていることが、必要になる。その意味で「モツレアウ」は、「ヒシメキアウ」に繋がるものである。

また、これらは、その表すものが、常に一つの事態でしかない、といった点で、二項が相互関係にある〈まとものの相互構文〉に近づいていく。

(16)　毛糸ガ、複雑ニカラミアイ、モツレアッテイル。

では、もとの動詞の有している共演成分との関係のあり方から、「カラミアウ」が〈まともの相互構文〉を表し、「モツレアウ」が〈第三者の相互構文〉を表していると考えられるが、それが表している事態のあり方は近似している。

また、

　　(17)　三人はかやを吊って固まり合ってねた。

　　　　　　　　　　　　　　　　（阿川弘之「春の城」、姫野1982より引用）

も、複数主体の動きが一つの事態にしかならないものである。

これを、

　　(17')　次郎ト啓介ハ武志ト広志ト固マリ合ッテ寝タ。

のように表現できることをもって、(7')(8')と同様に、併発・共存する複数の事態を表すものに移行させえた、とすることはできない。このことは、(8')「彼ト彼女ガコーヒーヲ飲ミ合ッタ」と較べれば分かろう。(8')が、

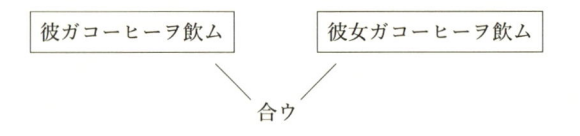

```
┌─────────────────┐      ┌─────────────────┐
│ 彼ガコーヒーヲ飲ム │      │ 彼女ガコーヒーヲ飲ム │
└─────────────────┘      └─────────────────┘
            ＼            ／
             合ウ
```

と、表されるのに対して、(17')は、概略

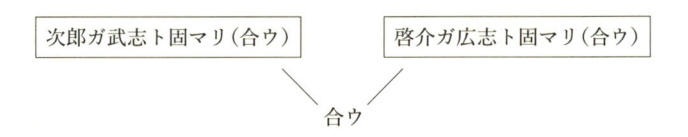

```
┌─────────────────────┐      ┌─────────────────────┐
│ 次郎ガ武志ト固マリ(合ウ) │      │ 啓介ガ広志ト固マリ(合ウ) │
└─────────────────────┘      └─────────────────────┘
            ＼            ／
             合ウ
```

のように表示しうる内容を担っている、と言えよう。(17')は、(8')と異なって、併発・共存する事態を形成するというよりは、〈複数的主体〉や〈主体〉と〈共同行為者〉が相伴って形成する共同的事態の並存を形成している。

3.4 〈第三者の相互構文〉と〈まともの相互構文〉との繋がり

　次に、〈第三者の相互構文〉と〈まともの相互構文〉を繋ぐ現象について瞥見しておく。これは、次のようなものである。たとえば、

（1）「ほかに麻雀の仲間は」
　　　「高杉に本多がいっしょだった。途中で抜けた者はいません。」
　　　みんな輪島組の組員だった。四人がグルになれば、お互いにアリバイを立て合うことの出来る仲間だ。」（結城昌治「裏切りの夜」）

を見てみよう。「立テル」は、「人ガ物ヲ立テル」のように、物名詞のヲ格を取る動詞である。したがって、「～アウ」の付加による派生された相互動詞は、〈第三者の相互構文〉を形成し、新たに要求されることになる「Nト」は、ガ格と相互関係性を持たない〈共同行為者〉といったものになる。ところが、（1）を見れば、分かるように、この文は、「彼ラハオ互イニアリバイヲ立テ合ウ→AハBトオ互イニアリバイヲ立テ合ウ」といったことで、「A（彼$_1$）ガB（彼$_2$）ノタメニアリバイヲ立テル」とともに、「B（彼$_2$）ガA（彼$_1$）ノタメニアリバイヲ立テル」といったことを表した文になっている。言い換えれば、ガ格と「Nト」、あるいは複数主体は、ともに〈主体〉であるとともに、〈受益者〉でもある存在である。つまり、ガ格と「Nト」は、相互関係を取り結んでいる。

　上で見た（1）では、「～アウ」が付加されることによって、次のようなことが起こっている。もとの動詞では、非共演成分とか、副次的共演成分とかであったものが、動詞が、「～アウ」を取って派生動詞化されることによって、その地位を、共演成分相当に上昇させられることになる。そして、共演成分相当に引き上げられた項とガ格との間で相互性が生じることになる。ここでは、「～アウ」の付加による派生化が、単に、構成要素を一つ増やしたり、その要求度を高めたりするだけでなく、ガ格と相互関係を持ちうる項に変容させている。構成要素を増やしたり、その必要度を高めたりする、という点で、このタイプは、〈第三者の相互構文〉的であり、必要構成要素として増やされた項が、ガ格と相互関係にあるという点で、〈まともの相互構文〉的である。

　外にも、このような性質を持っているものとして、次のようなものがある。

（2）　町すじをただ歩いている男女にしても、浮き浮きした熱気にまきこまれて、一人が小西殿の軍勢がいかにして平譲まで連戦連勝したかなどと話しだすと、そのまわりにはすぐ人垣ができ、見ず知

らずの人人がまるで旧知のように、うなづきあったり、親しく話
をかわしたりした。　　　　　　　　　　　（「嵯峨野名月記」）
（３）「〜。こうなると心が二つに別れちまって、両方でぶつぶつ云い
あうってことになる。」　　　　　　　　（北杜夫「谿間にて」）

なども、このタイプに属するものであろう。「ウナヅク」にしろ「ブツブツ
云ウ」にしろ、単独に使われれば、〈相方〉を（さほど）必要としない動詞で
あろう。それが、「〜アウ」を取って派生動詞化されることによって、「相手
ニ（対シテ）｛ウナヅク／ブツブツ云ウ｝」のように、〈相方〉の要求度が高く
なり、その要求度の高くなった項が、ガ格と相互関係を取り結ぶようになっ
た、といったものである。

　また、次のようなものも、これに近いものであろう。
（４）　身体というものを通して生物と環境とが交互に働き合うところ
に生活の根底があると考えたのである。　　（今西錦司「生物の世界」）

一項動詞的な「働ク」が「働キ合ウ」になることによって、「作用シ合ウ」
に近づき、［Nガ、Nニ（対シテ）］といった二項的に解釈されるようになり、
その二項に相互性が存在するかのようになっている。

　こういった現象の存在は、〈まともの相互構文〉と〈第三者の相互構文〉
が、常に截然と分かたれ切るものではない、といったことを示している。

4. 持ち主の相互構文

　次に、「Vシアウ」といった形式を持つ相互構文と下位的タイプの最後と
して、〈持ち主の相互構文〉といったものを、簡単に見ておこう。

4.1　持ち主の相互構文とは

　まず、最初に〈持ち主の相互構文〉が、どのようなものであり、どのよう
に規定されるものなのか、といったことを、極簡単に見ておく。たとえば、
（１）　広志ガ武志ト　頬ヲ　殴リ合ッタ。
のようなものが、「Vシアウ」といった形式を持つ〈持ち主の相互構文〉で
ある。これを、同一の形式を持つ〈まともの相互構文〉〈第三者の相互構文〉
と較べながら、見ていくことにする。

（２）　広志ガ武志ト　殴リ合ッタ。

（３）　広志ガ武志ト次郎ヲ　殴リ合ッタ。

(2)が〈まともの相互構文〉の例であり、(3)が〈第三者の相互構文〉の例である。(1)(2)(3)は、いずれも、「殴ル」といった動詞に「〜アウ」が付加された〈派生の相互動詞〉である。

「殴ル」は、「広志ガ武志ヲ殴ッタ」のように、［主体、対象］といった格体制を取る二項動詞である。既に、述べたごとく、〈まともの相互構文〉では、必要とされる共演成分の数は増えず、ガ格と非相互関係にある他の一項が、ガ格に対する相互性を有するものに変更される。したがって、この場合であれば、相互性を有する二項は、ともに、〈主体：対象〉〈対象：主体〉といった二重の格関係的意味を帯びることになる。それに対して、〈第三者の相互構文〉では、必要とされる共演成分の数が、一つ増えている。増えた成分は、〈主体〉とともに同じ動きを行う存在、つまり〈共同行為者〉である。ガ格と〈共同行為者〉の間には、共同関係は存するものの、相互関係は存しない。

それらに対して、〈持ち主の相互構文〉は、次のような特徴を有している。「広志ガ武志ト頬ヲ殴リ合ッタ。」ということは、「広志」は、武志の頬を殴る仕手であるとともに、武志に自らの頬を殴られる相手でもあり、「武志」も、また、広志に自らの頬の殴られる相手であるとともに、広志の頬を殴る仕手でもある。したがって、「広志」と「武志」との間には、相互関係が存在している。これは言い換えれば、「広志ガ武志ト頬ヲ殴リ合ッタ」ことが真であれば、［広志ガ武志ノ頬ヲ殴ッタ］コトと［武志ガ広志ノ頬ヲ殴ッタ］コトとが、ともに成り立っていなければならない、といったことである。つまり、〈持ち主の相互構文〉とは、対象の持ち主を、当の格から取り出して、ガ格とそれに対して相互性を持った成分とに、据えたものである、と言えよう。持ち主が所属物から引き出されることによって、〈持ち主の相互構文〉は、もとの動詞によって形成された文に較べて、必要とされる成分が一つ増えている。

ただ、持ち主の取り出しということだけでは、〈持ち主の相互構文〉を、わざわざ立てる必要はない。

（４）　喧嘩ヲシテイテ、広志ハ武志トオ互イニ本ヲ破リ合ッタ。

でも、(4)が真として成り立っている時、［広志ガ武志ノ本ヲ破ル］コトと［武

志ガ広志ノ本ヲ破ル］コトとが、ともに成立していなければならない。ここでも、対象の持ち主を、当の格から取り出し、ガ格と「Nト」で表示しうる項とに割り振るといった操作が行われている。しかし、本章では、(4)のようなタイプを、〈持ち主の相互構文〉とはしないで、〈第三者の相互構文〉であるとする。それは、以下の理由によっている。〈持ち主の相互構文〉「広志ガ武志ト頬ヲ殴リ合ッタ」が、「広志ガ武志ト殴リ合ッタ」ことに外ならないのに対して、〈第三者の相互構文〉「広志ガ武志ト本ヲ破リ合ッタ」は、「広志ガ武志ト破リ合ッタ」に還元できない。言い換えれば、〈持ち主の相互構文〉では、対象から取り出されることによって、ガ格と「Nト」とに割り振られることになった項が、相互関係を有している。それに対して、(4)のような文では、ガ格と「Nト」が、対象の持ち主であるにしても、これらは、共同行為者関係にあっても、相互関係を有していない。また、逆に

（5）　広志ハ武志ト互イニオ金ヲ貸シ合ッタ。
（6）　広志ハ武志ト互イニオ金ヲ奪イ合ッタ。

は、「オ金」が広志のお金であり、武志のお金であることによって、いいかえれば、「広志」と「武志」が対象の持ち主ではあるものの、「Nト」で表示されうる成分は、対象からの取り出しではなく、「広志ガ武志ニオ金ヲ貸シタ」や「広志ガ武志カラオ金ヲ奪ッタ」の、ガ格と非相互関係にある共演成分を、相互動詞化によって、ガ格に対する相互性を付与された成分に変更したものである。これは、取りも直さず〈まともの相互構文〉に外ならない。

　以上述べたことを纏めれば、次のようになろう。〈持ち主の相互構文〉とは、もとの動詞に対して、必要とされる成分が一つ増え、それは、もとの動詞にとって、非ガ格成分の持ち主に当たるものである。そして、取り出された持ち主とガ格（ガ格も持ち主に当たる）との間に、相互関係が成り立っており、そのことによって、当の〈持ち主の相互構文〉は、所属物にあたる成分を省略した文を含意した文になっている。そういったものとして、〈持ち主の相互構文〉を規定することができよう。ガ格と他の一項との間に、相互関係が成り立っていることによって、〈持ち主の相互構文〉は、〈まともの相互構文〉と〈第三者の相互構文〉に対して、平等に自己存在を主張するものではなく、〈まともの相互構文〉の特殊なものとして、位置づけられるものである。

〈持ち主の相互構文〉と〈まともの相互構文〉との近さは、既に触れたように、〈まともの相互構文〉の中にも、表現形式上では、「広志ハ洋子トオ互イヲ撮影シ合ッタ」「巨人ハ阪神ト互イニ相手カラ点ヲ取リ合ッタ」のように、二項動詞が三項動詞に、三項動詞が四項動詞にと、項を一つずつ増やす場合の存することからも、了解されよう。

こういった場合をも考慮に入れると、〈持ち主の相互構文〉では、ガ格や「Nト」で表されている持ち主と所属物とは、分離不可能な全体・部分の関係にある、と言えよう。

表現形式の上からは、〈持ち主の相互構文〉にも、他の相互構文と同様に、既に挙げた「NガNト」型だけでなく、「NトNガ」式のガ格並列構造型や複数性のガ格名詞によるものが、存在する。「広志ト武志ガ頬ヲ殴リ合ッタ。」は、ガ格並列構造型の例であり、「兄弟ハ頬ヲ殴リ合ッタ。」は、複数性のガ格名詞によるものである。

4.2　持ち主の相互構文のタイプ

次に、実例を挙げながら、もとの動詞がどういったものであるか、といった点から、主に〈持ち主の相互構文〉に、どういったタイプのものが存在するのかを見ていくことにする。これには、大きく、［Ⅰ］ヲ格の持ち主が取り出されているタイプと、［Ⅱ］ニ格の持ち主が取り出されているタイプとがある。［Ⅰ］が中心で、［Ⅱ］は周辺的な存在である。

［Ⅰ］　ヲ格の持ち主を取り出したタイプ

まず、中核的な存在であるヲ格の持ち主を取り出したタイプから簡単に見ていくことにする。

［Ⅰ.1］　接触動詞によるもの

最初に、〈持ち主の相互構文〉を形成する動詞のタイプが、明確に指摘できるものから見ていこう。たとえば、

(7)　〜、高札の前に群がった人々は「豪気じゃねえか。太閤様は、よ。唐、天竺から数寄者をお呼びになるって寸法だ。どうだい。〜。」と口々に叫びながら、笑ったり肩を叩きあったり、両手をひろげたり、飛びあがったりしていた。
　　　　　　　　　　　　　　　　　　　　　　　（「嵯峨野名月記」）

などが、その実例である。この種の〈持ち主の相互構文〉を形成する動詞の主要なタイプは、「殴ル、叩ク、ヒッパタク、小突ク、突ク、蹴ル、ツネル、抱ク、ツカム、ナデル、踏ム、ナメル、押ス、押サエル、ヒッパル、〜」などの接触動詞である。これらの動詞によって形成されている〈持ち主の相互構文〉の例を、さらに二三付け加えておく。

（8）往き来し、ぶっかり合い、そして<u>肩を おしあって</u>は離れて行く<u>見知らぬ人びと</u>の人いきれが、次第にかつての環境の興奮の中に、強い力で引っぱりこもうとしているようだ。

（島尾敏雄「死の刺」）

（9）興奮シタ<u>広志ト武志</u>ハ <u>胸グラヲ ツカミアッタ</u>。

などのように、接触動詞からは、容易に〈持ち主の相互構文〉が形成できる。「肩」や「胸グラ」は、「見知ラヌ人ビト」や「広志」「武志」にとって、分離不可能な所属物の関係にある。(1)(7)(8)(9)として挙げた例文が示すように、〈持ち主の相互構文〉は、人間とその分離不可能な身体部分とによって構成されているものが、その中核である。しかし、それ以外のケースが全くないかというと、そうではない。たとえば、

（10）「軍事専門家の、こんな話を聞いたことがおありでしょうか。第三次大戦がはじまったとき、<u>米ソ</u>双方のたくわえにたくわえてきたポテンシャル・パワー……潜在戦力というやつですね、これが最初に、〜ぶつかりあうのは、このあたりの海域だというんですよ。」
「そうなるかな。やるなら、お互いに<u>ワシントンとモスクワを、</u>メガトン級の水爆で<u>たたきあう</u>んじゃないかな。」

のようなものも、〈持ち主の相互構文〉であろう。「米ソがワシントンとモスクワを叩き合う」ことは、「米ソが叩き合う」ことを含意しているし、「ワシントン」や「モスクワ」と「米国」や「ソ連」とは、分離不可能な所属関係にある。

これらは、いずれも、ヲ格名詞の示す物の持ち主が、相互性を持つ二項として取り出され、そのことによって、ヲ格は、持ち主による修飾を受けていない。しかし、持ち主が修飾構造の中から取り出されて、〈持ち主の相互構文〉を作っていながら、ヲ格名詞に、持ち主による限定修飾が付加されてい

るケースがないわけではない。たとえば、
　　　（11）　握手して二人は空いた手で互の肩を軽く叩き合った。
　　　　　　　　　　　　　　　　　　　　　　　（富士正晴「愛想のない話」）
などが、これである。「互（ノ）」と「二人」は、同一指示の関係にあり、「互（ノ）」は、「肩」の分離不可能な持ち主に当たっている。

[１.２]　接触動詞以外から形成されたもの
　たとえば、これには、
　　　（12）　ゲリラの扱いから彼等は殺されるものと判断しむごい目に合う
　　　　　　　よりは、互に首をしめ合って死のうと決心した。　　（「俘虜記」）
　　　（13）　お互いが喰い合うような目で、顔を見合っていたのは、数瞬時
　　　　　　　のことで、車は、なめらかに滑り出していた。　　　（「帰郷」）
などのようなものがある。「シメル」「見ル」は、ともに接触動詞ではない（「シメル」も、接触動詞の典型から外れるもの）。しかし、これらの文にあっては、いずれも、「首」「顔」が「彼等」「オ互イ」の分離不可能な身体部分であり、また、「彼等ハ互ニシメ合ッタ」ことや、「オ互イガ見合ッタ」ことが含意されている。本章で言う〈持ち主の相互構文〉の規定を充たしているものである。

[Ⅱ]　ニ格の持ち主を取り出したタイプ
　接触動詞のなかには、［ガ、ヲ］といった格体制ではなく、［ガ、ニ］といった格体制を取るものがある。「触レル、モタレル、ブツカル、〜」などがある。また、「カケル」は、［ガ、ヲ、ニ］といった格体制を取り、ニ格の持ち主が、取り出しの対象になるものである。たとえば、これらは、
　　　（14）　広志ト武志ハオ互イノ背中ニモタレ合イナガラ眠ッタ。
　　　（15）　広志ハ武志ト頭ニ水ヲカケ合ッタ。
のような相互構文を作ることができる。これらは、「広志ガ武志ノ背中ニモタレル」「武志ガ広志ノ背中ニモタレル」や「広志ガ武志ノ頭ニ水ヲカケタ」「武志ガ広志ノ頭ニ水ヲカケタ」といった文から、ニ格名詞で表されている身体部分の持ち主を引き出して、相互性を持つ二項にしたて上げた〈持ち主の相互構文〉である。（14）（15）は、いずれも、［広志ガ武志トモタレ合ッタ］コト、［広志ガ武志ト水ヲカケ合ッタ］コトを含意している。

ニ格の持ち主を取り出した〈持ち主の相互構文〉は、〈持ち主の相互構文〉の周辺に位置する存在である。これは、この種の〈持ち主の相互構文〉を形成する接触動詞が少数であるというだけでなく、単独では［ガ、ニ］といった格体制を取るにも拘わらず、「～アウ」を付加させることによって、［ガ、ヲ］型の動詞に転換して使われることがある、といったことにもよっている。

(16) 「ずいぶん混みますのね。」
　　　　右も左も前後も男と女とが身体を触れ合っている。　（「溺れ谷」）
などが、この実例である。「触レル」は、単独では、「*男ガ女ノ身体ヲ触レテイル。」とは言わず、「男ガ女ノ身体ニ触レテイル。」としなければならない。(16)の文にしても、「男ト女トガ身体ニ触レ合ッテイル」にする方が、普通であろう。

4.3　持ち主の相互構文に繋がるもの

引き続き、ヲ格で表されるものが、相互性を持った二項の分離不可能な身体部分でありながら、その身体部分を文表現上から省略してしまうと、もとの文が意味した内容を充全には表さなくなってしまうところの、今まで述べてきた〈持ち主の相互構文〉とは少しく異なっているものについて、瞥見しておく。たとえば、これには、

(17) 〜、あれほどの歓喜に到達することが二度とないことはほぼ確実で、その思いは二人とも同じである。からめ合った指さきの感触、これもやがて失われる。　　　　　　（三島由紀夫「憂国」）
(18) 僕等は手をつなぎあった、
　　　なんにも云わずに……幽かな花々のなかで　（『現代作詩講座1』）

のようなものがある。

(17)は、「二人ハ指サキヲカラメ合ッタ」であり、もとの動詞「カラメル」は、［ガ（人）、ヲ（物）、ニ（物）］といった格体制を取るものである。ただ、この場合は、「Aガ（Aノ）指サキヲBノ指サキニカラメル」「Bガ（Bノ）指サキヲAノ指サキニカラメル」からの相互化であることから分かるように、ヲ格名詞だけでなく、ニ格名詞からも持ち主が引き出され、相互関係にある二項を形作っている。その結果、「カラメ合ウ」は、ニ格が顕在化しなくと

も、意味的に不充足にならない文になっている（もっとも、「二人ハ指サキヲ相手ノ指サキニカラメ合ッタ」のように、ニ格を顕在化させた文も成り立つ）。

　（18）は、また、少し事情が異なる。「手ヲツナグ」といった組み合わせを取ることによって、「繋グ」は、［ガ（人）、ヲ（物）、ニ（場所的物）］といった格体制の動詞から、「広志ハ洋子ト手ヲツナイダ。」が示すように、既に相互動詞化している。そういったものに、さらに、「〜アウ」が付加されたものが、（18）である。

　これらは、いずれも、相互動詞化することによって、物的ニ格が、人のト格に変わる、といった変化が生じてはいるものの、項の数が増えているわけではない。また、ヲ格名詞が分離不可能な身体部分を表しているものの、それを文表現から省略してしまった文、たとえば、「広志ハ洋子トカラメ合ッタ」は、もとの文「広志ハ洋子ト指サキヲカラメ合ッタ」が表している内容を、直ちには含意しない。以上のことから、これらの文は、さらに、普通の〈まともの相互構文〉に近づいたものである、と言えよう。

5.　語彙的な「〜アウ」

　本章では、「Vシアウ」といった形式は、広義のヴォイスに関わる〈相互性〉といった語彙―文法的カテゴリを形成する生産的な形式である、といった立場を基本的に取る。〈相互性〉そのものが、語彙―文法的カテゴリではあるものの、極めて語彙性の高いカテゴリであることからして、「〜アウ」も、語彙性の高い形式である、と言えよう。「〜アウ」形式の語彙性の高さは、次のような点に現れている。「〜アウ」の中には、〈相互性〉といった文法的意味を付加するというよりは、「Vシアウ」全体で一つの語彙的意味を表しているものが、少なくない。また、「Vシアイ」の形で名詞として使われる場合が、少なくない。

5.1　語彙化した「Vシアウ」
［Ⅰ］　まず最初に、接辞的な形式である「〜アウ」が、もとの動詞の意味を変えてしまい、「Vシアウ」全体で、一つの非構成的なしたがって慣用的な

意味を表したり、「〜アウ」が付加されなかったら、もとの動詞がそもそも独立しては使われない、といった場合について見ていく。これは、言い換えれば、「Vシアウ」全体が、単純動詞相当になっている、といったことを示している。たとえば、

（1）　構えた拳銃を発射し、札束をワシづかみにしている銀行強盗。凶暴な顔つきで車で必死に逃走をはかるが、警官たちと渡り合い、ついに逮捕される。
（橋本忍「シ・人間革命」）

（2）　「ねえ、数学を専攻した人って、かしこいのかしらバカなのかしら。」
「それはどちらもいるわよ。でも変わった人も多くてね、数学の学者とつきあってた女の子で、ノイローゼになったんがいるわ。」
（田辺聖子「気になる男」）

（3）　我々が自国の兵士として受けた給与は、我々が自国で生産したもの及びその結果たる生活の習慣と或る意味で釣り合っていた。
（「俘虜記」）

（4）　彼は署長の制止をふりきって、パッと男にとびかかった。二人はしばしもみあった。
（北杜夫「クイーン牢獄」）

（5）　実をいえば、ここ一年半ばかり夫とはむつみ合ったことはなかった。
（「坂の家の奥さん」）

（6）　詩界の評価においては、一つはジャーナリズムへむけての発動と、もう一つは各賞による詩壇的なものと、この二つがせめぎあうこともなく、互いに存在を無視するかのように存在している。
（『詩と思想』1990年11月号）

などがそうである。これら「渡リ合ウ、ツキアウ、釣リ合ウ、モミアウ」の表している意味は、いずれも、「渡ル＋合ウ」「ツク＋アウ」「釣ル＋合ウ」「モム＋アウ」の構成からは、単純には形成されない慣用的な、したがって、それ全体で一つのものになっている。その点、「殴リ合ウ」「笑イ合ウ」のように、その意味が、下位的構成要素から構成可能なものとは異なっている（もっとも、下位的構成要素から構成可能であるといったことが、必ずしも、その結び付きが文法的である、といったことを意味しはしない。語彙的な複合動詞の中には、「縛リ付ケル、殴リ付ケル」や「飛ビカカル、殴リカカル」の

ように構成可能なものが少なくない。しかし、全体の意味が下位的構成要素から構成可能でなければ、その結び付きは、文法的なものではありえない、といったことは言えよう)。また、(5)(6)の「ムツミ合ウ」や「セメギアウ」になると、もはや、「ムツム」とか「セメグ」とかいったもとの動詞は、単独で使われることが、ほとんどない。「Vシアウ」の形を取って使われることになるものである。

[II] このような、その意味を、「V」と「合ウ」といった構成要素に単純に分割できない「Vシアウ」の存在は、「〜アウ」形式が文法的な側面を持ってはいるものの、語彙性の高い形式である、といったことを物語っている。このようなものには、外に、

  折リ合ウ、(責任ヲ)ナスリ合ウ、張リ合ウ、イガミ合ウ、請ケ合ウ、立チ合ウ、カカズリ合ウ、見合ウ、取リ合ウ、カケ合ウ、似合ウ、ヘシ合ウ、行キ合ウ、巡リ合ウ、落チ合ウ、出会ウ、〜

などがある。

[III] 「出会ウ」をその極とする「巡リ合ウ、落チ合ウ」などは、今までのものとは異なって、後項の「合(会)ウ」の方に、意味の中心点がある。こういったものまでが、「Vシアウ」に存する、といったことは、「〜アウ」形式の語彙性の高さを示すことに外ならない。

 (7) でも、三十前後で手取りがそんなにあって、他の条件も満たしている男性にめぐり合うなんて、雲をつかむに等しい。

(毎日、1990, 10, 12、夕)

 (8) 私は新宿の駅で悠子と落ちあう手筈になっていた。

(和田芳恵「接木の台」)

 (9) 悠子の部屋は、いちばん奥なので、アパートの住人と出会うことも多かった。   (「接木の台」)

などは、いずれも単に「会ウ」に変えても、文意を大きく損なうことはない。その意味で、これらは、いずれも、「会ウ」といった動きの一種を表すためのものである、とも言えよう。

[IV] もとの動詞が単独で使用されない、といったものに繋がっていく、と考えられるものの、もはや、前項要素が動詞の連用形から、さらに一歩進んで、名詞的であると思われるものが、この「〜アウ」には存する。たとえば、

(10) 恭吾は、隣り合って坐っている男と、自分の前の妻と結び合わせて考えることは、まだ出来ず、不確実な心の状態でいた。(「帰郷」)

のような「隣リ合ウ」は、もはや、「隣ル」といった動詞の連用形として扱うことは不可能で、「隣リ」といった名詞に、「合ウ」が付加したものとして考えざるをえないだろう(その意味では、「春メク、時メク」に近づいていっている)。

[V] 「〜アウ」が語彙的な側面を強く有しながらも、まだ語彙―文法的カテゴリ形成の生産的な形式として働いている場合は、「Vシアウ」は、派生された相互動詞であった。ところが、「〜アウ」が語彙性を高めるとともに、「〜アウ」を伴いながら、非相互的な動詞が生まれてくる。

(11) 弟の長男でやはり医者である甥は手術に立ちあっていて、〜。
(藤枝静男「私々小説」)

(12) 「〜。ぼくは、いいでしょうと独りで請け合ってきたんですがね。いや、あなたが都合が悪いと言えば、その通りに先方に答えますよ。」 (「溺れ谷」)

(13) 車の増加に見合うだけの道路整備がなされたかというと、そうではない。 (朝日1978,1、姫野1982から引用)

などは、いずれも、非相互性の動詞である。「立チ合ウ」は［Nガ、Nニ］といった格体制を、「請ケ合ウ」は［Nガ、Nニ、{Nヲ／Sト}］といった格体制を、「見合ウ」は［Nガ、Nニ］といった格体制を、それぞれに取る動詞である。

また、このタイプには、「Nト」だけでなく、「Nニ」をも取る〈半相互動詞〉的用法を持つものが少なくない。たとえば、「昨日や今日、結婚したのではあるまいし、何年、女とつき合っているんだ。(田辺聖子「美男と野獣」)」「いちいち夫につきあっていては、身が保たない。(田辺聖子「オシドリ」)」や「女の子というもんは、何か、自慢なものがあると、それを武器に男と張り合おうとしますな。(「美男と野獣」)」「いちいち夫に張り合って怒る気にもならなくなったところ、全くホトケゴコロである。(田辺聖子「ほとけの心は妻ごころ」)」や「フェル組織委員長は連邦政府とかけ合って、援助を要求しているが、〜(朝日1980,5、姫野1982から引用)」「俺あ、主任にかけあうぞ。(遠藤周作「男と九官鳥」)」などが、この種の実例である。

[Ⅵ]　また、語彙的な「〜アウ」の中には、次の例の「混ミ合ウ」のように、意味の上でもそれが取る格体制のあり方の上でも、「〜アウ」の有無がほとんど関係しないようなものも、存在する。

  (14)　〜、神戸、大阪、京都からきた英子の親せきや<u>友人たちで</u>、<u>火葬場</u>は大へんに<u>混み合った</u>。　　　　　　　　（「公開捜査林道」）

「混ミ合ウ」だけでなく、「混ム」も、同じく［Nガ、Nデ］といった格体制を取る。

5.2　名詞としての用法

　「〜アウ」形式が形成する〈相互性〉といったカテゴリの語彙的度合いの高さは、また、このタイプには、名詞としての用法を持つ場合が頻繁に見られる、といったことによっても示される。もっとも、名詞としての用法を持つものは、必ずしも、〈相互性〉のように語彙的側面の強いものだけではなく、「いじめ<u>られっ子</u>」「いやがら<u>せ</u>」のように、〈受身〉や〈使役〉のようなカテゴリでも、名詞としての用法を持つ。ただ、受身にしても、使役にしても、語彙—文法的カテゴリであり、しかもそれなりに語彙性の高いものであった。それに対して、純粋な文法カテゴリである〈テンス〉や〈モダリティ〉を含んだ形式が、名詞化することはない。そういったことからすれば、〈相互性〉を含んだ形式の名詞化が、数多く存在する、といったことは、〈相互性〉の語彙的度合いの高さを表していることになる。

　たとえば、
  (15)　トリ屋同士は互いに悪口の<u>言い合い</u>をしているから、実際のことは分からない。　　　　　　　　　　　　　　　　　　（「溺れ谷」）
  (16)　二人はこの死体を前においてまるで、<u>掴み合い</u>でもやりかねない勢いだった。　　　　　　　　　　　　（高木淋光「妖婦の宿」）

などの「言イ合イ」「掴ミ合イ」のようなものが、〈相互性〉を含んだ名詞の実例である。こういったものは、外にも多く、

  知リ合イ、殴リ合イ、握リ合イ、通イ合イ、カラミ合イ、マジリ合イ、助ケ合イ、寄リ合イ、話シ合イ、競リ合イ、働キ合イ、取リ合イ、奪イ合イ、ニラミ合イ、罵リ合イ、慣レ合イ、殺シ合イ、兼ネ合イ；カケアイ、折リ合イ、張リ合イ、モミ合イ、〜

などたくさんの例が挙げられる。

　また、語彙的な「～アウ」には、単に名詞化するだけでなく、さらに接頭辞を伴った

　　　（17）　童顔で、面積の広い顔の真ん中あたりに、<u>不つりあい</u>に小さい目と鼻と口とが集まっていた。　　　（赤川次郎「セーラー服と機関銃」）

のようなものまで、存在する。「不似合イ」もこの類いである。

注
1　非相互動詞や半相互動詞については、仁田 1974「対称動詞と半対称動詞と非対称動詞」(『国語学研究』13) を参照。
2　単純動詞による相互構文とは、「太郎ハ花子ト結婚シタ」のようなもの。

参考文献
姫野昌子 1982　「対称関係を表す複合動詞―「～あう」と「～あわせる」をめぐって」『日本語学校論集』9
井上和子 1976　『変形文法と日本語（下）』大修館書店
宮島達夫 1972　『動詞の意味・用法の記述的研究』秀英出版
仁田義雄 1974　「対称動詞と半対称動詞と非対称動詞」『国語学研究』13
奥津敬一郎 1967　「対称関係構造とその転形」『日本語研究』
C. J. Fillmore 1968　'Lexical entries for verbs' *Foundations of Language*, Vol4

（初出、「相互構文を作る「Ｖシアウ」をめぐって」『阪大日本語研究』10、1998）

第3部2　受身

第7章　持ち主の受身をめぐって

0. はじめに

　本章の目的は、〈持ち主の受身〉と呼ばれることのある受身の下位的タイプについて、少しばかり詳しい考察を施すところにある。

1. 受身の下位的タイプ

1.1　概観

　まず、〈持ち主の受身〉の下位的タイプについて述べる前に、日本語の受身には、どういったタイプの受身が設定できるのか、といった受身の下位的タイプに関する概観について、ごく簡単に述べておく。そういった受身の下位的タイプとしては、いくぶん連続する層を有しながらも、〈まともの受身（直接受身）〉と〈持ち主の受身〉と〈第三者の受身（間接受身）〉といった三つのタイプを、設定することができよう。

1.2　まともの受身

　最初に、通例、直接受身（Direct Passive）と呼ばれることの多い〈まともの受身〉から見ていこう。〈まともの受身〉とは、能動文中に存在している非ガ格の共演成分をガ格に転換し、それに従って、ガ格の共演成分をガ格から外した受身である、と概略規定できる。たとえば、

（1） 広志ガ 洋平ヲ 殴ッタ。　　（2） 警察ガ 海カラ 車ヲ 引キ上ゲタ。

（1'） 洋平ガ 広志ニ 殴ラレタ。　（2'） 車ガ 海カラ φ 引キ上ゲラレタ。

の(1')や(2')が〈まともの受身〉の文である。

　こういった〈まともの受身〉は、後で取り挙げる〈第三者の受身〉や〈持ち主の受身〉に対して、構造および意味の面から、次に述べるような特性を有している。

　まず、構造の面からは、次のことが基本的あるいは典型的なこととして指摘できる。能動文と〈まともの受身文〉との関係は、既に述べた〈まともの受身〉への規定からも分かるように、動詞の有している共演成分の表層の表現形式への実現のされ方（表層の成分への分節のされ方）の交替現象に関わる問題であると言えよう。つまり、能動文と〈まともの受身文〉との選択・異なりは、動詞の表している動きや状態が実現されるにあたって必須的に要求される参画者である共演成分のいずれを、形態的にはガ格で表示されうるところの第一位の格（主語）に選び取るのか、といった選択・異なりである（言うまでもないことではあるが、総ての共演成分が交替現象の適用対象になるわけではない）。たとえば、(1)(1')を例に取れば、「殴ッタ」といった能動形を取った能動文では、動きの引き起こし手である〈動作主〉がガ格で表示され（主語の位置を占め）、動きがめざす存在である〈対象〉がヲ格で表示されている（非主語の位置を占めている）。それに対して、「殴ラレタ」といった受身形を取る受身文では、〈対象〉がガ格で表示され（主語の位置に上がり）、〈動作主〉がニ格で表示されている（主語の位置から落とされている）。

　したがって、基本的には、能動文とそれと対応関係にある〈まともの受身文〉との間では、共演成分の数に変化が生じない。少なくとも、能動文でのガ格成分が、非ガ格成分に転換する過程の中で、抜け落ちたり（もちろん、抜け落ちるということは、たんに表層の表現形式の中に存在しないということではない）、非共演成分化することによって、〈まともの受身文〉が、共演成分の数を減らすことはあっても、その数を増すことはない。

　意味の面からは、後に述べる〈第三者の受身〉との関係において、まず、

次のことを、原則的・典型的なこととして、指摘しておかなければならない。能動文と〈まともの受身文〉とは、ともに同じ共演成分の組み合わせを有している、といった既に見た構造の面における特性を受けて、同じ事象の表示に関わっている、と言えよう。

また、〈まともの受身文〉において、ガ格の位置を占めている要素が、能動文の表している動きや状態の形成に必須的に関与している共演成分の一つを転換したものであるということを受けて、〈まともの受身文〉のガ格は、〈まともの受身文〉の表す動きや状態の形成に関わっている他の要素と、同一のレベルで、その動きや状態の形成に直接的に関与してくることになる。このことが、〈まともの受身文〉において、そのガ格が、動詞の表している動きや状態から、直接的な働きかけや影響や関係を被っている、として捉えられることの基因である。例として挙げた(1')「洋平ガ広志ニ殴ラレタ。」や(2')「車ガ海カラ引キ上ゲラレタ。」が示すように、事実、〈まともの受身文〉のガ格の位置を占める「洋平」や「車」は、［広志ノ殴ル］［(警察ノ)引キ上ゲル］といった働きかけ・作用を直接的に被っている（受けている）。

上で述べた〈まともの受身文〉の特性をまとめてみれば、次のようになろう。［1］構造的な面から、〈まともの受身文〉は、能動文中の非ガ格の共演成分をガ格に転換し、それに従って、ガ格共演成分をガ格から外したものである。［2］意味の面から、〈まともの受身文〉は、基本的に能動文と同じ事象を表している。そのガ格は、動詞の表す動きや影響や関係を直接的に被っている。

1.3　第三者の受身

次に、通例、間接受身（Indirect Passive）と呼ばれることの多い〈第三者の受身〉について見ていこう。〈第三者の受身〉とは、もとの動詞の表す動きや状態の成立に参画する共演成分としては含みようのない第三者をガ格に据えた受身である、と概略規定できる。たとえば、

　　（3'）　僕ハ雨ニ降ラレタ。　←（3）　雨ガ降ッタ。
　　（4'）　広志ハ洋子ニ結婚サレタ。　←（4）　洋子ガ（Xト）結婚シタ。
　　（5'）　私ハ警官ニ息子ヲ殴ラレタ。　←（5）　警官ガ息子ヲ殴ッタ。
　　（6'）　岡田ハ田中ニ先ニ洋子ニ贈リ物ヲ贈ラレタ。　←（6）　田中ガ

先ニ洋子ニ贈リ物ヲ贈ッタ。

の(3')(4')(5')(6')が、〈第三者の受身〉の文である。

　こういった〈第三者の受身〉は、既に述べた〈まともの受身〉や次に触れる〈持ち主の受身〉に対して、構造および意味の面において、以下に述べるような特性を有している。

　まず、構造の面からの特性について見ていこう。〈第三者の受身文〉を形成する受身動詞は、もとになっている単純動詞に対して、文の形成にとって必須的に必要とされる構成要素の数が、一つ増えている。例として挙げた〈第三者の受身文〉を形成している述語のもとになっている単純動詞「降ル」「結婚スル」「殴ル」「贈ル」が、それぞれ、ガ格名詞句だけを必須構成要素とする一項述語(one place predicate)、ガ格とト格名詞句を取る二項述語、ガ格とヲ格名詞句を必須構成要素とする二項述語、ガ格とヲ格とニ格名詞句を取る三項述語であるのに対して、〈第三者の受身文〉を形成するそれらから派生された受身動詞「降ラレル」「結婚サレル」「殴ラレル」「贈ラレル」は、それぞれ、二項述語、三項述語、三項述語、四項述語、というふうに、文の形成にとって必須的に要求される必須構成要素の数を、一つずつ増やしている。

　受身動詞は、〈第三者の受身文〉の述語動詞化することによって、もとになっている単純動詞に対して、必須構成要素を一つ増やすことになるのであるが、これは、ただ単に必須構成要素が一つ増え、既に必要とされていた構成要素と合わさって、同一のレベルで直接的な関係を取り結びながら、一つの動きの形成に関与してくるのではない。〈第三者の受身文〉は、新たに導入された第三者をガ格(主語)に据え、もとの動詞によって形成された事象を表す部分を埋め込み成分とするところの埋め込み構造を有している。つまり、〈第三者の受身文〉は、埋め込み構造を持つところの複層構造を有している(寺村秀夫1982などをも参照)。

　上に述べたような構造の面からの特性は、以下に述べるような〈第三者の受身文〉の意味的な特性に対応することになる。

　もとになる文と〈第三者の受身文〉とは、既にそれが表している事象のあり方において異なっている。〈第三者の受身文〉になることによって、表されている事象の数が、一つ増えることになる。たとえば、(5)「警官が息子

を殴った。」といったもとの文が、概略［警官ガ息子ヲ殴ル］コトと表記できる単一の事象を表しているのに対して、(5′)「私は警官に息子を殴られた。」といった〈第三者の受身文〉は、複合事象を表している。複合のあり方は、並列的・接続的なものではなく、概略［私ガ［警官ガ息子ヲ殴ル］コトヲ被ル］コトとでも表記できるところの、もとの文の表す事象をその構成要素として含むといった埋め込み的なものである。

既述した構造面からの特性は、また、〈第三者の受身文〉のガ格に対して、以下に述べる意味的なあり方を与えることになる。もとの文の動詞の表す動きは、埋め込まれた構成要素としての事象の形成に関わっているものの、ガ格の位置を占める新たに導入された第三者や埋め込まれた事象を構成要素として形成されるところの、〈第三者の受身文〉全体が、表すところの事象の形成には、直接的には関与していない。第三者の受身文のガ格が、もとの文を形成している動詞の表す動きから間接的な働きかけや作用しか被っていない（受けていない）、と言われることの基因がここにある。

以上述べた〈第三者の受身文〉の特性をまとめれば、次のようになろう。［1］構造的な面から、〈第三者の受身文〉は、もとになっている文を形成している動詞が必要としている共演成分の数に較べて、必須構成要素の数を一つ増やしている。新たに導入された構成要素を受身文のガ格とし、もとの文が形成する事象を表す部分を他の構成要素とするところの、埋め込み構造を持つ複層構造を有している。［2］意味の面から、〈第三者の受身文〉は、もとの文の表す事象を、自らが表す事象の構成要素とする複合事象を表している。〈第三者の受身文〉のガ格は、もとの動詞の表す動きから間接的な働きかけや作用しか被っていない。

1.4　持ち主の受身

最後に、本章の考察対象の中心である〈持ち主の受身〉について簡単に見ておこう。〈持ち主の受身〉とは、もとの文のヲ格やニ格（これは稀）の共演成分の持ち主を表す名詞をガ格に取り出し、それに従って、ガ格の共演成分をガ格から外した受身である、と概略規定できる。たとえば、

　　(7′)　憲二ハ頭ヲ広志ニ殴ラレタ。　←(7)　広志ガ憲二ノ頭ヲ殴ッタ。

　　　　（8'）僕ハ電車ノ中デ隣リノ客ニ肩ニ寄リ掛カラレタ。　←（8）隣リノ客ガ僕ノ肩ニ寄リ掛カッタ。

の(7')(8')などが、中核的な〈持ち主の受身〉の文の例である。

　事実、受身動詞で形成された(7')(8')では、右に併置されたもとの文である(7)のヲ格の共演成分(「頭」)や、(8)のニ格の共演成分(「肩」)の所有主体(「憲二」や「僕」)が、ガ格に取り出されている。こういった〈持ち主の受身〉は、既に述べた〈まともの受身〉や〈第三者の受身〉に対して、構造および意味の面から、以下に述べるような特性を有している。

　まず、構造の面(主に必要とされる共演成分の数)からの特性について見ていこう。〈持ち主の受身文〉は、そのもとになっている文に較べて、共起可能で必須的に必要な要素として要求される共演成分の数が、一つ増えている。事実、もとになっている(7)(8)「殴ル」「寄リ掛カル」が、それぞれ、ガ格とヲ格成分、ガ格とニ格成分を、共演成分として要求する二項述語であるのに対して、それから形成された〈持ち主の受身文〉である(7')(8')では、[ガ格、ヲ格、ニ格][ガ格、ニ格、ニ格]というふうに、必要とされる構成要素の数をそれぞれ一つずつ増やしている。しかも、この〈持ち主の受身文〉の場合、この新たに取り出された要素が、既に必要とされていた必須構成要素とともに、同一のレベルで直接的な関係を取り結びながら、一つの動きの形成に関与している、と思われる。これは、言い換えれば、〈持ち主の受身文〉が、〈第三者の受身文〉と異なって、単層的構造を有している、といったことを意味している。

　こういった構造上の特性は、これまた、〈持ち主の受身文〉の有している意味的な特性を招来・規定してくることになる。〈持ち主の受身文〉が単層的構造であるということは、〈持ち主の受身文〉のガ格(主語)が、もとの動詞の表す動きから直接的な働きかけや作用を被っている(受けている)、といったことを導き出すことになる。したがって、〈持ち主の受身文〉では、次のような意味的な含意関係が成り立つことになる。[憲二ガ頭ヲ広志ニ殴ラレタ]といったことは、[憲二ガ広志ニ殴ラレタ]ことを意味し、[僕ガ客ニ肩ニ寄リ掛カラレタ]ということは、[僕ガ客ニ寄リ掛カラレタ]ことを意味している。[憲二ガ頭ヲ広志ニ殴ラレタ]ということが[憲二ガ広志ニ殴ラレタ]ことを意味していることによって、「憲二は頭を広志に殴られ

た。」といった〈持ち主の受身文〉は、結局、「広志が憲二を殴った。」という文に、その表す事象のあり方の点において、密接な関係を有していくことになる。〈持ち主の受身〉において、このような含意関係が生じるのは、持ち主である「憲二」と所有・所属物である「頭」とが、分離不可能(inalienable)な所有関係にあるからである(このことについては、後に少しく詳しく触れる)。

　この点が、〈持ち主の受身〉と〈第三者の受身〉との重要な違いである。上に述べたように、「憲二は頭を広志に殴られた。」といった〈持ち主の受身〉は、［憲二ガ広志ニ殴ラレタ］といったことを含意するが、「憲二は弟を広志に殴られた。」といった〈第三者の受身〉は、［憲二ガ広志ニ殴ラレタ］といったことを含意しはしない。

　以上述べた〈持ち主の受身文〉の特性をまとめれば、次のようになろう。［1］構造的な面から、〈持ち主の受身文〉は、もとになっている文を形成している動詞が取りうる共演成分の数に較べて、必須構成要素の数を一つ増やしている。新たに取り出された構成要素を加え、全必須構成要素が、同一のレベルで直接的な関係を取り結びながら、一つの動きを形成している。［2］意味の面からは、〈持ち主の受身文〉は、もとの文の表している事象と緊密な類同性を持った事象を表している。〈持ち主の受身文〉のガ格は、もとの動詞の表す動きから直接的な働きかけや作用を被っている(受けている)。［3］持ち主と所有・所属物とは、分離不可能な所有関係にある。

2. 持ち主の受身の下位的タイプ

2.1　下位的タイプの概観

　以下、本章の中心的な考察対象である、上述したような要件・特徴を有しているところの〈持ち主の受身〉の下位的タイプについて、少しばかり詳しく考えてみる。〈持ち主の受身〉の下位的タイプとして、［Ⅰ］接触場所の持ち主による〈持ち主の受身〉、［Ⅱ］部分・側面の持ち主による〈持ち主の受身〉、［Ⅲ］状況のヲ格を持つ〈持ち主の受身〉といったものを設定することにする。

　もっとも、［Ⅰ］［Ⅱ］とは、本来的に同等に対立するものではない。［Ⅰ］

の接触場所の持ち主による〈持ち主の受身〉は、[Ⅱ]の部分・側面の持ち主による〈持ち主の受身〉の一部を成すものである。いずれも、分離不可能な部分・側面の持ち主を、受身文のガ格に取り出したものである。その意味で、[Ⅰ]接触場所による〈持ち主の受身〉は、[Ⅱ]部分・側面の持ち主による〈持ち主の受身〉の特殊例である、ということになる。このように、基本的に、部分・側面に含まれるものを、接触場所ということで、特別に取り出して一類にしたのは、次のような理由によっている。まず、接触場所の持ち主による〈持ち主の受身〉は、それを形成する動詞が、意味的にかなりまとまったクラスをなす、といったことが挙げられる。さらに、接触場所の持ち主による〈持ち主の受身〉が、典型的に[全体ガＸニ接触場所 {ヲ／ニ／カラ} Ｖサレル＝全体ガＸニＶサレル]といった関係を保っていたのに対して、部分・側面の持ち主による〈持ち主の受身〉には、それからはみ出て、[全体ガＸニ部分・側面ヲＶサレル＜全体ガＸニＶサレル]のように、部分・側面を抜いてしまうと、表している意味が、部分・側面の持ち主による〈持ち主の受身〉より広くなるといった関係になる場合が出てくることがある。また、接触場所の持ち主のタイプには、〈過程の命令〉〈過程の意志〉[1]ではあるが、「彼ニ頭ヲ殴ラレロ！」「彼ニ頭ヲ殴ラレヨウ。」のように、命令表現や意志表現を有するものがある。以上、部分・側面の持ち主による〈持ち主の受身〉は、接触場所の持ち主によるもの以外のものということになる。したがって、どうしても、[Ⅱ]の部分・側面の持ち主による〈持ち主の受身〉が、〈持ち主の受身〉のごみ箱的存在にならざるをえないことは、否めない。

　[Ⅲ]の状況のヲ格を持つ〈持ち主の受身〉も、受身文のガ格に来る存在とヲ格で表されている事態とが、分離不可能な関係にある点では、他の二つのタイプと同じである。受身文のガ格を占める存在と、ヲ格やニ格で表される名詞が、分離不可能な関係にあることによって、ヲ格やニ格に対する働きかけを、その持ち主たる受身文のガ格への働きかけとして、捉えることが可能になるのである。その意味で、受身文のガ格とそれによって所有される部分・側面・事態とが分離不可能な関係にある、ということは、〈持ち主の受身〉を通じて観察される特性である。状況のヲ格を持つ〈持ち主の受身〉は、ヲ格で表されるものが、受身文のガ格たる持ち主の所有している部分や側面といったものではなく、持ち主の引き起こしている(引き起こした)事態や

出来事である、ということにおいて、［Ⅰ］接触場所の持ち主による〈持ち主の受身〉、［Ⅱ］部分・側面の持ち主による〈持ち主の受身〉といった前二者と異なっている。

2.2 持ち主の受身の三類
2.2.1 接触場所の持ち主による〈持ち主の受身〉

まず、〈持ち主の受身〉の典型である接触場所の持ち主による〈持ち主の受身〉から、考察していこう。これには、(1)ヲ格名詞の持ち主を、受身文のガ格に取り出したタイプと、(2)ニ格名詞の持ち主を、受身文のガ格に取り出したタイプ（これは少数）と、(3)カラ格名詞の持ち主を、受身文のガ格に取り出したタイプ（さらに少数。また、これには、接触動詞から形成されたものは存しない）とがある。

このタイプの各論に入る前に、接触場所の持ち主による〈持ち主の受身〉の基本的な特徴を、簡単に見ておこう。

既に挙げた「憲二は頭を広志に殴られた。」「僕は客に肩に寄り掛かられた。」を例に取れば、次のことが観察される。「頭ヲ殴ル」といったことは、誰かを殴ることであるし、また、「憲二ヲ殴ル」といったことは、結局は憲二のどこかを殴ることである。同様に、「肩ニ寄リ掛カル」といったことは、結局は誰かに寄り掛かることであるし、また、「僕ニ寄リ掛カル」といったことは、僕のどこかに寄り掛かることである。人に対する接触といったこの種のタイプの動きでは、ある身体場所に接触することにおいてしか、人に対する接触動作を実現することができない。言い換えれば、〈接触動作を行う動作主〉〈接触される相手〉〈接触場所〉といった三つの要素が、必要とされるのである。しかも、〈接触相手〉と〈接触場所〉は、分離不可能な所有関係にある。しかし、日本語の動詞としての「殴ル」や「寄リ掛カル」は、［ガ格、ヲ格］［ガ格、ニ格］の二項しか取ることができない。ガ格は〈動作主〉を表し、ヲ格は、〈接触相手〉と〈接触場所〉のいずれかを交替的に実現するのみであり、同様に、ニ格も、〈接触相手〉と〈接触場所〉のいずれかを交替的に実現するのみである。つまり、「広志が憲二を殴った。」「客が僕に寄り掛かった。」か、「広志が頭を殴った。」「客が肩に寄り掛かった。」かのいずれかで実現する以外にはなく、「*広志が憲二を頭に殴った。」や「*客が

僕に肩に寄り掛かった。」といった三項述語として実現されることはない(ちなみに、英語では 'John hit Bill on the head.' のように三項的に表現できる)。

　もっとも、他の一項として、〈接触相手〉を実現させるか〈接触場所〉を実現させるかで、その文の有している不充足感が違ってくる。〈接触場所〉を意味する名詞を共演成分として実現させる時の方が、不充足感が強い。全体である〈接触相手〉を明示しておけば、その部分である〈接触場所〉はそれに含まれ、暗に示されるのに対して、部分である〈接触場所〉の明示だけでは、全体たる〈接触相手〉は、不明のまま隠された存在に止どまらざるをえない。これは、また、言い換えれば、〈接触相手〉と〈接触場所〉が同程度に必須構成要素として要求されているのではない、といったことを示唆している。〈接触相手〉の方が、〈接触場所〉に較べて、要求される度合いが高い、と言えよう。不充足感の強い〈接触場所〉を実現させた場合に、背後に隠され潜在化した〈接触相手〉は、その不充足感の強さゆえに、潜在化させられた〈接触相手〉が自明でない限り、共演成分の地位から落とされた形(所有を表す連体修飾の「ノ」格)ではあるが、表層への顕在を要請されることが多くなる。つまり、「広志が頭を殴った。」ではなく(ただし、話し手が殴られた場合であれば、このままでも充分了解可能である)、「広志が憲二の頭を殴った。」として実現されることが多くなる。その共演成分から落とされた形で存在している〈接触相手〉を、受身文にすることで、ガ格に取り出し、三項述語化したのが、「憲二は頭を広志に殴られた。」といった〈持ち主の受身文〉である。〈持ち主の受身文〉が以上のようなものであることによって、当然のこととして、〈持ち主の受身文〉は、それが表す事象において、もとの文と緊密な類同性を有することになる。

　また、既に述べた不充足感の違い(ならびに、ガ格への転換の対象になる名詞が有情者であるか非情物であるのかといった異なり)は、「殴ル」や「寄リ掛カル」などの接触動詞によって形成される受身のタイプの現れ方に影響を与えることになる。上述の要因を受けて、〈接触相手〉を残りの共演成分として実現させた「広志が憲二を殴った。」「客が僕に寄り掛かった。」は、「憲二は広志に殴られた。」「僕は客に寄り掛かられた。」といった共演成分の数に増減をもたらさない〈まともの受身〉を形成するのに対して、〈接触場所〉

を実現させた「広志が頭を殴った。」「客が肩に寄り掛かった。」は、「?頭が殴られた。」「?肩が寄り掛かられた。」といった〈まともの受身〉のタイプでは実現されにくく、「広志は頭を憲二に殴られた。」「僕は客に肩に寄り掛かられた。」といった〈持ち主の受身〉を要求することになる。

2.2.1.(1)　ヲ格名詞の持ち主の取り出し
[1]　ヲ格名詞の持ち主の取り出しとは

　最初に、ヲ格名詞の持ち主を取り出して、それを受身のガ格に据えた〈持ち主の受身〉から、見ていこう。このタイプは、基本的に接触動詞によって形成されている。まず、実例を少しばかり挙げておく。

（１）　勤は完全に油断していた。～。いきなり後頭部を 強打されてあっと思った瞬間、急速に意識がとおのいっていた。
　　　　　　　　　　　　　　　　　　　　　　（鮎川哲也「相似の部屋」）

（２）　とたんに、彼は 眼の上を ひっぱたかれたような気がして、息をのんだ。
　　　　　　　　　　　　　　　　　　　　　　（小松左京「写真の女」）

（３）　謙二は 肩を 小突かれた。　　　　　　（陳舜臣「疑わしきは」）

（４）　藤井先生が～むちをとって、石太郎の前に歩いていかれた。～。石太郎は、むちでこめかみをぐいとおされ、左へぐにゃりとよろけたが、依然てれたような表情で、沈黙しているばかりである。
　　　　　　　　　　　　　　　　　　　　　　（新美南吉「屁」）

（５）　その浜田から、故意ではなくても、軍曹殿は小銃で尻を 撃たれた。
　　　　　　　　　　　　　　　　　　　　　　（田中小実昌「魚撃ち」）

（６）　だが、相手は答えない。謙二は 腕を つかまれて、その灰色の建物の門をくぐった。
　　　　　　　　　　　　　　　　　　　　　　（陳舜臣「疑わしきは」）

などが、いずれも、接触場所の持ち主による〈持ち主の受身〉のうち、ヲ格で表される名詞の持ち主を、受身のガ格に取り出したものである。(1)や(4)を例に取れば、もとの文は、「(犯人ガ)勤ノ後頭部ヲ強打シタ。」「藤井先生ガムチデ石太郎ノコメカミヲオシタ。」といったものである。これらは、いずれも、「Nノ」の形式で、「後頭部」「コメカミ」といったヲ格名詞の持ち主を表している「勤」「石太郎」が、受身文のガ格に立っている。また、これらは、いずれも、[勤ガ強打サレタ]コト、[彼ガヒッパタカレタ]コト、[謙

ニガ小突カレタ］コト、［石太郎ガオサレタ］コト、［軍曹殿ガ撃タレタ］コト、［謙二ガツカマレタ］コトを含意している。

[2] 仕手のあり方

仕手（もとの文のガ格）は、(5)のように、「Nカラ」で表示されるものもあれば、

(7) だが、良は何時か、眠っていて、掃除婦に、肩をゆり起こされたときは、夢の空間はしらじらしい灯火に照らしだされていた。

(河野典生「殺しに行く」)

のように、「Nニ」によって表されるものもある。また、実例では見かけなかった（したがって、極めて稀であろう）が、「犯人ニヨッテ後頭部ヲ強打サレタ。」や「先生ニヨッテムチデコメカミヲ押サレタ。」のように、「Nニヨッテ」で、表示できないこともないだろう（ただ、後で述べる非情物が仕手の場合に較べて、有情者が仕手の場合、「Nニヨッテ」での表示は、少し不自然である）。

上掲の例文は、いずれも、有情者の仕手であるが、接触場所を表すヲ格名詞の持ち主による〈持ち主の受身〉が、非情物の仕手を取れないというわけではない。たとえば、

(8) 事実、一万歩の散歩をするようになって以来、彼は悪夢を見ることがない。借金取りにとっつかまったり、回転扉に脚をはさまれて脂汗をかくといった恐ろしい夢をみなくなった。

(鮎川哲也「相似の部屋」)

(9) 伴子の母親は見えない強い力で不意に顔を打たれたやうに顔色が変わり、そのまゝ立ってゐるだけでも、非常な努力となってゐた。

(大仏次郎「帰郷」)

などは、もとの文に戻すと、「回転扉ガ彼ノ脚ヲハサンダ。」「見エナイ強イ力ガ伴子ノ母親ノ顔ヲ打ッタ。」のようになり、いずれも、非情物を仕手に持つ、接触場所を表すヲ格名詞の持ち主をガ格に取り出した〈持ち主の受身〉である。(8)は、仕手が「Nニ」で表された場合であり、(9)は、仕手が「Nデ」で表示された場合である。仕手が非情物であることによって、仕手は、いずれも、基因・手段的な意味合いを帯びることになる。基因・手段

的であることによって、「Nニ」で表されている(8)も、「回転扉デ脚ヲハサマレ〜」のように、「Nデ」で表示することが可能である。また、「回転扉ニヨッテ脚ヲハサマレ〜」「見エナイ強イ力ニヨッテ顔ヲ打タレタ〜」が示すように、有情者の仕手の場合に較べて、極自然に「Nニヨッテ」で表示できるだろう。ただ、非情物の仕手は、「Nカラ」では表しがたいと思われる。

[3] このタイプを形成する動詞

　ここまで取り挙げた「強打スル」「ヒッパタク」「小突ク」「押ス」「撃ツ」「ツカム」「打ツ」などは、いずれも、典型的な接触動詞であった。もっとも、動詞の中には、対象非変化の接触動詞として使われる場合もあれば、対象変化を引き起こす〈様変え動詞〉として使われる場合をも有するものがある。たとえば、「刺ス」「突キ刺ス」や「縛ル」などは、その類いである。これらが、[N₁ガ、N₂ヲ、N₃ニ]の格体制で使われる時は、〈様変えの動詞〉になり、[N₁ガ、N₃ヲ、N₂デ]の格体制で使われる時は、接触動詞になる。たとえば、「女ガ鉢巻キヲ頭ニ縛ッタ。」が様変え動詞であり、「女ガ頭ヲ鉢巻キデ縛ッタ。」が接触動詞である。既に述べたところからも明らかなように、このタイプの動詞が〈持ち主の受身〉を作るのは、接触動詞として使われた場合である。たとえば、

(10)　男は、鋭利な刃物で左胸部を　刺され、すでに出血多量で死亡しておりましたので、女をその場で緊急逮捕いたしました。

(佐野洋「証拠なし」)

(11)　「抵抗の痕はないのかい？」

　「〜。それに全身をビニール紐で縛られていたから何もすることができなかっただろう。」　　　（鮎川哲也「相似の部屋」）

などが、この例である。

　これなどは、結局、接触動詞として使われている場合であるが、次のような例になると、もはや、対象非変化の接触動詞というよりは、中心は、対象変化の様変え動詞である、と捉えられるものである。

(12)　「おれのじいさんはな、日本へ強制的に連れて来られた労働力だったんだが、六郷の河原で、日本人に日本刀で首を　ぶった切られたんだ。」　　　　　　　　　　　（河野典生「殺しに行く」）

などの「（ブッタ）切ル」は、その中心は、対象に変化を引き起こすところの様変えの動詞である。そのことは、対象非変化動詞たる接触動詞の受身のテイル形が、「次郎ハ謙二ニ殴ラレテイル。」が示すように、基本的に〈動きの最中〉を表すのに対して、「切ル」は、「布ガ少シ切ラレテイル。」が示すように、基本的に〈結果の状態の持続〉を表すことからも、分かろう。しかし、(12)は、〈持ち主の受身〉である。受身のガ格名詞とヲ格名詞で表されているものは、分離不可能な所有関係にあり、［オジイサンガ日本人ニ首ヲブッタ切ラレタ］コトが、［オジイサンガ日本人ニブッタ切ラレタ］コトを含意している。

　ガ格とヲ格に分離不可能な所有関係にある名詞を取ったからと言って、様変え動詞が〈持ち主の受身〉を形成することは、あまりない。ほとんどのものは、〈持ち主の受身〉を形成しない。たとえば、「僕ハ彼ニ足ヲ折ラレタ。」は、「僕ハ彼ニ折ラレタ。」を含意しているとは言いにくいし、同様に、「彼ハ謙二ニ頭ヲ割ラレタ。」は、「彼ハ謙二ニ割ラレタ。」を直ちに含意しない。

　どういった場合に、様変え動詞であっても、ヲ格名詞の持ち主の取り出しである〈持ち主の受身〉を形成するのかは、今明確には規定することができない。ただ、これに対して、二つ側面から迫る必要があろう。一つは、動詞自身の問題であり、一つは、分離不可能な所有関係にあるガ格名詞とヲ格名詞との関係のあり方である。動詞の問題から言えば、「切ル」という動詞は、必ずしも「切リ落トス」「切リ離ス」のような完全な対象変化を表す場合だけでなく、対象に傷を入れる動きをも表す。後者の場合、典型的な〈様変え〉から、いくぶんか〈接触〉に近付いたところに位置している、と言えよう。「オジイサンハ首ヲ切リ落トサレタ。」にしてしまうと、もはや、直ちに「オジイサンハ切リ落トサレタ。」を含意しているとは言いがたい。分離不可能な所有関係にある全体と部分の関係のあり方の問題になると、「彼ハ　手ヲ前ニ向ケラレタ。」は、「彼ハ前ニ向ケラレタ。」を含意しているとは言いがたいが、「彼ハ　体ヲ前ニ向ケラレタ。」では、「彼ハ前ニ向ケラレタ。」を含意していると言ってよいだろう。部分が全体に対してどれくらいの位置を占めるのか、言い換えれば、部分への働きかけが、全体に対していかほど影響を与えるのかが、関わってくる。

2.2.1.(2) ニ格名詞の持ち主の取り出し
[1] 接触動詞によるもの

　ニ格名詞の持ち主を受身のガ格に取り出した〈持ち主の受身〉で、接触動詞によって形成されたタイプは、多くない。

　　(13)　一度、軍曹殿はスッポンを撃った。〜。生きていて、つかみにいったところを指にでも食いつかれたらたまったものではない。

(田中小実昌「魚撃ち」)

などが、これである。これは、「スッポンガ(Xノ)指ニ食イツイタ。→(Xガ)スッポン{ニ／カラ}指ニ食イツカレタ。」のように、ニ格名詞の持ち主が、受身のガ格に取り出されており、[(Xガ)スッポンニ指ニ食イツカレタ]コトが、[(Xガ)スッポンニ食イツカレタ]コトを含意しているところの、ニ格名詞の持ち主の取り出しによる〈持ち主の受身〉である。

　以下の例は、作例であるが、

　　(14)　僕ハ客ニ肩ニ モタレラレタ。
　　(15)　彼ハイタズラ坊主カラ腰ニ 馬乗リニナラレタ。

などは、いずれもこのタイプである。

　また、

　　(16)　順番がくると私は検査室に入り、体に 注射され、〜。

(遠藤周作「男と九官鳥」)

の「注射スル」は、引っ付け動詞としても使われるが、この場合は、「(Xガ)私ノ体ニ注射スル」といった接触動詞的な使い方であろう。

　ところで、このタイプでは、動詞自身は、[N_1ガ、N_2ニ]といった格体制を有しているのに、〈持ち主の受身〉になれば、「N_2ニ」が「N_2ヲ」に変わる場合がある。たとえば、

　　(17)　彼ハ犬ニ足ヲ 噛ミツカレタ。

のようなものが、それである。「噛ミツク」は、[N_1ガ、N_2ニ]といった格体制を要求する動詞である。その「Nニ」が、〈持ち主の受身〉化によって、「Nヲ」になっている。こういったことも、〈持ち主の受身〉の中で、接触動詞によるニ格名詞の持ち主の取り出しのタイプが、少数であり、不安定な存在であることを物語っている。

[2]　引っ付け動詞によるもの

ニ格名詞の持ち主の取り出しによる〈持ち主の受身〉の中心は、〈接触動詞〉によるものではなく、むしろ、〈引っ付け動詞〉によるものである。たとえば、

(18)　～その時、私の緊張は最高潮に達する。……ふり向いて出口の方へ歩きかけながら、背中に、お尻に、後頭部に、無数の針を何本もつき刺されているのを感じ、～。　　（安岡章太郎「陰気な愉しみ」）

(19)　順番がくると私は～、口と咽喉のなかに麻酔薬を注入されました。　　　　　　　　　　　　　　　　　　　（遠藤周作「男と九官鳥」）

(20)　八雲さんは～。たえずスポットライトを身にあてられ、主役を演じていなければ気のすまない性格、それが、あの人の今一つの半面でした。　　　　　　　　　　　　　　（高木彬光「妖婦の宿」）

(21)　死因は、～、ひとめでわかった。（被害者は）後頭部に鈍器で一撃を加えられ、昏倒したところを扼殺されたものに違いない。
　　　　　　　　　　　　　　　　　　　　（海渡英祐「死の国のアリス」）

などがこれである。これは、たとえば、(19)を例に取れば、「(看護婦ガ)私ノ口ト咽喉ノナカニ麻酔薬ヲ注入シタ。→私ハ(看護婦｛ニ／カラ｝)口ト咽喉ノナカニ麻酔薬ヲ注入サレタ。」のようなあり方で、形成された受身である。つまり、これらは、もとの文の動詞が、［ガ、ヲ、ニ］といった格体制を取り、そのニ格名詞によって表されるものの分離不可能な持ち主が、ガ格として取り出されて、受身文化した〈持ち主の受身〉である。また、これらも、既述してきた〈持ち主の受身〉と同様、［私ガ(看護婦ニ)口ト咽喉ノナカニ麻酔薬ヲ注入サレタ］コトが、［私ガ(看護婦ニ)麻酔薬ヲ注入サレタ］コトを含意している。［N_1ガ、N_2ヲ、N_3ニ］といった格体制を取るこれらの動詞は、「N_2ヲ」が、「N_3ニ」の所に移動させられる、といった空間的なレベルでの、対象変化を表している〈引っ付け動詞〉に属するものである。

「(ツキ)刺ス」は、たとえば、「針デ相手ヲ(ツキ)刺ス」といった接触動詞としての用法もあるが、ここでのそれは、「針ヲ相手ニ(ツキ)刺ス」といった引っ付け動詞としてのものである。また、「注射スル」には、ヲ格名詞が動詞の意味の中に編入されてしまっている接触動詞としての用法もあるが、

(22)　恐らく家内は最後まで早乙女の脅迫をうけていたのでしょう。静

脈に 殺虫剤を 注射されるときも、仕方なく早乙女の脅しの前に、屈服したものと思われます。　　（笹沢左保「死んだ甲虫たち」）

は、［ガ、ヲ、ニ］といった格体制を有する引っ付け動詞による〈持ち主受身〉である。ニ格名詞の持ち主を受身のガ格に取り出したところの〈持ち主受身〉である。

2.2.1.(3)　カラ格名詞の持ち主の取り出し

　カラ格名詞で表されるものの分離不可能な持ち主を、受身のガ格に取り出して、形成された〈持ち主の受身〉は、極めて稀である。また、このタイプの〈持ち主の受身〉には、対象非変化動詞の接触動詞は存しない。総て、〈取り外し動詞〉によって形成されている。これは、「噛ミツク、寄リカカル、モタレル」などの［N_1 ガ、N_2 ニ］といった格体制を持った接触動詞が存在したのに対して、［N_1 ガ、N_2 カラ］という格体制を持つ接触動詞が存しないことによっている。

　たとえば、
　　(22)　梨花でさえそう思うのに、当の主人は辛そうに聴いている。たぶん頸筋から膏薬でも剥がされるような、ひりひりした心細さなのだろう。　　　　　　　　　　　　　　（幸田文「流れる」）
　　(23)　廊下で謙二は 手首から 手錠を はずされ、一ばん奥の部屋に連れこまれた。　　　　　　　　　　　　　（陳舜臣「疑わしきは」）

などが、これである。たとえば、(23)を例に取れば、「(Xガ)謙二ノ手首カラ手錠ヲハズシタ。→謙二ハ(Xニヨッテ)手首カラ手錠ヲハズサレタ。」のようなあり方で形成された受身である。これらは、いずれも、もとの動詞が、［Nガ、Nヲ、Nカラ］といった格体制を取る〈取り外し動詞〉であり、そのカラ格名詞によって表されているものの分離不可能な持ち主が、ガ格として取り出されて、受身文化した〈持ち主の受身〉である。これらにおいても、［謙二ガ手首カラ手錠ヲハズサレタ］コトが、［謙二ガ手錠ヲハズサレタ］コトを含意している。

2.2.2　部分・側面の持ち主による〈持ち主の受身〉

　これは、先に述べた〈接触場所の持ち主による持ち主の受身〉に較べて、

等質性に欠ける雑多なものを含む存在である。また、このタイプでは、接触場所の持ち主によるそれに比して、〈持ち主の受身〉の典型的な特性に欠けるところが、出始めてくる。〈持ち主の受身〉の典型的な特性とは、分離不可能な部分・側面に対する働きかけが、直ちに、全体に対する働きかけを表すといったことを、意味している。〈接触場所の持ち主による持ち主の受身〉が、ほぼ、［全体ガＸニ部分｛ヲ／ニ／カラ｝Ｖサレル＝全体ガＸニＶサレル］といった関係を保っているのに対して、この〈部分・側面の持ち主による持ち主の受身〉では、［全体ガＸニ部分・側面ヲＶサレル＜全体ガＸニＶサレル］といった関係になる場合が出てくる。

　等質性に欠けるところのある雑多な部分・側面の持ち主による〈持ち主の受身〉を、ここでは、(1) 心的な動きに関わるもの、(2) 存在の認知に関するもの、(3) その他のものに、分けて見ていこう。

2.2.2.(1)　心的な動きに関わるもの

　まず、心的な動きに関わるものから見ていこう。たとえば、

　　（24）　彼ハソノ事ニ頭ヲ悩マサレタ。

のようなものが、この代表・典型である。これは、全体である「彼」と部分・側面の「頭」が分離不可能な所有関係にあり、ほぼ、［彼ガソノ事ニ頭ヲ悩マサレタ］コトが、［彼ガソノ事ニ悩マサレタ］コトを含意している。以上のことから、これも、〈持ち主の受身〉であることが、分かろう。

　以下、このタイプの部分・側面の持ち主による持ち主の受け身の実例を、少しばかり挙げておこう。

　　（25）　彼はひそかにアンドレ・ジイドの小説や日記を愛読し、この作家が自分と同じように、肉の問題で悩んでいるのを知って心を慰められ、励まされていた。　　　　　（戸川昌子「処刑された沈黙」）
　　（26）　伴子は自分がいつの間にか左衛子に強く心を惹附けられてゐるのを感じてゐた。　　　　　　　　　　（大仏次郎「帰郷」）
　　（27）　それ（竹とんぼ）を皆んなは、学校の往復に飛ばして、道草を喰いながら歩いた。飛び方の優劣に競争心を煽られて熱中した。
　　　　　　　　　　　　　　　　　　　　　（日影丈吉「かむなぎうた」）
　　（28）　羽島は、またなんともいえぬ苛々した腹立たしさが、鳩尾から噴

き上がってくるのを覚えた。～。～恩田が命令に背いたばかりか、なんだか知らぬが突然隣に乗りこんできて、奇態な言動を示すので、すっかり神経を みだされてしまった。

(夏樹静子「特急夕月」)

などが、これである。心の動きに関わる〈持ち主の受身〉とは、[ソノ事ガ彼ノ 頭ヲ悩マシタ。→彼ハソノ事ニ頭ヲ悩マサレタ。]のように、もとの文が、対象の心的状態・態度の変動を表しているものである。受身文のガ格に来ている全体とヲ格名詞で表されている部分・側面との関係は、いずれも分離不可能な関係にある。

しかし、部分・側面に対する働きかけが、全体に対していかほどの影響を与えるのか、といった点になると、少しばかり程度の異なったものが現れはじめる。(24)や(25)にあっては、ほぼ、[彼ガソノ事ニ頭ヲ悩マサレタ]コトが[彼ガソノ事ニ悩マサレタ]コトを含意しており、[彼ガ～ヲ知ッテ心ヲ慰メラレタ]コトが[彼ガ～ヲ知ッテ慰メラレタ]コトを表している、と言えよう。

だが、(28)になると、「羽島ハ神経ヲ乱サレタ。」といった〈持ち主の受身〉そのものは、心の動きを表してはいるものの、それから、働きかけを直接受ける部分・側面を抜いた「羽島ハ乱サレタ。」は、心の動きの引き起こされを表す場合が多いにしても、必ずしもそれに限られるわけではない。その意味で、(28)にあっては、〈持ち主の受身〉が担っている意味が表されるためには、典型的な〈持ち主の受身〉と異なって、部分・側面を欠くことができない。

さらに、(26)(27)にあっても、「心を 惹附けられる」と「あなたがたは、～。蝋人形だけにすべての注意を 惹きつけられて(「妖婦の宿」)」との関係、「競争心を 煽られて～」と「児輩は、～。所有欲を 煽られるようなものしか賛美しない。(「かむなぎうた」)」との関係が、「肩ヲ殴ラレタ」と「頭ヲ殴ラレタ」との関係と同程度のものであるかどうかには、一考の余地がある。上掲の例が示しているように、部分・側面の持ち主による〈持ち主の受身〉の方が、接触場所の持ち主による〈持ち主の受身〉の場合より、部分の異なりによる動きのタイプの異なりが大きいのではないだろうか。言い換えれば、部分・側面が何であるかが決まらなければ、どういった動きが表されている

のかが、真に決まらない傾向が、概して、部分・側面の持ち主による〈持ち主の受身〉の方が、強いのではないだろうか。
　そういった傾向性は、
　　（29）　深見には、〜。なにか自分はすぐに行動に移さなければならないことがある。そう心を 揺さぶられながらも、彼の心を大きく占めていたのは敗残の自嘲であった。　　　（梶山季之「地面師」）
　　（30）　ベイリーはそれを考えると、不安で胸を 締めつけられるような気がした。　　　　　　　　　　　　　（結城昌治「凍った時間」）
のような、形象的、慣用的な使い方になると、より一層強くなる。これらは、接触動詞で形成されており、部分・側面がないと、心の動きを表さない。

2.2.2.(2)　存在の認知に関するもの

　存在の認知に関する〈持ち主の受身〉として、一類化するものは、「知ル」と「見ル」といった動詞によって形成された〈持ち主の受身〉である。
　まず、「知ル」によって形成されている存在の認知に関する〈持ち主の受身〉から見ていこう。たとえば、
　　（31）　北国の港町の、この名もない専門学校は、その事件のために存在を 知られるようになった。　　　　　　　（伊藤整「海の見える町」）
　　（32）　「〜。君が悪事をしたわけじゃァあるまいし、むしろ君は一躍有名になって日本中に名を 知られるぜ。」　（坂口安吾「能面の秘密」）
　　（33）　彼等は東京の文芸雑誌の投書家としてその実力を 知られて居る人間か、でなければ、短歌の盛んなこの町での、文学のヴェテランたちであった。　　　　　　　　　　（伊藤整「海の見える町」）
　　（34）　〜顔が売れてくることは結構だったけれど、中山にとっては必ずしもいいことずくめではなかった。〜。目下売り出し中の推理作家だということを 知られてしまうと、体面上、無理をしてでも気取ったバーへ行かなくてはならない。　（鮎川哲也「相似の部屋」）
などが、このタイプである。これらにおいても、受身文のガ格を占めている全体とヲ格名詞で表される部分・側面（側面が多い）は、分離不可能な関係にある。また、これらも、［名モナイ専門学校ガソノ事件ノタメニ存在ヲ知ラレルヨウニナッタ］コトが［名モナイ専門学校ガソノ事件ノタメニ知ラレ

ルヨウニナッタ］コトを含意しているように、基本的に、部分・側面への働きかけが、全体への働きかけになっている。

　接触するといった動きが、接触相手のどこかに接触することにおいてしか成り立たなかったのに対して、「知ル」という動きは、知る相手を、何らかの側面において知ることと、どのような存在であるかを知るといった内容の点において知ること、との双方のあり方において成り立つ。前者は、「名前ヲ知ラレル」「顔ヲ知ラレル」「声ヲ知ラレル」「実力ヲ知ラレル」のように、〈持ち主の受身〉として形成されることになり、後者は、「オーストラリアの東に、かなり大きなニューカレドニア島がある。ニッケル鉱の産地として知られ、それを積みだす日本の貨物船が三日に一隻は訪れるという。(北杜夫「クイーン牢獄」)」「電電公社は、～東京、札幌オリンピックのポスターデザインで知られる亀倉雄策氏にシンボルマークの製作を依頼。(毎日、1985, 3, 19, 朝)」のように、〈まともの受身〉として形成されることになる。もっとも、(33)の「彼らは東京の文芸雑誌の投書家として　その実力を知られて居る～」のように、側面と内容の双方を備えて現れてくる場合もある。もっとも、この側面と内容は、常に截然と分かたれるわけではなく、繋がっていくところを有している。たとえば、(a)「彼ラハ実力ノアル投書家トシテ知ラレテイル。」は、内容の点を述べたもので、〈まともの受身〉であるが、(b)「彼ラハ投書家トシテノ実力ヲ知ラレテイル。」は、それを側面的に捉えたもので、形式上、〈持ち主の受身〉ということになる。しかし、述べられていることは、(33)の場合も、(a)の場合も、(b)の場合も、さほど変わらない。こういったことは、〈接触場所の持ち主による持ち主の受身〉には存しない。事実、(34)などは、「中山ハ目下売リ出シ中ノ推理作家トシテ知ラレテシマウト、～」のように、内容への認知といった形を取る〈まともの受身〉として実現されたとしても、それが担っている意味にさほど変化が生じない。これらは、いずれも、ものの存在が何らかの点において認知されることを表している。

　また、「知ル」が、〈持ち主の受身〉を形成する場合、受身文のガ格は、有情者ないしはそれに準ずるものであるのが、基本である（もっとも、「A市ハソノ美シイ景観ヲ広ク世間ニ知ラレテイル。」といった用法がないわけではない）。

存在の認知に関する〈持ち主の受身〉の第二として、「見ル」によって形成されているものを、簡単に見ておく。

(35) 源四郎が川岸に隠れて、鋼の竹とんぼを飛ばしたのも、己の姿を見られぬ為だ。　　　　　　　　　　　（日影丈吉「かむなぎうた」）

(36) 泉はまるで服を透かして、自分の裸体を見られているような気まり悪さをかんじた。　　　　　（赤川次郎「セーラー服と機関銃」）

(37) 「犯人はあらかじめ被害者を縛って自由を奪っているのだから〜。殺したのは顔を見られたためにやったのだろう。」
　　　　　　　　　　　　　　　　　　　　（鮎川哲也「相似の部屋」）

などが、これである。受身のガ格とヲ格名詞で表されているものとの間には、分離不可能な全体・部分の関係にある。また、［泉ガ裸体ヲ見ラレタ］コトが［泉ガ見ラレタ］コトを含意しているように、部分への働きかけは、全体への働きかけでもある。もっとも、［泉ガ裸体ヲ見ラレタ］コトと［泉ガ見ラレタ］コトとの関係は、［謙二ガ頭ヲ殴ラレタ］コトと［謙二ガ殴ラレタ］コトとの関係より、差が大きいだろうと思われる。

「知ル」のタイプが、認識的な認知であるのに対して、「見ル」の方は、感覚的な認知である、といった違いはあるものの、やはり、ものの存在が認知されることを表している、といった点において、「見ル」によって形成されている〈持ち主の受身〉も、存在に関する〈持ち主の受身〉として、「知ル」のそれとともに一類化できよう。

また、認知が感覚的であることによって、外に現れた様子が対象になることにおいて、「見ル」によって形成された存在の認知に関する〈持ち主の受身〉は、状況のヲ格を持つ〈持ち主の受身〉に近付いていく。

(38) 桜井が姿を消して一週間である。………。まず、桜井が失踪した夜は、塩木といっしょの姿を北村に見られている。
　　　　　　　　　　　　　　　　　　　　（結城昌治「裏切りの夜」）

(39) 〜、塩木の立場が危なくなった。北村に、桜井といっしょのところを見られたのが致命的なミスだった。　（結城昌治「裏切りの夜」）

を較べて見よう。(38)は、ガ格とヲ格との関係が、分離不可能な全体・部分の関係にあることによって、〈存在の認知に関する持ち主の受身〉を形成しており、それに対して、(39)は、ヲ格が、受身のガ格名詞の引き起こし

た事態を表している点において、〈状況のヲ格を持つ持ち主の受身〉を形成している。ただ、両者の表している意味は、近似しており、「見ル」によって形成された〈存在の認知に関する持ち主の受身〉が、〈状況のヲ格を持つ持ち主の受身〉に繋がっていくことが観察されよう。

2.2.2.(3) その他のもの

　等質性に欠け雑多なところを有する〈部分・側面の持ち主による持ち主の受身〉のうち、さらに雑多な性格を持つのが、ここで触れようとしている〈その他の持ち主の受身〉である。受身文全体が表す意味的なあり方の点においても、受身を形成する動詞の点からも、これらは、明確な等質性を有していない。ただ、〈持ち主の受身〉としての特性は、その雑多な性格にも拘わらず保たれている。実例を少しく挙げておく。

(40) そう考えだすと、周囲をスパイで取巻かれ、自分までが監視されているような気がしてきた。　　　　　　　　（結城昌治「風の報酬」）

(41) (私は)家に居る時も、庭に雀が来たと思うと、すぐに机の前から立ち上がったが、いつも期待を裏切られた。
　　　　　　　　　　　　　　　　　　　　　　　（井上靖「セキセイインコ」）

(42) 「彼女のために、先祖から伝わる財産を失い、純情の愛人を自殺させ、地位も名誉も傷つけられて、拳銃自殺をとげた憐れな兄の、最後の恨みを晴らそうと、〜」　　　（高木彬光「妖婦の宿」）

(43) 〜、そのチップを狙って高田氏に接近せんと努めていた坂崎は、その弱点を利用され、殺人者に転落した。
　　　　　　　　　　　　　　　　　　　　　　　（小林久三「海軍某重大事件」）

(44) 石上は〜、思いきって切り出してみた。〜。しかし、遠回しの言葉も、恋する女の直感で彼の本心を簡単に見ぬかれてしまった。
　　　　　　　　　　　　　　　　　　　　　　　（斎藤栄「江の島悲歌」）

などが、これである。これらは、いずれも、受身文のガ格によって表されている全体と、ヲ格名詞によって表されている部分・側面との間には、分離不可能な関係を有している。また、部分・側面への働きかけが全体への働きかけを含意してはいるものの、［自分ガ周囲ヲスパイデ取巻カレル＝自分ガスパイデ取巻カレル］のように、等価的な関係にあるものは、むしろ稀であ

る。(43)を例に取れば、[坂崎ガ弱点ヲ利用サレル]コトは、[坂崎ガ利用サレル]コトを含意しているものの、働きかけを直接的に受ける部分・側面を含む前者は、部分・側面を含まない後者の一部にすぎない。言い換えれば、このタイプには、部分・側面が埋まらないと、受身文の表している意味が情報的に正確には確定しない、といった関係にあるものが、むしろ多い、と言えよう。たとえば、「本心を見ぬかれてしまった。」と「彼がこのマンションを仕事部屋にしてから半年になるのだが、〜、マンション中の人々から正体を見ぬかれてしまった。(「相似の部屋」)」とでは、「彼ガ見ヌカレタ」ことには変わりないのだが、全体的な意味においてかなり異なっているだろう。

2.2.3　状況のヲ格を持つ〈持ち主の受身〉

〈持ち主の受身〉の下位的タイプの最後として、状況のヲ格を持つ〈持ち主の受身〉を簡単に見ておく。

日本語には、同一の単文内において、対象を表すヲ格が重なって現れることがない。ただし、対象のヲ格と状況のヲ格であれば、数は多くないものの、同一単文中で、併存しないわけではない。たとえば、

　　　(45)　彼ハ激シイ雨ノ中ヲ車ヲ神戸ニ向ケテ走ラセタ。

のような例が、これである。(45)のような能動文の場合、まさに、状況のヲ格は、事態・出来事が生じた(生じている)外的背景・外的状況である。たとえば、「彼ハ激シイ雨ノ中デ車ヲ神戸ニ向ケテ走ラセタ。」や「彼ガ車ヲ神戸ニ向ケテ走ラセタノハ激シイ雨ノ中デダ。」とでも言い換えられるものである。

それに対して、このタイプの〈持ち主の受身〉における状況は、それと少しばかり異なっている。事態とは別個に存在していて、それを外側から包み込む外的背景といったものではない。事態の行われた背景・状況という点では、両者は同じような性格を有するものの、状況のヲ格を持つ〈持ち主の受身〉における状況とは、事態の外側に別個に存在するようなものではない。事態成立の構成要素である働きかけられる対象の存在のありようが、結局は、事態がどのような状況・背景のもとで行われたかを表すことになっているものである。これを、外的状況に対して、内的状況と仮に呼んでおこう。「男ガ門ヲ出ヨウトシタ時、男ヲ後カラ銃デ撃ッタ。」の下線部のようなもの

が、これである。この内的状況も、「(男ガ)門ヲ出ヨウトシタトコロヲ後カラ銃デ撃ッタ。」のように、状況のヲ格でもって表現できる。当然、対象をヲ格に据えた「男ヲ後カラ銃デ撃ッタ。」といった表現も成り立つ。ただ、外的状況の場合と異なって、「??門ヲ出ヨウトシタトコロヲ 男ヲ後カラ銃デ撃ッタ。」のように、一つの文の中で、重ねて出現させることには、かなり無理がある。以下に述べる状況のヲ格を持つ〈持ち主の受身〉とは、文が受身化することによって、対象のヲ格が、受身文のガ格に取り出されることによって、内的状況のヲ格が文中に併存しうるようになったものである。

たとえば、

(46) 「〜。彼は三、四日前から、部屋をあけていたはずなんだ。」
「〜。だから、昨日戻ったところを 殺された、ということになりますかね。」
(結城昌治「裏切りの夜」)

(47) 「〜。このイエバエは、焼津の養蜂研究所の近くのお花畑を翔んでいるところを、ジガバチに刺されたのです。」
(森村誠一「神風の殉愛」)

(48) 彼はヒサの財布を奪い、再び駅に向かったが、引返すのを駅員に見られそうなので、車の通る街道まで歩いてタクシーを拾い、新宿に出た。
(松本清張「新開地の事件」)

(49) 〜、宇宙は有限か、無限か、といきなりきかれ、私は うとうとしていたのをちょっとこづかれた感じだった。
(尾崎一雄「虫のいろいろ」)

(50) そこまでは気がつかなかった。大崎は 一寸の隙をグサリと突かれたようにおもった。二人の刑事は大崎の反応を確かめるように視線をこらしている。
(森村誠一「神風の殉愛」)

などのようなものが、この状況のヲ格を持つ〈持ち主の受身〉である。状況のヲ格は、「〜{スル／シタ／シテイル} トコロヲ」のように、「トコロ」を伴う形が多いが、「〜{スル／シタ} ノヲ」のように、「ノ」を伴って表されることもある。また、(50)のように、節的存在ではなく、名詞で表されることがないわけではない。受身文のガ格と状況のヲ格には、状況のヲ格で表されている事態・出来事が、ガ格によって表されている存在によって引き起こされたものである、ということにおいて、分離不可能な全体・部分(側面)

の関係にある。その意味で、このタイプの受身にあっても、受身文ガ格は、ヲ格で表される事態の分離不可能な持ち主である、ということになる。

　また、[イエバエハ翔ンデイルトコロヲジガバチニ刺サレタ]コトは、[イエバエハジガバチニ刺サレタ]コトを表しているように、受身文の表している意味が、ヲ格を欠いても、含意されてはいるものの、含意のされ方が、少しばかり、今までの〈持ち主の受身〉とは、異なっている。既述の〈持ち主の受身〉は、対象への直接的な働きかけを通して、その分離不可能な持ち主たる全体が働きかけを受ける、といったものであった。それに対して、この状況のヲ格を持つ〈持ち主の受身〉では、ヲ格が状況であることによって、動詞の働きかけが、ヲ格を対象としているわけではない、ヲ格を目指しているわけではない。受身文のガ格に来ている存在が、働きかけの直接的な対象になっている、といった方が実状にふさわしい。その意味で、受身文のガ格が直接的な働きかけを被っているこのタイプは、極めて〈まともの受身〉に近いところに位置すると言えよう。

　こういったものを、〈まともの受身〉から離して、あえて、〈持ち主の受身〉の一類にしたのは、併存しえなかった状況のヲ格が現れうる、というように、受身化にともなって、存在する構成要素が一項増えていることや、ガ格とヲ格との間に分離不可能な所有関係がみられる、といったことによっている。

　また、外的状況と内的状況は、同一受身文中に併存することによっても、その質的異なりが確かめられよう。たとえば、「彼ハ<u>激シイ雨ノ中デ</u>　<u>家ニ戻ッタトコロヲ</u>殴リ殺サレタ。」のような文が成り立たないわけではない。「激シイ雨ノ中デ」が外的状況であり、「家ニ戻ッタトコロヲ」が内的状況である。

3. まともの受身・第三者の受身・持ち主の受身の相互関係

　従来、〈持ち主の受身〉は、さほど分明に規定・特徴付けられることがなかった。しかし、以上述べてきたところによって、〈持ち主の受身〉の特性がかなり明らかになったものと思われる。

　〈まともの受身〉〈第三者の受身〉〈持ち主の受身〉の三つのタイプの受身

は、それらが有している特性の点において、似かよりと異なりを分有しながら、次のような相互関係にある。〈まともの受身〉は、能動文と共演成分の数を同じくし、そのガ格は、能動文の動詞の表す動きや影響や関係を直接的に被っていた。それに対して、〈第三者の受身〉は、要求する必須構成要素の数を、もとになる文の動詞の要求する共演成分に較べて一つ増やし、受身文のガ格は、もとの動詞の表す動きから間接的な働きかけや作用しか被っていない。ところが、〈持ち主の受身〉では、それが要求する必須構成要素において、もとの文の動詞の要求する共演成分に対して、その数を一つ増やしている。しかしながら、〈持ち主の受身文〉のガ格は、もとの動詞の表す動きから直接的な働きかけや作用を被っている。

　本章で言う〈持ち主の受身〉が、以上のように規定づけられ・特性づけられ、〈まともの受身〉〈第三者の受身〉からそれぞれ区別されるようなものであることによって、鈴木重幸1972や高橋太郎1977・1988に、〈持ち主の受身〉として挙げられている「太郎がスリにさいふをすられた。」の類いの文や、「ぼくはだいじなもけい飛行機を弟にこわされてしまった。」のような文は、〈持ち主の受身〉ではないことになる。「太郎がスリにさいふをすられた。」の文は、「スル」自体が、［人$_1$ ガ、物ヲ、人$_2$ カラ］といった三項を共演成分として要求する三項述語であることによって、非ガ格の共演成分をガ格に転換したところの〈まともの受身〉である（ただ、それが、このタイプの動詞の意味的なあり方からして、「人$_2$」が「物」の所有者になる）。「ぼくはだいじなもけい飛行機を弟にこわされてしまった。」の文は、「ぼくは弟にこわされてしまった。」を含意しないことによって、「広志は花瓶を洋平に割られた。」や「私は警官に息子を殴られた。」（これらも、同様に［広志ガ洋平ニ割ラレタ］や［私ガ警官ニ殴ラレタ］を含意しない）と同じく、［僕ガ［弟ガ（僕ノ）大事ナ模型飛行機ヲ壊ス］コトヲ被ル］コト、［私ガ［警官ガ（私ノ）息子ヲ殴ル］コトヲ被ル］コトと、概略、意味表記できるところの〈第三者の受身〉である。

　既に述べたところから明らかなように、〈持ち主の受身〉は、〈まともの受身〉と〈第三者の受身〉の間に位置する存在であった。必要とする必須構成要素の数がもとの文に対して一つ増えることにおいて、〈第三者の受身〉に繋がっており、そのガ格がもとの動詞の表す動きから直接的に働きかけや作

用を被っていることによって、〈まともの受身〉に繋がっている。もっとも、〈持ち主の受身〉が〈まともの受身〉と〈第三者の受身〉の間に位置するといっても、その総てが、必ずしも、ちょうどその中間に位置することを意味しているわけではない。代表的な〈持ち主の受身〉の例である接触動詞によるそれは、必須構成要素の数を一つ増やしているといっても、それが、もとの動詞にあっても、意味的には既に必要とされていたものであることによって、スケールの中間より、〈まともの受身〉に近付いたところに位置している。また、「彼は先生に子供を叱られた。」「僕は皆から絵をほめられた。」のように、持ち主の「彼」「僕」と所有物である「子供」「絵」とが分離可能な関係にあり、基本的には〈第三者の受身〉に属すると思われるものの中にも、運用論(pragmatics)的条件によって、［彼ガ先生ニ叱ラレタ］［僕ガ皆カラホメラレタ］を含意しやすいものが存在する。この種の受身文は、〈第三者の受身〉の中では、最も〈持ち主の受身〉に近い所に位置する存在であろう。

　〈持ち主の受身〉は、その下位的タイプの異なりに応じて、典型的な〈まともの受身〉と典型的な〈第三者の受身〉をその両端とするスケールの中に、自らの位置を有することになる。

注
1　過程の命令・過程の意志についての詳細は、仁田義雄(1991)『日本語のモダリティと人称』を参照されたい。

参考文献
村木新次郎 1989　「ヴォイス」『講座日本語と日本語教育 4』(明治書院)所収
村上三寿 1986　「うけみ構造の文」『ことばの科学 1』(むぎ書房)所収
仁田義雄 1991　「ヴォイス的表現と自己制御性」『日本語のヴォイスと他動性』(くろしお出版)所収
奥津敬一郎 1982　「ラジオ・テレビニュースの受身文」『日本語談話構造の研究』(昭和56年度放送文化基金研究中間報告)
柴谷方良 1982　「ヴォイス―日本語・英語」『講座日本語学 10』』(明治書院)所収
鈴木重幸 1972　『日本語文法・形態論』むぎ書房

鈴木重幸 1980 「動詞の「たちば」をめぐって」『教育国語』60 号
高橋太郎 1977 「たちば (voice) のとらえかたについて」『教育国語』51 号
高橋太郎 1988 「動詞　その (6)」『教育国語』93 号
寺村秀夫 1982 『日本語のシンタクスと意味Ⅰ』くろしお出版
I.Howard ＋ N.Howard1976　'Passivization' *Japanese Generative Grammar.*　Academic Press
M.Sibatani1985　'Passive and Related Construction' *Language.* Vol.61,No.4

（初出、「持ち主の受身をめぐって」『藤森ことばの論集』清文堂出版、1992）

第 8 章　内容の受身

0. はじめに

　本章の目的は、筆者が〈内容の受身〉と仮称するものについて、その特徴、それを受身の特殊なタイプとして取り出す理由・根拠、その取り出しによって提起される問題などについて、その大概を述べることにある。

1. 受身のタイプ

　〈内容の受身〉について述べる前に、まず、日本語の受身には、どういったタイプの受身が設定でき、内容の受身は、それらとどのような相互関係にあるのか、といったことについて、極々簡単に触れておく。受身の下位的タイプとしては、いくぶん連続する層を有しながらも、〈まともの受身（直接受身）〉と〈持ち主の受身〉と〈第三者の受身（間接受身）〉といった三つのタイプを、設定することができよう。

　〈まともの受身〉とは、能動文中に存在している非ガ格の共演成分[1]をガ格に転換し、それに従って、ガ格の共演成分をガ格から外した受身である、と概略規定できる。たとえば、

　　（１）　洋平ガ広志ニ叱ラレタ。←→（1'）　広志ガ洋平ヲ叱ッタ。
　　（２）　車ガ海カラ引キ上ゲラレタ。←→（2'）　警察ガ車ヲ海カラ引キ上ゲタ。

の(1)(2)が、まともの受身の文である。

　それに対して、〈第三者の受身〉とは、もとの動詞の表す動きや状態の成立に参画する共演成分としては含みようのない第三者をガ格に据えた受身で

ある、と概略規定できる。たとえば、

　　　（3）　僕ハ雨ニ降ラレタ。←　（3'）　雨ガ降ッタ。
　　　（4）　私ハ警官ニ息子ヲ殴ラレタ。←　（4'）　警官ガ息子ヲ殴ッタ。

の（3）（4）が、第三者の受身の文である。

　さらに、筆者の言う〈持ち主の受身〉の典型は、概略次のように規定できる。もとの文のヲ格やニ格（これは稀）の共演成分の持ち主を表す名詞をガ格に取り出し、それに従って、ガ格の共演成分をガ格から外したものである。たとえば、

　　　（5）　憲二ハ頭ヲ広志ニ殴ラレタ。←→　（5'）　広志ガ憲二ノ頭ヲ殴ッタ。
　　　（6）　電車ノ中デ僕ハ隣リノ客ニ肩ニ寄リ掛カラレタ。←→　（6'）　電車ノ中デ隣リノ客ガ僕ノ肩ニ寄リ掛カッタ。

の（5）（6）などが、持ち主の受身の典型的な例である。持ち主の受身では、〔憲二ガ頭ヲ広志ニ殴ラレタ〕コトが、〔憲二ガ広志ニ殴ラレタ〕コトを意味するという含意関係が存在する。

　本章で考察の対象とする〈内容の受身〉は、まともの受身に属する特殊なものである。

2. 内容の受身の設定

2.1　内容の受身とは

　まず、内容の受身について、簡単に説明する。内容の受身は、既に触れたように、まともの受身に属している。〈内容の受身〉とは、たとえば、

　　　（7）　(Xガ)梅雨明ケガ早マルト予想シテイル。

　　　（7'）　梅雨明ケガ早マルト(φニ)予想サレテイル。

の（7'）のようなものである。（7）（7'）から分かるように、〈内容の受身〉とは、受身化にともなって、能動文中に存在しているガ格の共演成分の非ガ格成分

化（通常、このタイプでは、能動文のガ格は受身化によって省略される）は生じてはいるものの、能動文でト格で表示されていた文的対象がそのままト格として残り、能動文における非ガ格の共演成分のガ格成分化が起こっていない受身である（内容の受身といった用語は、既に鈴木重幸1972にあるものの、その内包と外延においてかなり異なっている）。

　以下、内容の受身の実例を少しばかり挙げておく。

（８）　北村は熱海の名士の一人である。〜。女道楽は自他ともに認めており、<u>熱海のめぼしい芸者で、この男と寝たことのない者はないと言われている</u>。　　　　　　　　　　　（川辺豊三「公開捜査林道」）
（９）　そして、<u>早魃(かんばつ)のときにこの竜に祈れば、かならず雨を降らせたと伝えられている</u>。　　　　　　　　　　　　　　（陳舜臣「背負って走れ」）
（10）　家老の息女などが、牛を牽(ひ)いて開墾しているそうだが、<u>寒い淋しい北海道まで行って、そんな荒仕事をするのはおいたわしいと噂されていた</u>。　　　　　　　　　　　　　　　（正宗白鳥「戦災者の悲しみ」）
（11）　<u>"今夜は八月十五夜名月の夜にて候ほどに、若い人々をともない、講堂の庭に出て月を眺めばやと存じ候" と、ワキの台詞にうたいこまれているのだ</u>。　　　　　　　　　　（夏樹静子「水子地蔵の樹影」）
（12）　<u>奈良時代には、食事は天皇以下庶民にいたるまで、一日二回がふつうであったとされている</u>。　　　　　　　　（直木孝次郎「古代国家の成立」）

などが、本章で言う内容の受身である。

　内容の受身を形成する動詞は、文を対象格に取るところの〈引用動詞〉とでも仮称できるタイプの動詞である。引用動詞の中には、「思ウ、考エル、疑ウ」などの内言系の〈思考・認知動詞〉と、「言ウ、伝エル、語ル」などの外言系の〈伝達・発話動詞〉とがある。内容の受身の中心は、そのうち外言系の伝達・発話動詞である。実例の（８）から（11）は、いずれも、伝達・発話動詞として使われたものである。思考・認知動詞は、内容の受身にも関わるものの、いわゆる〈自発〉（筆者はこれを〈自発的受身〉と仮称する。自発的受身における内容の受身としての用法は、後に極簡単に触れることにする）の方により深い関係を有している。内容の受身と自発的受身との重なりがここに存する。

　もっとも、伝達・発話動詞が常に内容の受身を作るわけではない。「特派

員ガ戦争ノ終結ヲ伝エタ←→特派員ニヨッテ戦争ノ終結ガ伝エラレタ」や「特派員ガ戦争ガ終結シタコトヲ伝エタ←→特派員ニヨッテ戦争ガ終結シタコトガ伝エラレタ」のように、能動がヲ格成分を有しておれば、当然のことながら、まともの受身が形成される。

2.2 内容の受身の取り出し

　まともの受身に対して、第三者の受身や持ち主の受身は、成分が新たに一つ加わるとか、間接的な連体成分が直接的な成分に変わるとかいったふうに、文の構造そのものを変化させる成分の数の変動といった点を中心に取り出されていた。それに対して、まともの受身の特殊なものとしての内容の受身の取り出しは、そのような成分の数の変動によるものではない。共演成分の表層の表現形式への実現のされ方の異なりによるものである。通例のまともの受身とその特殊タイプである内容の受身とでは、通例のまともの受身が、能動文中に存している非ガ格成分のガ格成分化と、能動文でのガ格成分の非ガ格成分化との双方を有していたのに対して、内容の受身では、能動文でのガ格成分の非ガ格成分化が起こってはいるものの、能動文に存する非ガ格成分のガ格成分化は生じていない、といったふうに、共演成分の表層の表現形式への実現のされ方が異なっている。

　構造的には同一であるにも拘わらず、共演成分の表層の表現形式への実現のされ方を捉えて、通例のまともの受身から内容の受身を取り出すのは、以下のようなことに拠っている。

　文にとって、ガ格成分は、他の格成分が存しなくとも存在するのが、原則である[2]。他の格成分は、通常まずもってガ格成分の存在を前提にして存在している。つまり、述語が名詞を一つだけ要求する時、その名詞はガ格で表示される。ヲ格やニ格成分が文中に出現する時は、既に文中にガ格が存在している。このような、格成分の文への出現順位といったことからすれば、文中にガ格成分が存しなくとも文が成立している内容の受身は、注目に値する。

　能動でのガ格成分の非ガ格化は〈降格〉と呼ばれ、能動での非ガ格成分のガ格化は〈昇格〉と呼ばれることがある。物・事名詞を能動のヲ格に取る文の受身化の中には、「別館一棟だけがキレイに焼け落ちてしまったが、焼け

た中に一人の男の死体が発見された。(坂口安吾「能面の秘密」)」のように、昇格の現象は存在しているが、出現させえないわけではないのに、降格された成分を伴わない受身が少なくない。しかしながら、日本語には、内容の受身のような昇格現象の不可能な受身も存在する。受身化を動機づける機能を降格・昇格との関連で考えるにあたっては、昇格の不可能な内容の受身の存在は、無視できないであろう。

3. 内容の受身の特性

3.1 引用内容のあり方

　内容の受身は、格成分の文への出現順位や降格・昇格といったこととの関わりにおいて、特異な位置を占める受身であった。ここで、少しばかり内容の受身の特性について見ておこう。まず、ト格のまま残る成分について簡単に触れておく。内容の受身は、引用動詞によって形成されていることによって、それが、伝達・発話動詞である場合、当然のことながら、〈発話・伝達のモダリティ〉までを顕現させて現れうる。

　　(13)　老いては子に従えといわれるが、子に逆らわないのは、本当はそれがいちばん楽だからである。　　　(河盛好蔵「親とつき合う法」)

などは、その実例である。

　また、受身化しても、ト格のまま残るのは引用内容であるから、必ずしも、それが、一文であるとは限らない。引用内容のあり方に応じて、二つ以上の文であることが起こりうる。

　　(14)　「性能や構造について、何か分かってませんか？」
　　　　　「～。何でも、ブロンド美人の毛を束ねてつくった湿度計があって、ガスが濃くなると湿度で毛がのびて、それが炭酸ガスを通した銅管の弁をあけ、ピストンをおし出して鐘をならす。ガスが晴れれば自然に鳴りやむ……といった古風な装置だったとつたえられています。」

　　　　　　　　　　　　　　　　　　　　　　　(中薗英助「霧鐘」)

などは、能動文での引用内容のあり方を受けて、受身化しても、複数の文がト格の作用域にある成分として存在している例である。こういった現象も、

内容の受身の特異性をよく物語っているだろう。
　また、引用内容は、意味的には独立語文をも含めて文的存在ではあるが、表現形式や統語関係の上で必ずしも文的存在として立ち現れるとは限らない。
　（15）　背面一杯に
　　　　　　高祖承陽大師
　　　　　　南無大恩教主釈迦牟尼仏
　　　　　　大祖常済大師
　　　　というふうに住持の手で三行に墨書されていた。
　　　　　　　　　　　　　　　　　　　　（藤枝静男「私々小説」）
などがそうである。内容の受身の引用内容部分が、表現形式や統語関係のあり方の点においては、下線部のように副詞的な成分の資格で実現している。
　内容の受身は、引用動詞が、能動において、「文＋ト」や副詞的成分を共演成分として取り、そのことによって、受身化において昇格化（非ガ格成分のガ格成分化）が不可能になったものである。

3.2　語的対象を取りながらガ格化を伴わない受身

　上掲の副詞的成分は、やはり、意味的には、引用内容であり、したがって、文的存在であった。引用動詞は、対象格として語と文の双方を取りえた。文的対象がヴォイス的転換の適用対象になった時、「Ｓト」といった成分が、受身文の表現形式の上にそのまま残り、能動文でのガ格成分の非ガ格成分化が起こりはするものの、能動文の非ガ格成分の受身文でのガ格化成分（昇格化）が存しない、といった内容の受身が生じることになる。それに対して、語的対象を取れば、その語的対象は、受身ではガ格で表示されることになり、通例のまともの受身に過ぎないものになる。たとえば、［N₁ガＳト伝エタ］のように、文的対象を持つものを受身化すれば、「コノ竜ニ祈レバ、必ズ雨ヲ降ラセタト伝エラレテイタ。」のように、内容の受身になるが、［N₁ガ N₂ ヲ伝エタ］のように、語的対象を持つものを受身化すれば、「アル伝説ガ伝エラレテイタ。」のように、普通は通例のまともの受身を形成する。ところが、次のような例は、引用動詞が、文的対象ではなく、語的対象を取っている場合であるにも拘わらず、受身文はガ格成分を伴わないものになって

いる。
　（16）　約百人の教官が出席したこの会議、二時間近くにわたって「二分の遅れ」について議論されたが、結局、卒業は認めないことで決着した。　　　　　　　　　　　　　　（毎日新聞、1985, 3, 20、朝）
これは、「教官達ガ二分ノ遅レニツイテ議論シタ。」といった能動文を、受身化したものである。この能動文は、「教官達ガ二分ノ遅レヲ議論シタ。」とも表現できるものであり、これらの能動文は、ともに、「二分ノ遅レガ議論サレタ。」と、ガ格化を伴った通常のまともの受身としても表しうるものである。それを、「Nニツイテ」の形式を受身文でもそのまま残すことで、ガ格成分の生じない受身文にしたものが、この(16)である。

3.3　伝達相手の不在化

　既に、内容の受身の中心は、伝達・発話動詞であると述べた。ここで少しそのことに注釈を付け加えておく。通常、伝達・発話動詞は、$[N_1 ガ、\{S ト／N_2 ヲ\}、N_3 ニ]$ といった三項を有する格体制を取る動詞であるが、「N_3 ニ」として実現される伝達相手が問題にならない使われ方をすることがある。内容の受身を形成するのは、この「N_3 ニ」が、通常、不特定多数者であることによって、その存在が問題にならなくなった場合や、外言系の引用動詞でありながら、もともと伝達相手の存在の希薄な動詞である（当然問題にしているのは、「Nヲ」でなく「Sト」を取っている場合である）。これらは、そのことによって、表層への実現のされ方の交替現象の対象になる共演成分が、「Nガ」と「Sト」の二項になることになる。前者の例が、例文(8)の「言ウ」や(9)「伝エル」であり、後者には、例文(10)の「噂スル」、(11)の「歌イ込ム」などが含まれる。したがって、これらは、表層への実現のされ方の交替現象の対象になる共演成分が二項であることによって、受身化しながら、能動文でのガ格成分の非ガ格成分化が、生じはするものの、非ガ格成分たる「Sト」が、ガ格成分化することなく、「Sト」のまま残ることになり、本章で言う内容の受身を形成してしまうことになる。
　ところが、$[N_1 ガ、S ト、N_2 ニ]$ といった三項動詞のままであれば、受身化で、「N_1 ガ」がガ格から非ガ格へ転換し、「Sト」がそのまま残っているとしても、「N_1 ガ」と「N_2 ニ」との間で、ヴォイス的転換が起こり、「N_2

ニ」が受身文でガ格化することが可能になってしまう。この場合、能動文でのガ格成分の非ガ格成分化とともに、非ガ格成分のガ格成分化も生じていることになる。したがって、それは、能動文の非ガ格成分のガ格化を伴わない内容の受身ではない。もはや、普通のまともの受身に過ぎないものである。たとえば、

 (17) 〜、納骨に行こうとしたとき、〜住職から「お骨は誰のでも預かりますが、お血脈をよそのお寺からいただいた人の菩提寺となることはできません」と拒絶されたのである。(藤枝静男「私々小説」)

のような例は、受身文でのガ格の表層での不在にも拘わらず、ガ格(昇格)化を伴っていない内容の受身として理解されることはない。さらに、

 (18) われわれは、子供から「パパ肩をもんでやろうか」といわれても、あとがこわいからすぐ断ることにしている。
             (河盛好蔵「親とつき合う法」)

のように、受身文でのガ格が顕在するものでは、当然、内容の受身として了解されることはない。

 以上述べたことから分かるように、内容の受身の構成要件の一つは、伝達相手の不在によって、交替現象の対象たる共演成分が、「Nガ」と「Sト」に二項化することである。

 ここで、外形的には本章の内容の受身によく似てくるタイプを瞥見しておく。「彼等ハ松島・天ノ橋立・宮島ヲ日本三景ト{称シテイル／言ッテイル／呼ンダ}」や「当時人々ハ画家ヨリ彫刻家ヲ低ク見タ」のように、対象に対する広義の一致認定作用を表す動詞がある。このタイプ動詞では、[XガAヲB{ト／トシテ}Vスル←→AガB{ト／トシテ}Vサレル]のように、受身化が行われる。その結果、一致認定の動詞のヲ格をガ格に引き上げた受身なのか、本章で言う内容の受身なのかの別が、定かでなくなる場合が生じてくる。たとえば、

 (19) 孔雀は鳥類の王だと言われていますけれど、あの羽はなんと嫌味なんでしょうね。   (秋田雨雀「白鳥の国」)

のようなものが、その例である。(19)は、「(Xガ)孔雀ヲ鳥類ノ王ダト言ウ」から受身化された通例のまともの受身か、それとも、「(Xガ)孔雀ガ鳥類ノ

王ダト言ウ」から受身化された内容の受身かを決めかねる例である。受身のタイプに対する解釈のゆれは、内容の受身といえども、昇格化は生じてはいないものの、構成要素たる文中に存在するガ格が文全体のガ格として捉えられることによって、文としての安定性が高まることによろう。

3.4　仕手のあり方

　次に、仕手のあり方について考えてみよう。今まで挙げた内容の受身の実例では、いずれも、能動文のガ格である仕手は、受身化にともなって、非ガ格化するとともに、省略されていた。その点で、内容の受身も、仕手を不問に付す受身に属するものと思われる。

　しかし、典型的な仕手は、表現形式の上に顕在化しないものの、典型からずれた仕手については、少し事情が異なる。たとえば、

　　（20）　フランスのシナ学者グラネーによると古代シナでは、かえって左手が尚ばれたというし、現在でも<u>オーストラリアのウォロウ族では</u>、左利きは幸運とされ、その人は家族の中で価値が一だん高い者として、扱われている。　　　　（祖父江孝男「文化人類学のすすめ」）

などは、「<u>オーストラリアのウォロウ族が左利きを幸運としている。</u>」といった対応する能動文に戻せるものであろう。すると、能動文での仕手が残存していることになる。もっとも、この仕手は、「<u>オーストラリアのウォロウ族では左利きを幸運としている。</u>」とも表せることからも分かるように、〈集団・方向的仕手〉[3]といったものである。〈集団・方向的仕手〉は、場所性を有していることによって、次に見る〈仕手的場所〉とでも仮称できそうなタイプにつながっていく。

　たとえば、

　　（21）　<u>翌る朝刊の辻の記事では</u>浩之介も今井もそれぞれアリバイが不明確でその裏付け捜査が行われている、ということが伝えられていたが、また、浩之介と奥さんの共犯の線もでていると書かれていた。　　　　　　　　　　　　　　　　（坂口安吾「能面の秘密」）

などの下線部「翌る朝刊の辻の記事では」は、引用内容の〈ありか〉であろうが、「<u>翌る朝刊の辻の記事が</u>浩之介と奥さんの共犯の線もでていると書いていた。」に戻そうと思えば、戻せなくもない文である。その意味で、「翌る

朝刊の辻の記事では」は、全く仕手性がないというわけではない。

　場所性のかなり高い(21)の〈仕手的場所〉のようなものや、仕手性をそれなりに持った(20)の〈集団・方向的仕手〉のようなもののように、場所性を帯びた仕手であれば、受身文の表現形式上に顕在化しないわけではない。

4. 自発的受身における内容の受身

　本章では、まともの受身の特殊なタイプとして〈自発的受身〉を位置づけ取り出す。たとえば、
　　(22)　故郷ノコトガ懐カシク思イ出サレル。
　　(23)　彼ノ見識ガ疑ワレル。
のようなものが、この自発的受身である。典型的な〈自発的受身〉は、次のような特性を有している。[Ⅰ] 自発的受身は、その事態がおのずと生起したものであるといった意味合いを帯びている。次に、[Ⅱ] 能動文のガ格成分は、自発的受身においては、表現形式の上に顕在化しないのが普通である。また、自発的受身において、通常顕在化させられることのない能動文でのガ格は、話し手であるのが普通である。特に、受身動詞がル形である場合は、その傾向は、さらに強い。[Ⅰ] の性質には、自発的受身を形成する動詞が、内言系の思考・認知動詞であり、感情動詞であるといったことが、大きな影響を与えているのであろう。この種の思考・認知動詞や感情動詞の表す動きは、完全には自分の意志で自由に制御することが不可能なものであったり、自己制御できなかったりするものである。

　以下、実例を一二挙げておこう。
　　(24)　しかしいまの話によると、若林たけ子のほうから計画的な意図を
　　　　　秘めて接近してきたことが察せられるのである。
　　　　　　　　　　　　　　　　　　　　　　　　　（鮎川哲也「急行出雲」）
　　(25)　「なにかこうあちらは、人間も品物もがさごそしていまして、そ
　　　　　れがたいそうそっけなく思われました。」　　（幸田文「流れる」）
などが、自発的受身である。自発的受身は、その事態がおのずと生起したものであるといった意味合いを帯びる、という意味的側面において、まともの

受身から取り立てられた。それに対して、内容の受身は、ガ格化が生じない、という共演成分の表層の表現形式への実現のされ方の特異性によって、まともの受身から取り出されたものである。取り出しの基準が異なることによって、自発的受身と内容の受身とは、重なるところを有する。自発的受身を形成する動詞の一つの中心が、「Ｓト」を共演成分として取りうる思考・認知動詞であれば、自発的受身が内容の受身を形成してもなんら不思議はない。たとえば、

　（26）　こんなことなら、店や家をあけるのではなかったと悔やまれた。
　　　　　　　　　　　　　　　　　　　　　　　　　（山村正夫「厄介な荷物」）

は、自発的受身と内容の受身との重なりを示す例である。意味的には自発的受身であり、共演成分の表層の表現形式への実現のされ方の点では内容の受身である、といったものである。

　以上、筆者が内容の受身と仮称し取り出したまともの受身の特殊なタイプについて粗々述べた。

注
1　共演成分とは、動詞が文を形成するにあたって、自らの表す動きや状態や関係を実現・完成するために、必須・選択的に要求される成分である。
2　「僕には彼が来ると分かっていた」のように、文の直接構成成分としてガ格成分を有していないものも皆無ではないが、やはり、このようなものは、極めて例外的な存在である。
3　集団・方向的仕手とは、「我々の方で事の真相を調査しておきます」のような、デ格で表示されうる仕手である。

参考文献
村木新次郎 1989　「ヴォイス」『講座日本語と日本語教育 4』(明治書院) 所収
村上三寿 1986　「うけみ構造の文」『ことばの科学 1』(むぎ書房) 所収
仁田義雄 1991　「ヴォイス的表現と自己制御性」『日本語のヴォイスと他動性』(くろしお出版) 所収
仁田義雄 1992　「持ち主の受身をめぐって」『藤森ことばの論集』(清文堂出版) 所収
奥津敬一郎 1982　「ラジオ・テレビニュースの受身文」『日本語談話構造の研究』(昭和 56

年度放送文化基金研究中間報告）
柴谷方良 1982　「ヴォイス－日本語・英語」『講座日本語学 10』』（明治書院）所収
鈴木重幸 1972　『日本語文法・形態論』むぎ書房
鈴木重幸 1980　「動詞の「たちば」をめぐって」『教育国語』60号
高橋太郎 1977　「たちば（voice）のとらえかたについて」『教育国語』51号
高橋太郎 1988　「動詞　その（6）」『教育国語』93号
寺村秀夫 1982　『日本語のシンタクスと意味Ⅰ』くろしお出版
I. Howard ＋ N. Howard1976　'Passivization' *Japanese Generative Grammar*. Academic Press
M. Sibatani1985　'Passive and Related Construction' *Language*. Vol.61,No.4

　　　　　　　　　（初出、「内容の受身」『日本語の歴史地理構造』明治書院、1997）

第 9 章　自発的受身

1. はじめに

　本章の目的は、従来〈自発〉と呼ばれ考察されてきたものを、受身の一種と位置付け、下位的タイプに分け、各々の特徴について、その概略を考察することにある。一般に自発と呼ばれるものを、本章では、〈自発的受身〉と仮称し、受身の、しかも、〈まともの受身〉の特殊なタイプとして位置付ける。

　したがって、まず、筆者の設定する受身の下位的タイプについて、ごく簡単に見ておく。

　［洋平ガ博ニ叱ラレタ←→博ガ洋平ヲ叱ッタ］のように、能動文中に存在する非ガ格の共演成分[1]をガ格に転換し、それに従って、ガ格の共演成分をガ格から外した受身が、〈まともの受身〉である。それに対して、［僕ハ雨ニ降ラレタ←雨ガ降ッタ］のように、もとの動詞の表す動きなどの成立に参画する共演成分としては含みようのない第三者をガ格に据えた受身が、〈第三者の受身〉である。さらに、［憲二ハ頭ヲ博ニ叩カレタ←→博ガ憲二ノ頭ヲ叩イタ］のように、もとの文のヲ格やニ格（これは稀）の共演成分の持ち主を表す名詞をガ格に取り出し、それに従って、ガ格の共演成分をガ格から外した受身が、〈持ち主の受身〉である。

2. 自発的受身とは

　従来、自発と呼ばれていたものは、その位置付けがさほど分明であったとは言いがたい。本章では、文構造および対応する文の想定が可能なことなど

から、まともの受身の一種として位置付ける。そして、それを〈自発的受身〉と仮称する。

　従来の自発、本章で〈自発的受身〉と呼ぶ文の典型は、
　　（１）　故郷ノコトガ懐カシク思イ出サレル。
　　（２）　彼ノ見識ガ疑ワレル。
のようなものである。この典型的な〈自発的受身〉は、次のような特性を有している。［Ⅰ］〈自発的受身〉は、その事態がおのずから生起したものであるといった意味合いを帯びている。これが、従来、このタイプのものを、〈自発〉と呼んで、〈受身〉とは少し異なった取り扱いをさせた最大の基因であろう。次に、［Ⅱ］能動文のガ格成分は、〈自発的受身〉においては、表現形式の上に顕在化しないのが普通である。また、〈自発的受身〉において、通常顕在化させられることのない能動文でのガ格は、話し手であるのが普通である。特に、受身動詞がル形である場合は、その傾向はさらに強い。［Ⅰ］の性質には、〈自発的受身〉を形成する動詞が、内言系の思考・認知動詞であり、感情動詞であるといったことが、大きな影響を与えているのであろう。この種の思考・認知動詞や感情動詞の表す動きは、完全には自分の意志で自由に制御することが不可能なものであったり、自己制御できなかったりするものである。

　もっとも、こういった［Ⅰ］［Ⅱ］の性質は、典型的な〈自発的受身〉には、そのまま当てはまるが、〈自発的受身〉が典型からずれていくにしたがって、それが有している特性をも変質させていくことになる。

　これらのものを、受身、しかも、まともの受身の一種として扱うのは、次のような理由による。これらに対しては、

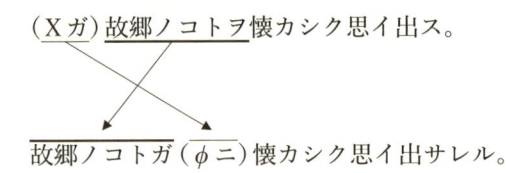

　　　（Xガ）故郷ノコトヲ懐カシク思イ出ス。

　　　故郷ノコトガ（φニ）懐カシク思イ出サレル。

(Xガ)彼ノ見識ヲ疑ウ。

彼ノ見識ガ(φニ)疑ワレル。

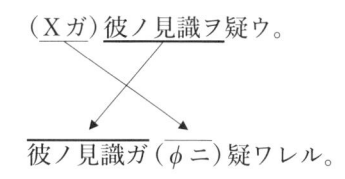

のように、対応する能動文でのガ格成分は、受身文の表現形式には現れていないものの、他のまともの受身と同様に、能動文のガ格が受身文での非ガ格へ、能動文での非ガ格が受身文でのガ格へ、といった表層の表現形式への交替現象が起こっている。もっとも、〈自発的受身〉を形成する動詞の中核の一端が、埋め込み文をも取りうる内言系の思考・認知動詞であることによって、この受身には、能動文での非ガ格が、受身においてガ格化しない例文(6)のようなケースが生じてくる[2]。

以下、少しばかり実例を挙げておこう。

(3) 「もう五月だ。さんざしの花が咲くころだ。」こう思っただけでも涙が落ちて来るのでした。小鳥が鳴いたり、さんざしの花が咲いたりする故郷のことが思い出されるのでした。
(古田絃二郎「壺作りの柿丸」)

(4) 人の一生には、極度に退屈な時がたまにあるもので、幼い頃の思い出に徴しても、児輩の神経はそういう場合に耐えて行く、意外な強靭さを持っていることが考えられる。
(日影丈吉「かむなぎうた」)

(5) しかしいまの話によると、若林たけ子のほうから計画的な意図を秘めて接近してきたことが察せられるのである。
(鮎川哲也「急行出雲」)

(6) こんなことなら、店や家をあけるのではなかったと悔やまれた。
(山村正夫「厄介な荷物」)

(7) 〜竹柱を二本たて、それぞれに竹釘を打った、刀掛けがもうけてあった。いかにも旧藩主の茶室にふさわしく、また代々阿部井氏の、愛刀ぶりがしのばれてくる。　(大河内常平「安房国住広正」)

のようなものが、本章で言う〈自発的受身〉にあたるものの一端である。以下、先に触れた〈自発的受身〉の特性について、もう少し詳しく見ておこう。

3. 副詞的修飾成分と〈自発的受身〉

「事態のおのずからの出来」といった意味合いを有しているのが、〈自発的受身〉であってみれば、〈自発的受身〉が取る副詞的修飾成分には、ある種の制限と傾向が存することになる。「自然ト、オノズト、思ワズ、知ラズ知ラズ、無意識ニ、何トナク」などといった主体の非意図性を表す副詞的修飾成分は、共起するものの、「無理ニ、ワザト、ワザワザ、ムリヤリ、故意ニ」といった主体の意図性を表す副詞的修飾成分は、共起しない。たとえば、(3)を、例に取れば、

(3') 「モウ五月ダ。サンザシノ花ガ咲クコロダ。」コウ思ッタダケデモ涙ガ落チテ来ルノデシタ。小鳥ガ鳴イタリ、サンザシノ花ガ咲イタリスル故郷ノコトガ<u>自然ト</u>思イ出サレルノデシタ。

(3'') 「モウ五月ダ。サンザシノ花ガ咲クコロダ。」コウ思ッタダケデモ涙ガ落チテ来ルノデシタ。*小鳥ガ鳴イタリ、サンザシノ花ガ咲イタリスル故郷ノコトガ<u>ワザワザ</u>思イ出サレルノデシタ。

に示されているように、主体の非意図性を表す副詞類を付け加えた(3')は、適格な文法的な文であるが、主体の意図性を表す副詞類を挿入した(3'')は、逸脱性を有した文になってしまう。

受身化した時に、「事態のおのずからの出来」といった意味合いが出てくることは、能動文であれば、「僕ハ<u>無理ヤリ</u>故郷ノコトヲ思イ出シタ。」のように、意図性を表す副詞類の付加が可能であることからも分かるだろうし、「事態のおのずからの出来」が、〈自発的受身〉の特性であり、受身一般の性質ではないことは、他の受身では、「僕ハ先生ニ<u>故意ニ</u>叩カレタ。」のように、意図性を表す副詞類の付加が可能であることからも分かろう。

4. 自発的受身の二種

4.1 契機的自発性と論理的自発性

既に述べたように、従来〈自発〉と呼ばれ、また本章でも〈自発的受身〉と位置付ける最大の理由は、〈自発的受身〉の特性の第一として挙げたこの表現の持っている「事態がおのずと生起する、自然にそうなる」といった意

味合いであった。したがって、このことについて、少しばかり見ておこう。この「事態がおのずと生起する」といった意味合いの中身・あり方は、〈自発的受身〉を形成する動詞のタイプによって、やはり少しずつ異なってくる。

この「事態がおのずと生起する」の「おのずと」といった意味合いのあり方には、大きく二つのタイプがあるようである（もっとも、両者の差がほとんどないような場合もありそうで、常に截然と分かたれきるとは限らないだろう）。

［Ⅰ］第一のタイプを形成する動詞は、「偲ブ、悔ヤム、気遣ウ、感ジル、懸念スル、心配スル」のような感情動詞を中心にして、「｛恋シク／懐カシク／腹ダタシク／苦々シク｝｛思ウ／思イ出ス｝」のように、全体である種の感情活動を表すものや、「祈ル」などである。これは、〈自発的受身〉として表されている事態の出来が、ある出来事・事態を契機として、それから自動的に引き起こされる、といったものである。これを、〈契機的自発性〉と仮称しておこう。

それに対して、［Ⅱ］第二のタイプを形作る動詞は、「考エル、理解スル、想像スル、予想スル、見ル、解釈スル、推測スル、察スル、感ジル」などの思考・認識的活動を表す動詞として使われたものである。これは、ある事態や状況が判断・思考の前提として存し、その前提からすれば、〈自発的受身〉として表されている思考・認知活動の対象たる内容の成立が、当然であり自然であり、判断・思考内容の成立の当然さ・自然さを通して、そういった内容を引き出した思考・認知活動の出来が、当然であり自然である、といったことを表したものである。これを、〈論理的自発性〉と仮に名付けておこう。

さらに、「感ジル」や「思ウ」は、使い方によって、そのいずれをも形成しうるだろう。

4.2　契機的自発性

まず、〈契機的自発性〉の方から見ていこう。「コノ写真ヲ見テイルト、自然ト学生ダッタアノ頃ガ懐カシク思イ起コサレル。」のようなものが、〈契機的自発性〉の一つの典型であろう。「コノ写真ヲ見テイルト」や「自然ト」といった契機を表す従属節や副詞の存在によって、〈契機的自発性〉の〈自

発的受身〉であることが明確に示されている。もっとも、このような、契機を表す従属節的表現と自然発生を意味する副詞がともに現れるような例は、実例では稀であろう。以下、この〈契機的自発性〉の〈自発的受身〉の実例を、少しばかり挙げることにする。

（8）　その、高麗犬のような顔を見ていると、なぜともなく死んだ父の顔が思い出されてきた。　　　　　　　　　（草野唯雄「トルストイ爺さん」）

（9）　私は、今住んでいる東京の郊外に、あられが淋しい音を立てて落ちてくる頃、ふと、その西岡村の、お祖母さんの生まれた家を思い出すことがあります。すると、それといっしょに小さい時、お母さんから聞いた話が、きっと思い出されてくるのであります。
　　　　　　　　　　　　　　　　　　　　　　　（千葉省三「梅漬の皿」）

（10）　何か大事件が、このホテルで突発するのではないか……
　　　こう思うと、私もなんだか恐ろしい不思議な胸騒ぎが感じられてならないのだ。　　　　　　　　　　　　（高木彬光「妖婦の宿」）

（11）　それらのものが身辺近くあった時には用いなかったくせに、焼失させたと極ると、きゅうに日常欠くべからざるもののように見做された。　　　　　　　　　　　　　　　　（正宗白鳥「戦災者の悲しみ」）

などが、この〈契機的自発性〉の〈自発的受身〉の例である。これらは、いずれも、下線部の「〜スル。スルト、」「〜スルト、」などのような、事態を契機的に後続節に結び付けていく形式を伴い、それらによって表される事態を契機として、それから自動的に自然と引き起こされる事態を表している。(8)などは、契機となる事態と、事態発生の非意図性・自然発生性を表した副詞的修飾成分とが、ともに文の表現形式の上に現れている。自発といえば、この種の〈契機的自発性〉が、すぐ取り挙げられるが、この種の〈契機的自発性〉の〈自発的受身〉は、そう数は多くはない。〈自発的受身〉に属すると思われるものの多数は、むしろ、次に触れる〈論理的自発性〉のタイプのものである。

　既に触れたように、〈契機的自発性〉の〈自発的受身〉を形成する動詞の中心は、感情活動を表す動詞であった。しかし、「案ジル、悔ヤム、感ジル、懸念スル、気遣ウ、偲ブ、心配スル、望ム、羨望スル、期待スル、ハバカル」などを除いて、あまり多くない。感情動詞のかなりの部分が、〈自発的受身〉

を作らないからである。たとえば、

> 諦メル、呆レル、慌テル、イカル、怒ル、恐レル、脅エル、悲シム、我慢スル、嫌ウ、苦シム、困ル、尊敬スル、楽シム、憎ム、ビックリスル、迷ウ、喜ブ、〜

などの感情動詞は、〈自発的受身〉を作らない。「嘆ク、悩ム」なども、やはり〈自発的受身〉を作りがたい動詞であろう。これらは、普通のまともの受身を形成するか、そもそもまともの受身を作らないかのいずれかである。〈自発的受身〉と言えば、〈契機的自発性〉のタイプが、まず取り挙げられるにも拘わらず、その数が多くないのは、上に見たように、〈契機的自発性〉の形成の中心となる感情動詞の、そのかなりの部分が〈自発的受身〉を形成しないことによっている。

以下に、典型的な感情活動からは少しずれたところにあるものの、それに繋がっていく活動を表す動詞として、〈契機的自発性〉の〈自発的受身〉を形成している例を一、二挙げておこう。

(12) そのか弱い子供を妻がおとなしく大切に看取りそだててくれさえすればと、妻の心の和平が絶えず祷(いの)られるのだった。

(嘉村磯多「崖の下」)

(13) 「ほぼ同着ですね。」
　　　「結果の発表が待たれるところですね。」　　（競馬のテレビでの中継）

などのようなものは、やはり、〈契機的自発性〉の〈自発的受身〉の一種であろう。これらは、いずれも、感情的な心的活動に類する、あるいはそれに極めて近似していくものである。

4.3　論理的自発性

次に、〈論理的自発性〉について見ていこう。これらは、前提となる状況・事態が存在したり想定できたりし、その前提からすれば、当の〈自発的受身〉で述べられている思考・認知活動の内容の成立が、当然であり論理的に自然であり、そのことを通して、そういった内容を引き出した思考・認知活動の出来が当然であり自然である、といった意味合いを帯びているものである。以下、実例を少しばかり挙げておこう。

(14) しかしオーストラリアの有袋類からカンガルーばかりでなく

て、狼のようなものや熊のようなものや鼠のようなものまでが新成されたことを考えると、種の形成の背後にはさらに一つの階級の、あるいは生物の全体社会の進化を方向づけている、階級のあるいは全体社会の自己完結性といったものが考えられるであろう。 　　　　　　　　　　　　　　　　　（今西錦二「生物の世界」）

(15) 約束どおり電話は夕食どきにかかって来た。思いなしかいささか沈んだ声であったので話の中味ははなから予想された。
　　　　　　　　　　　　　　　　（山村直樹＋中町信「旅行けば」）

(16) 司法解剖の結果、凶行時刻は十七日午後十一時から十八日午前一時までの間と推定された。　　　　（川辺豊三「公開捜査林道」）

(17) わめきたてられている相手は背こそ高いがほっそりとした顔の蒼白い若い男で、その肩まで伸びた長髪の黒さからみても、顔つきからみても、あきらかに東洋人らしかった。それも、おれのカンでは、どうも日本人くさく感じられた。
　　　　　　　　　　　　　　　　（生島治郎「彼等地の塩とならず」）

などが、この〈論理的自発性〉の〈自発的受身〉の実例の一端である。これらの例においては、「〜ヲ考エルト」「〜シタノデ」「〜カラミテ」のように、いずれも、判断や思考の前提・根拠として存在・想定された事態や状況を表しており、〈自発的受身〉に表されている思考・認知活動の対象たる内容が、その前提・根拠から論理的に当然ないしは妥当で自然なものとして、引き出される、といった意味合いを帯びている。

〈契機的自発性〉と〈論理的自発性〉は、繋がり連続する部分を有しながらも、全同ではない。論理的な自発性は、思考・認知活動の対象たる内容の成立が、前提から論理的に当然・自然なものであるといったことにおいて、そういった内容を引き出した思考・認知活動といった事態の出来が、論理的に当然・自然なものである、ということであって、〈契機的自発性〉と異なって、必ずしも、事態の成立に主体性がまったく関与しえないことを意味しはしない。たとえば、

(18) しかし被害者の膣内に犯人の体液が残っていない。用心深い犯人はコンドームを用いたものと考えられた。
　　　　　　　　　　　　　　　　（川辺豊三「公開捜査林道」）

などでは、下線部の事実を根拠にして、判断内容が引き出されているのである。根拠とされている事態から判断内容の引き出しは、論理的に当然であり妥当で自然なものであるにしても、その判断内容の引き出しには、主体的な推論作用が関与している。根拠とそこから引き出される判断・思考内容の論理的な妥当性・自然さを表すことによって、引き出すといった働きの妥当性・自然さを表したものが、この〈論理的自発性〉である。その意味で、この種の〈論理的自発性〉の中には、(18)のように、主体性が少なからず存しているものがある。この点は、事態の出来が、ひたすらある契機によって自動的に引き起こされることを意味する〈契機的自発性〉と異なっている。

　思考・認知活動の対象たる内容の成立が、前提・根拠から論理的に当然ないしは妥当で自然であることを表すことは、そういった内容を引き出すことが可能である、といったことに繋がり、したがって、〈論理的自発性〉は、可能の表現に繋がり連続していく。また、「<u>用心深い犯人はコンドームを用いたものと考えられた</u>」のように、共演成分の表層の表現形式への実現のされ方という点では、〈内容の受身〉でもありうる場合が存する。

　ここで、この〈論理的自発性〉の〈自発的受身〉を形成する動詞を、少しばかり挙げておくことにする。たとえば、
　　　考エル、認メル、認識スル、確認スル、察スル、解釈スル、解スル、理解スル、了解スル、把握スル、受ケ取ル、推定スル、推量スル、推測スル、推察スル、想定スル、予想スル、予測スル、空想スル、妄想スル、疑ウ、伺ウ、信ジル、見ル、眺メル、〜
などが挙げられる。さらに、「思ウ、想像スル、感ジル、感ジ取ル、意識スル、見ナス」などは、〈契機的自発性〉でも〈論理的自発性〉でも使われよう。

5. 自発的受身のタイプと否定形

　既に、〈自発的受身〉を〈契機的自発性〉と〈論理的自発性〉の二タイプに分けた。〈自発的受身〉の下位的タイプの別が、否定形を取りうるか否かに、ある種の影響を与えている。
　〈契機的自発性〉のタイプでは、たとえば、

(19) その高麗犬のような顔を見ていると、なぜともなく死んだ父の顔が思い出されてきた。　　　　　　（草野唯雄「トルストイ爺さん」）
(19') *ソノ高麗犬ノヨウナ顔ヲ見テイルト、ナゼトモナク死ンダ父ノ顔ガ思イ出サレテコナカッタ。
(20) こんなことなら、店や家をあけるのではなかったと悔やまれた。
　　　　　　　　　　　　　　　　　　　　　（山村正夫「厄介な荷物」）
(20') *コンナコトナラ、店ヤ家ヲアケルノデハナカッタト悔ヤマレナカッタ。

が示しているように、事態の出来を表す肯定形は容認されるが、それに対して、事態が出来しないことを表してしまう否定形が現れることはないだろう。このことは、〈契機的自発性〉の特性に大きく関わっているものと思われる。これは、〈契機的自発性〉の〈自発的受身〉が、ある出来事・事態を契機として自動的に引き起こされる事態を表していることによっている。〈契機的自発性〉が、このようなものであることによって、その出来を表す肯定形は、出現可能であるが、その出来を表さない否定形が来ると、不適格な文になってしまう。

　もっとも、問いかけの文にすれば、話は別である。「死ンダオ父サンノ顔ガ思イ出サレテキマセンカ？」「家ヲアケタコトガ悔ヤマレマセンカ？」のように、否定形が現れる。これは、述べ立ての文が、契機からの自動的な事態の出来を述べたものであるのに対して、問いかけの文になることによって、出来そのものが問題になっているのではなく、出来の有無が問題になることによるのであろう。

　〈契機的自発性〉では、否定形は、もはや受身動詞に留まることができない。「*イクラ写真ヲ見テモ、アノ頃ノコトガ思イ出サレナイ。」とは言わず、「イクラ写真ヲ見テモ、アノ頃ノコトガ思イ出セナイ。」のように、可能動詞にならなければ、否定形を取りえない。

　それに対して、〈論理的自発性〉の〈自発的受身〉の文では、事情は少しばかり異なっている。たとえば、

(21) ～、幼い頃の思い出に徴らしても、児輩の神経はそういう場合に耐えて行く、意外な強靱さを持っていることが考えられる。
　　　　　　　　　　　　　　　　　　　　　（日影丈吉「かむなぎうた」）

(21') だから唐沢がスムーズに車をひろうことができたとしても、九時半までに宝莱荘をたずね、そこでピースを一服したのち、おもむろに三田を殺したとは考えられなかった。　（鮎川哲也「急行出雲」）
(22) その青年の名は、宿帳には近藤啓一と記されていた。しかし多年の私の経験からいって、この名が恐らく本名でなかろうということは、容易に感じられたことだったのである。

（高木彬光「妖婦の宿」）
(22') ～、二人共、大した美人である。そして、垢抜けがしていた。玄人あがりに違いない。世話女房的なところは、どちらの女からも感じられなかった。　（島田一男「国道駐在所」）

などの例文から分かるように、〈論理的自発性〉の〈自発的受身〉では、前提となる状況・根拠から、思考・認知活動の対象たる内容が、論理的に当然ないしは妥当で自然なものとして引き出されることを表す肯定形だけでなく、その前提からは、そういった思考・認知内容が引き出せないことを表す否定形の、双方が出現できる。否定形は、存在する前提・根拠から、そういった思考・認知内容を引き出すことが、論理的に当然さや妥当性や自然さに欠ける、といったことを表し、肯定形のタイプより、さらに、〈可能の表現〉に近づいていく。これらは、〈論理的自発性〉が、直接、事態の出来そのものが、ある状況・根拠から自動的に引き出される、といったことを表しているのではなく、思考・認知内容の引き出しが、論理的に当然で自然である、といったことを表していることによっている。

このように、肯定形・否定形の出現といったところにも、〈自発的受身〉の下位的タイプの有している性質の異なりが影響を与えていることを見て取ることができよう。

6. 自発的受身とテクル形・テイク形

6.1 自発的受身とテクル形

〈契機的自発性〉に属する〈自発的受身〉の中には、事態の出来が、ある契機からおのずと引き起こされることを表すことによって、〈出現する動きの発生〉を表すテクル形（「オヤ、雨ガ降ッテキタ。」のようなもの）と共起

する場合が少なくない[3]。実際、

 (23) その高麗犬のような顔を見ていると、なぜともなく死んだ父の顔が思い出されてきた。
            （草野唯雄「トルストイ爺さん」）

 (24) ～、また、代々阿部井氏の、愛刀ぶりがしのばれてくる。
            （大河内常平「安房国住広正」）

などの実例が示すように、〈契機的自発性〉の〈自発的受身〉は、〈出現する動きの発生〉を表すテクル形を取って、現れている。外に、「それほど骨折りでもないように思われてきた。（松本清張「溺れ谷」）」のような例が存するし、「漠然ト感ジラレテキタ」「ソウイッタ噂ヲ聞クニツレ、彼ノ健康状態ガ懸念サレテクル」「コウナルト、彼ノ出方ガ期待サレテクル所デスネ」「父ノオ棺ノ前ニ座ッテイルト、生前ノ親不孝ガ悔ヤマレテクル」のように、かなり、自由に〈契機的自発性〉のタイプに対しては、〈出現する動きの発生〉を表すテクル形を付加することができる。もっとも、「??結果ノ発表ガ待タレテクル」や「??謙虚ナ対応ガ関係者ニ望マレテクル」のように、〈契機的自発性〉のタイプに属すると思われるものの、〈出現する動きの発生〉を表すテクル形を取らない（取りにくい）ものもないではない。

 それに対して、〈論理的自発性〉のタイプに、〈出現する動きの発生〉を表すテクル形が現れることは、基本的にはないだろう。

6.2　「忘レル」と自発的受身とテイク形

 上で見てきた〈出現する動きの発生〉を表すテクル形と共起する〈契機的自発性〉のタイプは、いずれも、その〈自発的受身〉によって表されている事態が、出現型の動きを表すものであった。言い換えれば、動きそのものが、出現型であることによって、テクル形と共起しうることが可能になっていると言えよう。ここで、「忘レル」といった動詞について、少しばかり見ておこう。

 (25) 辻はしかしこれぞ特ダネの気持ちで長文の記事を送った。しかしそれは地方版の隅っこに二段の小さい記事でのせられただけだった。この事件もそろそろ忘れられようとしていた。
            （坂口安吾「能面の秘密」）

のような、「忘レル」タイプの動詞の受身については、どのように考えれば

よいのであろうか。本章では、この種のものも、事態がおのずと出来するといった意味合いを帯びていることをもって、やはり、〈自発的受身〉の一種として扱っておくことにする。もっとも、能動文でのガ格成分が、受身文の表現形式の上に顕在化しないのが普通である、といった点で、通常の〈自発的受身〉と共通するものの、次に述べるような点において異なっている。通常の〈自発的受身〉においては、通常顕在化させられることのない能動文のガ格成分は、話し手であるのが普通であり基本であった。それに対して、この「忘レル」のタイプでは、例文が示しているように、不特定多数者を取る（もっとも、話し手たる仕手がまったく取れないわけではない）。その意味で、この「忘レル」タイプの受身を、〈自発的受身〉の一種とするとしても、さらに、その中でも特殊なものとして扱う必要があろう。

また、〈契機的自発性〉の〈自発的受身〉が出現型の事態を表していることによって、〈出現する動きの発生〉を表すテクル形を取りうるものの、〈消滅する動きの発生〉を表すテイク形を取りえないのに対して、「忘レル」の類は、以下の実例が示すように、〈消滅する動きの発生〉を表すテイク形を取りうる。これは、「忘レル」の類が、消滅型の動きを表していることによっている。

  (26) それらは前よりはもっと少ない衝撃で僕の心に受け入れられましたし、あれほど一時は信者を困惑させた事件も、少しずつ<u>忘れられていき</u>ました。 （遠藤周作「影法師」）

以上の点からも、「忘レル」の類によって形成される受身は、〈自発的受身〉であるとしても、それのさらに特殊なタイプということになろう。

7. 能動文でのガ格成分の現れ方

〈自発的受身〉の有している特性への検討の最後として、〈自発的受身〉において、能動文ではガ格で表示されていた成分（以下、〈原ガ格成分〉と仮称）が、どのように現れるかを見ておくことにする。

7.1 一人称者の原ガ格成分不在

先に、原ガ格成分は、受身文の表現形式の上に顕在化しないのが、普通で

あり、通常顕在化させられることのない原ガ格成分は、話し手であるのが通例である、と述べた。これが基本であって、主流である。今まで挙げてきた実例の多くは、このタイプである。たとえば、

  (27) 「なにかこうあちらは、人間も品物もがさごそしていまして、それがたいそうそっけなく思われました。」 (幸田文「流れる」)

のようなものも、その例である。

7.2 一人称者の原ガ格成分顕在

 もっとも、これは基本的な傾向であって、これと異なった場合が存しないわけではない。まず、原ガ格成分が受身文の表現形式の上に顕在化する場合から見ていこう。その第一として、話し手である原ガ格成分が顕在化するケースから見ておく。たとえば、

  (28) この〜実業家が、まるで青年のように、思い悩んでいるのを見るのは、私にもなんだか胸をつかれる思いだった。
     諦めたと口ではいっているものの、心ではまだ十分の未練が残っていることが、私には自分のように、よく感じられたのだった。 (高木彬光「妖婦の宿」)

などが、話し手である原ガ格成分が顕在化する例である。この例は、「Nガ私ニ感ジラレタ」のように、原ガ格成分の語順、その表示形式ともに、［広志ガ武ヲ殴ッタ←→武ガ広志ニ殴ラレタ］のような、通常のまともの受身と同様の現れ方をしている例である。しかし、話し手である原ガ格成分が、こういったあり方で現れるのは、むしろ稀である。

 まず、原ガ格成分の表示形式の点において、

  (29) 彼の絵はそういう精密な画でなく、一刷毛に描かれたような遠方の人物の形にも、奇妙な現実感があって、同じ不幸な悩んだ心を表しているように、私は感じられる。(大岡昇平「歩哨の眼について」)

などのように、出現している原ガ格成分の語順の点では、ヴォイス的転換の対象となっている能動文での非ガ格成分に後行しているものの、「ニ」を伴わず、単に「Nハ」の形で現れてくるものがある。

 次に、語順の点において、

  (30) むしろ、わたしには、『甲陽軍艦』や『三河風土記』のなかに述

べられている駿河における信虎のうごきのほうに、かれの甲斐の国からの追放は、かれとかれの息子が合意の上でうった芝居であるといえばいえないこともなさそうなふしぶしがみられるように<u>おもわれる</u>。　　　　　　　　　　（花田清輝「群猿図」）

などのように、通常のまともの受身と異なって、ヴォイス的転換の対象となる能動文の非ガ格成分に対して、先行して現れることがある（もっとも、通常の受身文においても「広志ニ武ガ殴ラレタ。」のように、語順に転倒が起こらないわけではないが、その場合には倒置感が付きまとう。それに対して、この自発的受身の場合、倒置感が伴わない）。もっとも、(30)は、それでも、原ガ格成分が「Nニ」の形で表示されているものであった。

　さらに、

（31）　こう思うと、<u>私も</u>なんだか恐ろしい不思議な胸騒ぎが<u>感じられて</u>ならないのだ。　　　　　　　　　　（高木彬光「妖婦の宿」）

のような例になると、原ガ格成分が先行しているといった語順の点においても、「ニ」といった形式を伴っていないという原ガ格成分表示形式の点においても、通常のまともの受身とは、かなり異なっている。通常のまともの受身が、「*広志ハ武ガ殴ラレタ。」といったふうに、これと同じタイプの原ガ格成分のあり方を取ると逸脱性を有する文になってしまうことからすれば、こういった原ガ格成分の表現形式への現れ方は、〈自発的受身〉の重要な特性をなしている。これは、〈自発的受身〉が、文的存在を対象に取る動詞によって、形成されているということと関係してくる現象であろう。

7.3　原ガ格成分が一人称者以外の場合

〈自発的受身〉の原ガ格成分は一人称者でかつ顕在化しないのが、その基本であり、それがまた通常のまともの受身との異なりであったが、典型から外れていったり（既に触れた「忘れる」による自発的受身がこれ）、ある条件下に生起したりすることによって、その基本は崩れていくことになる。以下、一人称以外の原ガ格成分が現れている場合について、極簡単に見ておこう。

　これには、物語などにおける視点の移行によるケースが、まず挙げられる。たとえば、

(32) 沢子が暗に仁科のことばを伝えていることが、<u>高梨には感じられ</u>た。
「怖いのは男ばかりとはちがうね。お前らにグルになられてはかなわん。」それは偽らざる実感だった。
(夏樹静子「水子地蔵の樹影」)

(33) それでも、<u>滝上には</u>、有楽町―四谷見附間を、車が一呼吸のあいだに走り抜けたように<u>感じられた</u>。　(小林久三「海軍某重大事件」)

などが、非一人称の原ガ格成分が出現している例である。語順の点で、(32)が、原ガ格成分が能動文での非ガ格成分に後行する、といった通常のまともの受身と同じあり方をとっているタイプであり、それに対して、(33)が、通常のまともの受身とは異なって、先行するといったあり方をとっているタイプである。しかし、いずれにしても、これらに三人称者の原ガ格成分が現れているのは、物語であることによる視点の移行によっている。

　次に、文のモダリティのあり方が、原ガ格成分が非一人称者を取ることに影響を与えている場合について、極簡単に触れておこう。

　これは、「故郷ノコトガ懐カシク思イ出サレル。」のような断定の述べ立て文が、一人称の原ガ格成分であるのに対して、「故郷ノコトガ懐カシク<u>思イ出サレルラシイ</u>。」のような伝聞や徴候の元での推し量りの文にすれば、原ガ格成分は三人称の原ガ格成分に、「故郷ノコトガ<u>思イ出サレルノ？</u>」のように、問いかけの文にすれば、原ガ格成分は二人称に変わる、といった問題である。実例を挙げておく。

(34) <u>章映伝が</u>雷雨の朝のとびこみ客である私に、なぜそんな大切な秘密を打ち明ける気になったのだろうか？　〜。小説家として虚名を得ているのでなんとなく信頼できそうに<u>思われた</u>のかもしれない。
(陳舜臣「枇杷の木の下」)

などがそうである。「思われた」の原ガ格成分は「章映伝」である。ただ、こういった現象は、何も〈自発的受身〉だけに限られたことではない。感情・感覚を表す形容詞文にあっても、同じようなことが観察される。

　最後に、〈自発的受身〉に特徴的な原ガ格成分の表示形式について、極簡単に触れておく。「Nニトッテ」といった形式は、通常のまともの受身にも現れないことはないが、やはり、それらではかなり特殊な位置を占めるもの

であった。それに対して、この〈自発的受身〉では、比較的重要な原ガ格成分表示形式である。たとえば、

（35）　<u>石戸にとって</u>、ことは急を要すると<u>思われた</u>。
　　　　うっかりしていると、どんな邪魔が入らないともかぎらない。
（中薗英助「霧鐘」）

のようなものが、それである。
　また、さらに、

（36）　<u>健康な人から見ると</u>馬鹿馬鹿しく<u>思われる</u>かも知れませんが、我々、胸部の病人は社会人にたいしていいようのない劣等感があります。
（遠藤周作「男と九官鳥」）

のような例は、「健康ナ人ニハ」に近く、「Ｎカラ見ルト」全体で原ガ格成分表示形式相当になっている。
　以上、能動文でのガ格成分が、受身文においてどういった現れ方をするのか、という点においても、〈自発的受身〉は、通常のまともの受身とは少しばかり異なった現れを示すことが分かった。

　以上、述べきたったところから、従来、自発と呼ばれていたものは、受身の、さらに言えば、その中の〈まともの受身〉の特殊なものとして位置付けることが、それなりに可能であると思われる。

注
1　共演成分について、仁田義雄 1993 を参照。
2　この現象については、詳しくは仁田義雄 1997 参照。
3　森山卓郎 1988 をも参照。

参考文献
森山卓郎 1988　『日本語動詞述語文の研究』明治書院
村木新次郎 1991　「ヴォイスのカテゴリーと文の構造」『日本語のヴォイスと他動性』（くろしお出版）所収
仁田義雄 1991　「ヴォイス的表現と自己制御性」『日本語のヴォイスと他動性』（くろしお出版）所収

仁田義雄 1992　「持ち主の受身をめぐって」『藤森ことばの論集』(清文堂出版)所収
仁田義雄 1993　「日本語の格を求めて」『日本語の格をめぐって』(くろしお出版)所収
仁田義雄 1997　「内容の受身」『日本語の歴史地理構造』(明治書院)所収
奥津敬一郎 1982　「ラジオ・テレビニュースの受身文」『日本語談話構造の研究』(昭和56年度放送文化基金研究中間報告)
鈴木重幸 1972　『日本語文法・形態論』むぎ書房
高橋太郎 1988　「動詞　その(6)」『教育国語』93号
寺村秀夫 1982　『日本語のシンタクスと意味Ⅰ』くろしお出版
M. Sibatani 1985　'Passive and Related Construction' *Language*. Vol.61, No.4

(初出、「自発的受身」『日本語研究』(東京都立大学)17号、1997)

第10章　ヴォイス的表現と自己制御性

1. はじめに

　本章の目的は、ヴォイスに関わる諸表現、つまり、能動表現、使役表現、受動表現、テモラウ態の表現などの特性を、〈自己制御性 (selfcontrollability)〉といった観点から眺めてみるところにある。

　こういった考察を試みる前提には、ヴォイス的諸表現は、そのタイプが異なれば、それが有している自己制御性にも異なりが生じるであろう、といった予測が存在している。

2. 受身をめぐって

　自己制御性からのヴォイス的諸表現への考察として、まず、最初に受身を取り挙げる。

2.1　受身の下位的タイプ

　受身といっても、総てが均一的な存在ではない。いくつかの下位的タイプの存在が確認される。したがって、それが有している自己制御性についても、その下位的タイプに応じて、微妙に異なってくることが予想される。

　ここでは、そういった受身の下位的タイプについて、ごく簡単に瞥見することにする。そういった受身の下位的タイプとして、本章では、〈まともの受身（直接受身）〉と〈第三者の受身（間接受身）〉とがその両端に位置し、その間に〈持ち主の受身〉が位置するといったあり方で、三類を設定する。

2.1.1 まともの受身

　まず、〈まともの受身〉からごく簡単に見ていく。〈まともの受身〉とは、能動文中に存在している非ガ格の共演成分[1]を、ガ格に転換し、それに従って、ガ格の共演成分をガ格から外した受身である。たとえば、

（１）　広志ガ　武志ヲ殴ッタ。

（１'）　武志ガ　広志ニ殴ラレタ。

（２）　警察ガ海カラ車ヲ引キ上ゲタ。

（２'）　車ガ海カラ　φ　引キ上ゲラレタ。

(1')や(2')が、〈まともの受身〉の例である。

　以下、少しばかり、〈まともの受身〉の実例を挙げておく。

（３）　三年まえの冬、私は或る友人から意外な事実を打ち明けられ、途方に暮れた。　　　　　　　　　　　　　　　　（太宰治「富嶽百景」）

（４）　拳銃は警察に押収される。その前に、拳銃を使用しなければならない。　　　　　　　　　　　　　　　　　　　　（三浦哲郎「拳銃」）

（５）　妻のからだはいよいよ弱ってきた。そして、不可解な発作に襲われるようになり、それは一定の期間を置いて巡ってくるようである。　　　　　　　　　　　　　　　　　　　　　　　　（島尾敏雄「家の中」）

（６）　窓ははでな色彩のサイケデリックなドレープカーテンで、閉ざされていた。　　　　　　　　　　　　　　　　（山村正夫「厄介な荷物」）

などは、いずれも、〈まともの受身〉の例である。(3)(5)が、人間を表す名詞を受身文のガ格（主語）に取っているタイプであり、(4)(6)が、物を表す名詞を受身文のガ格に取っているタイプである。本章では、ヴォイス表現のタイプによる自己制御性の有無・その程度性を問題にするのであるから、(4)(6)のような、物主語であることによって、自己制御性を持ちえない表現になっているものについては、比較対照の対象とはしない。また、(5)は、受身文のガ格が人間であるものの、対応する能動文では、「不可解ナ発作ガ妻ヲ襲ウ」のように、物主語になってしまうことによって、自己制御性を持ちえないものも、比較対照の考察外に置く。比較対照の対象にするのは、(3)のように、態的転換の対象になっているものが、いずれも人間を表す名詞で

あることによって、能動文においても、〈まともの受身文〉においても、ともに自己制御性を持ちうる可能性の失われていないタイプに限る。このタイプの〈まともの受身〉を、本章では〈有情対有情型〉と仮に呼んでおく。

2.1.2　第三者の受身

　引き続き、〈第三者の受身〉について、ごく簡単に見ておく。〈第三者の受身〉とは、もとの動詞の表す動きや状態の成立に参画する共演成分としては含みようのない第三者をガ格に据えた受身である。たとえば、
　　（1'）　僕ハ雨ニ降ラレタ。←（1）　雨ガ降ッタ。
　　（2'）　彼ハ警官ニ息子ヲ殴ラレタ。←（2）　警官ガ息子ヲ殴ッタ。
の（1'）（2'）などが、この〈第三者の受身〉である。
　以下、少しばかり〈第三者の受身〉の実例を挙げておこう。
　　（3）　高山植物はこのあたりに種類は多くとも、いつも炭焼きの丁々たる斧のおとがどこからともなく木魂して、独り歩きには男でさえ、その日の空模様どんより雲ひくく飛ばれては、足の竦(すく)みがちな不気味さがある。　　　　　　　　　　　　　　　　（大坪砂男「天狗」）
　　（4）　～村の郷士の子として生まれ、町の呉服屋の婿になり、白い子供を二人も持ち、娘たちには勝手に死なれ、息子たちには家出をされた父親というものは、一体なにを支えにしていきるものかと、そんなことばかり考えていたものだが、～　　　　（「拳銃」）
　　（5）　シャワーを浴びた後、ベットに潜ろうとした十一時半ごろ、ドアをノックされた。開けて見ると、ワンピースの洋服姿になった南淑景が立っていた。　　　　　　　　　　　　　　　（麗羅「怨の複合」）
などが、〈第三者の受身〉の実例である。〈第三者の受身〉についても、本章が、ヴォイス表現のタイプの異なりによる自己制御性の異なりを考察するものであることによって、比較対照の対象にするのは、もとの文のガ格も、〈第三者の受身〉文のガ格も、人間を表す名詞で形成されていることによって、自己制御性を持ちうる可能性が、ともに排除されていないタイプに限る。したがって、（3）の「雲ガヒクク飛ブ」のように、もとの文のガ格が物であるものは、比較対照の考察外に置く。

2.1.3 持ち主の受身

 受身の最後として、〈持ち主の受身〉について、ごく簡単に見ておこう。〈持ち主の受身〉とは、直接的な働きかけを受けるもとの文のヲ格やニ格（ヲ格以外は稀）などの共演成分の、持ち主を表す名詞を、ガ格に取り出したものでありながら、意味的には、直接的に働きかけを被っている部分や側面を消去した受身が、表す意味を含意しているものである。たとえば、

　　　（1'）　<u>武志ガ</u> 頭ヲ広志ニ殴ラレタ。←（1）　広志ガ<u>武志ノ</u> 頭ヲ殴ッタ。
　　　　　　　↓
　　　　（武志ガ広志ニ殴ラレタ）

の(1')のようなものが、〈持ち主の受身〉である。分かるように、(1')は、もとの文に存在する「武志ノ頭ヲ」といった成分から、直接働きかけを受ける「頭」の持ち主たる「武志」のみをガ格に取り出して、受身化したものである。また、そうでありながら、「武志ガ頭ヲ広志ニ殴ラレタ」の表す意味は、直接的な働きかけを受ける部分・側面たるヲ格を取り除いた受身文「武志ガ広志ニ殴ラレタ」が表す意味を含意している。

 以下、少しばかり実例を挙げておこう。

　　（2）　結婚したてのころは、<u>私</u>も、あんまり偉そうにいわれるもんだから、「何よッ！」と言い返していた。そして夫に「何よッとは何ダ！」と<u>横っつらを撲られた</u>こともあるのだ。
　　　　　　　　　　　　　　　　　　　　　　　　（田辺聖子「ほとけの心は妻ごころ」）
　　（3）　被害者は<u>八雲真利子</u>という、濃艶きわまりない妖婦。それが、白泉ホテルの一室で深夜十時から十二時の間に、<u>心臓に鋭い短刀を突き立てられて</u>即死したのだ。　　　　　（高木彬光「妖婦の宿」）
　　（4）　「<u>犯人</u>はあらかじめ被害者を縛って自由を奪っているのだから〜。殺したのは<u>顔を見られた</u>ためにやったのだろう。」
　　　　　　　　　　　　　　　　　　　　　　　　（鮎川哲也「相似の部屋」）

などは、いずれも、本章で言うところの〈持ち主の受身〉である。(2)は、「夫ガ<u>私ノ横ッツラヲ</u>撲ル」から、ヲ格名詞の持ち主をガ格に取り出したものであり、(3)は、「犯人ガ<u>八雲真利子ノ心臓ニ</u>鋭イ短刀ヲ突キ立テタ」から、ニ格名詞の持ち主をガ格に取り立てたものである。(4)は、(2)と同じく、「被害者ガ<u>犯人ノ顔ヲ</u>見タ」から、ヲ格の持ち主をガ格に取り出した受身であ

る。

　以上、三類の受身のタイプを瞥見したが、それが有する自己制御性の有無・その程度性は、タイプの異なりに応じて、それぞれ微妙に異なっている。

2.2　受身文の表している意味
2.2.1　第三者の受身

　〈第三者の受身〉が、そのもとになっている文と、表されている事態の点で異なっている、といったことは、広く認められ、既に定説化している。〈第三者の受身〉は、新たに導入された第三者をガ格に据え、もとの動詞によって形成された事態を表す部分を埋め込み成分とする、複合事態を表している。たとえば、「僕ハ雨ニ降ラレタ」「彼ハ警官ニ息子ヲ殴ラレタ」といった〈第三者の受身〉は、概略、［僕ガ［雨ガ降ル］コトヲ被ル］［彼ガ［警官ガ息子ヲ殴ル］コトヲ被ル］といった意味的構造を有している。

2.2.2　まともの受身

　戦後の現代日本語研究の歴史の中で重要な役割を果たしてきたグループに、言語学研究会がある。その主要メンバーの一人である鈴木重幸は、同研究会の文法研究を背景にして、1972年、『日本語文法・形態論』を書いている。その中で鈴木は、二重的な性格を持ったものとして、「うけみ動作」なるものを設定している。これまた同研究会の主要メンバーの一人である高橋太郎は、「たちば (Voice) のとらえかたについて」(1977) の中で、鈴木の「もとのたちば―うけみのたちば」といった考え方を批判して、「おなじ事実についての、のべかたの対立である」とする。

　この批判を受け入れ、鈴木 (1980) は、

　　　つまり、『形態論』では、うけみ動作という二重的な性格をもった動作をみとめて、うけみのたちばの動作がそれをあらわすといっているのである。
　　しかし、すでに批判されているように、
　　　さち子が　次郎に　なぐられた。

という用例にみられるものがうけみの基本的な用法であるとすれば、このうけみの文は
　　　次郎が　さち子を　なぐった。
と同一のできごとを、「さち子」を主語にして、「さち子」のがわから表現した文であって、現実のできごとのなかに、「なぐる」という動作のほかに「なぐられる」という動作があるわけではない。『形態論』の説明は、こういった架空の"うけみ動作"なるものを設定していて、あきらかにまちがっている。(p22)

のように述べ、自らの受身についての考え方を訂正している。これが、受身についての、現在（1990当時）の言語学研究会の基本線的な考え方だ、と捉えてよいであろう。受身の表す意味のみが二重的な性格を持っているという捉え方は、間違っているであろうし、受身と能動が対立関係にあるものとする捉え方も、正しいであろうし、能動と〈まともの受身〉が同一の現実の出来事を表しているとするのも、基本的に誤ってはいないだろう。その意味で、この、鈴木（1972）→高橋（1977）→鈴木（1980）といった展開は、言語学研究会での受身についての考え方の内部的発展であろう。

　ただ、この鈴木をはじめとする言語学研究会のメンバーの言が、能動動詞と受身動詞の表している、言語的意味としての動きの質・動きのタイプの同一性を主張するものであるとするならば、いささか問題が残ろう。能動と〈まともの受身〉の違いの最も中核的な部分が、従来言われているように、動詞の表す動き成立に参画する共演成分の何をガ格（第一の格）に選び取るのかといった主語選択（〈述べられ〉の選択）や、それに伴う視点・焦点の違いにあるとしても、両者の違いは、単にそれだけに留まるものではないだろう。能動と〈まともの受身〉の表している意味的な違いは、そういった伝達機能的なレベルに留まらず、既に、言語的意味としての動きのタイプの異なりを含んでいる。

　ヴォイス的表現のタイプの異なりによって、自己制御性が異なってくるだろう、とする本章では、能動と〈まともの受身〉とでは、それが表す言語的意味としての動きのタイプが既に異なっていることを、前提にして論を進めていることになる。動きのタイプが異なっているからこそ、自己制御性と

いった意味的特性も異なってくるのであろう。

　もとの文と〈第三者の受身〉との異なりとは、質を異にすることを充分認識したうえで、やはり、能動と〈まともの受身〉においても、既に、それが表している動きの語彙―文法的タイプが異なっている、とする必要があろう。能動文の表す動きを〈能動動作〉と仮に呼び、〈まともの受身文〉の表している動きを〈受身動作〉と仮称しておこう。能動動作とは、ガ格（第一の格）を占める存在から発せられ他へ及んでいく動きであり、受身動作とは、他から発せられた動きを、ガ格を占める存在が受け取る動きである。

　ガ格を占めることによって、成分は、述語動詞に対する微妙な意味的な異なりを越えて、主体性を帯びることになる。ガ格を占める成分の主体性の獲得と、動きの能動動作・受身動作への分化は、軌を一にしている。これはまた、〈まともの受身〉が、能動に対する単なる視点の選択・主語選択の一ヴァリアントから語彙―文法的にタイプの異なった一つの動きに移り動いていくことによって、〈まともの受身〉のガ格成分は、単なる対象的な成分ではなく、主体性を帯びた成分になっていく、といったことでもある。

　以上述べたことから、既に触れた能動、受身両動作の異なりを、能動動作とは主体から他へ働きかける動きであり、受身動作とは他から主体が被る動きである、と表現しなおすことができよう。さらに、簡単に、能動動作は〈働きかけ〉を表し、受身動作は〈被り〉を表す、と表現することも許されよう。能動動作や受身動作といったものは、基本的には、意志動作や無意志動作と同様、動詞のカテゴリカルな意味の一つであり、一つの語彙―文法的なタイプ・類型である。

2.3　受身動作設定の統語的根拠

　前節で、能動と〈まともの受身〉が、単に伝達機能的なレベルにおける異なりに留まらず、既に動きの語彙―文法的タイプの異なりを含んでいる、といったことについて述べ、能動動作・受身動作といった類型的なタイプを導入した。ここでは、受身動作といった語彙―文法的なタイプの設定の必要なことを示す統語的な証左を、二つばかり挙げることにする。一つは、主体（主語）めあての副詞の作用のし方についてであり、他の一つは、命令表現・意志表現の形成化といった問題である。後者は、ヴォイス表現の異なりによる

自己制御性の異なり、といった本章のテーマに直接的に結びつくものである。

2.3.1 主体めあての副詞の働き方
[1] 主体めあての副詞と様態の副詞
〈主体めあての副詞〉とは、主体の状態のあり様に言及することによって、動きの実現のされ方を特徴づける副詞的修飾成分である。たとえば、

（1）「〜ありがとう」と私はよろこんでいった。
（田辺聖子「クワタサンとマリ」）
（2）慎吾によく似た文字を一行よみおわるまで、知子はうかつにも、慎吾の手紙を読んでいるような錯覚をもった。
（瀬戸内晴美「夏の終り」）
（3）むりに自分を、酔わせたのかもしれない。
（田辺聖子「坂の家の奥さん」）
（4）梨花はわざと出ていかない。　（幸田文「流れる」）

の下線部のような副詞的修飾成分が、主体めあての副詞である。

それに対して、〈様態の副詞〉とは、動きそのものが有している諸側面の一つを取り挙げて、それがいかなる様子であるかを示すことによって、動きの実現のされ方を特徴づける副詞的修飾成分である。たとえば、

（5）刑事は、今度はトンと背中を突いた。
（佐木隆三「ジャンケンポン協定」）
（6）夫がけたたましく私を呼ぶので、〜　（田辺聖子「まぶたの姑」）
（7）〜ヤンマー船に乗り、清水河をゆっくり下っていった。
（伊藤桂一「螢の河」）

の下線部のような副詞的修飾成分が、様態の副詞である。

[2] 主体めあての副詞の働き方の特性
続いて、主体めあての副詞の働き方の特性を、様態の副詞のそれと較べることによって、明らかにし、特徴づけていきたい。

まず、様態の副詞の働き方から見ていくことにする。たとえば、次のそれぞれのペアを較べてみよう。

（1） 広志ガ僕ヲ<u>トント</u>突イタ。
（1'） 僕ガ広志ニ<u>トント</u>突カレタ。
（2） 警官ガデモ隊ノ一人ヲ<u>激シク</u>殴リツケタ。
（2'） デモ隊ノ一人ガ警官ニ<u>激シク</u>殴リツケラレタ。

能動文である（1）（2）と、それに対応する〈まともの受身〉文である（1'）（2'）は、同じ真偽関係を表していることが分かる。つまり、［広志ガ僕ヲトント突イタ］コトが真なら、［僕ガ広志ニトント突カレタ］コトも真として成り立っていなければならない。様態の副詞は、（1）（1'）や（2）（2'）を例に取れば、概略［［トント TUK］u］、［［トント TUK］areru］や［［激シク NAGUR］u］、［［激シク NAGUR］areru］とでも層化して表せるような作用のし方をしている。様態の副詞は、ヴォイスの層以前の、事態の結構の中核を形成するレベルで働いている。このような働き方をしているから、様態の副詞は、能動で使われようが、〈まともの受身〉で使われようが、その真偽関係に影響を与えないのである。

それに対して、主体めあての副詞はどうであろうか。次のペアの例文を較べてみよう。

（3） 広志ハ僕ヲ<u>ウカツニモ</u>突イタ。
（3'） 僕ハ広志ニ<u>ウカツニモ</u>突カレタ。
（4） 警官ハデモ隊ノ一人ヲ<u>ワザト</u>殴リツケタ。
（4'） デモ隊ノ一人ガ警官ニ<u>ワザト</u>殴リツケラレタ。

様態の副詞の場合と異なって、主体めあての副詞にあっては、上掲の例文から分かるように、能動文と〈まともの受身文〉とでそれが表す真偽関係に異なりが生じている。主体めあての副詞を抜いた「広志ガ僕ヲ突イタ」と「僕ガ広志ニ突カレタ」が同じ真偽関係を表していることからすれば、（3）と（3'）、（4）と（4'）の真偽関係の異なりは、主体めあての副詞の働きによって招来されたものである。この真偽関係の異なりは、主体めあての副詞が、［広志ガウカツニモ［TUK］u］、［僕ガウカツニモ［TUK］areru］や［警官ガワザト［NAGUR］u］、［デモ隊ノ一人ガワザト［NAGUR］areru］とでも層化して示せるような、作用のし方をしていることによるものと思われる。つまり、主体めあての副詞は、'— u' や '— areru' といった形式が表す能動・〈まともの受身〉といったヴォイスの層で働いているといったことになる。主体

めあての副詞がこのようなあり方で働いているということは、とりもなおさず、'―u'や'―areru'といった形式で表される動きが、主体の行う動き、能動動作・受身動作として存在していることを示している。同じ動きを、働きかけとして捉えるか被りとして捉えるかにより、能動動作・受身動作といった語彙―文法的なタイプが存するといったことが、まさに、動きそのものではなく、主体の動きの働きかけ方、主体の動きの被り方を表す副詞的修飾成分の存在することの基因なのである。また、こういった主体めあての副詞の存在は、逆に、能動であれ、〈まともの受身〉であれ、ガ格成分が主体性を獲得していき、能動動作・受身動作といったものが、言語的に分化していっている、ということの証左でもある。

2.3.2 命令表現・意志表現の形成

次に、命令表現や意志表現の形成の可否、形成のあり方における差異性が、能動動作・受身動作といった動きのタイプの語彙―文法的な異なりの存在によって招来される、といったことについて考えてみる。

[1] 過程の命令を作る動詞の場合

まず、次のような対応関係にある能動と〈まともの受身〉を較べてみよう。

  （1） 俺ヲ信用シロ！
  （1'）*彼ニ信用サレロ！
  （2） アイツヲ信用シヨウ。
  （2'）*アイツニ信用サレヨウ。

上掲の例文から分かるように、(1)(2)の能動の命令表現・能動の意志表現は適格な文であるのに対して、(1')(2')に表されている〈まともの受身〉の命令表現・意志表現は逸脱性を有している。

なぜこのようなことが起こるのか、また、命令や意志は、そもそも何を相手どってのものであるのか、などといったことを、ここで少しばかり考えてみる。命令表現は、話し手が、聞き手たる動きの主体に対して、主体がある動きを取るように、訴えかけ・要求する表現である。意志表現は、動きの主体たる話し手が、自らの動きの実現をもくろみ・企図する心的態度を表した

ものである。つまり、命令表現や意志表現が、その実現を要求し、もくろむ動きとは、外ならぬ主体の動きである。(1)(1')を例に取れば、［君ガ俺ヲ信用スル］コトといった動き、［君ガ彼ニ信用サレル］コトといった動きが、その実現を命じられ訴えかけられているのである。(1)が適格性を有しているのに対して、(1')が逸脱性を有しているのは、［君ガ俺ヲ信用スル］コトといった動きが自己制御性を有しているのに対して、［君ガ彼ニ信用サレル］コトといった動きが自己制御性を有していないことによっている。これは、能動と〈まともの受身〉とでは、それが表している動きの自己制御性が異なっていることを示している。動きの有する自己制御性の異なりは、動きの語彙―文法的タイプの異なりでもある。これは、とりもなおさず、能動動作と受身動作といった語彙―文法的なタイプの異なった動きが存在していることを物語っている。能動動作と受身動作の有している自己制御性の異なりが、(1)(1')や(2)(2')に見られる適格性・逸脱性の異なりを招来しているのである。

　(1)(1')、(2)(2')は、「信用スル」といった動詞が、能動では、命令、意志の表現を形成しうるのに対して、〈まともの受身〉では、命令・意志の表現を形成しえないことを示している。もっとも、総ての動詞が〈まともの受身〉化によって、命令や意志を形成しえなくなるわけではない。

　「信用スル」といった動詞によって形成される「信用シロ！」「信用ショウ。」といった命令や意志は、「信用スルヨウニ｛シロ／努メロ｝」「信用スルヨウニ｛ショウ／努メヨウ｝」と等価であり、動きの達成・成立そのものを命じたり、もくろんだりしたものではなく、動き達成への過程・企ての遂行・実現を命じたり、もくろんだりしたものである。動きの達成・成立そのものが、命じられ、もくろまれているタイプから区別して、このタイプの命令・意志の表現を、本章では、〈過程の命令〉〈過程の意志〉[2]と仮称する。

　このような、動きの達成・成立そのものを命じることのできない、言い換えれば、〈過程の命令〉や〈過程の意志〉しか形成しえない自己制御性の低い動詞にあっては、〈まともの受身〉化することによって、命令・意志表現を形成することができなくなる。事実、たとえば、

　　（３）　汝ノ隣人ヲ愛セ！　　　（３'）　*汝ノ隣人ニ愛サレロ！
　　（４）　自分ノ隣人ヲ愛ソウ。　（４'）　*自分ノ隣人ニ愛サレヨウ。

（5）　両親ヲ尊敬シナサイ。　　（5'）　*子供ニ尊敬サレナサイ！
　（6）　両親ヲ尊敬シヨウ。　　　（6'）　*子供ニ尊敬サレヨウ。

の「愛スル」「尊敬スル」のような、能動においてすら、〈過程の命令〉〈過程の意志〉しか作りえない自己制御性の低い動詞にあっては、上掲の例文が示すように、〈まともの受身〉化によって、命令表現や意志表現の形成が不可能・困難になる。

[2]　違成の命令を作る動詞の場合

　もっとも、〈まともの受身〉にすれば、必ず、命令や意志が不可能になるといったわけではない。たとえば、

　（1）　タマニ部員ヲシッカリ鍛エロ。
　（1'）　タマニ監督ニシッカリ鍛エラレロ。
　（2）　タマニ部員ヲシッカリ鍛エヨウ。
　（2'）　タマニ監督ニシッカリ鍛エラレヨウ。

が示しているように、稀であるにしても、能動および〈まともの受身〉の双方において、命令表現や意志表現が可能になるタイプが存在しえないわけではない。上掲の例は作例であるが、次に実例を一つ挙げておく。

　（3）　マコト「クラス委員に、しっかり叱られなさい、ヒロキ君。」

　　　　　　　　　　　　　　　　　　　（剣持亘他「シ・さびしんぼ」）

　ただ、この種の、能動と〈まともの受身〉の双方において、命令表現や意志表現が成り立つ場合にあっても、能動動作であるのか受身動作であるのかの異なりは存し、その異なりが、命令や意志の形成のあり方に差異性を与える、といったことは貫徹している。この場合、能動と〈まともの受身〉とでは、命令・意志はタイプを異にしたものとして立ち現れることになる。（1）（2）のような、能動での命令・意志では、動きの達成・成立そのものの実現が、主体にとって実現可能なものとして、命令・意志の対象とされている。それに対して、（1'）（2'）（3）のような、〈まともの受身〉での命令・意志では、その命令・意志の対象とされているものは、［鍛エラレル］コト、［叱ラレル］コトといった動きの達成・成立そのものの実現ではない。動きの達成・成立そのものの実現は、他者の協力によって初めて真に可能になるものであって、完全には、主体の自己制御性の範囲内には収まりきらない。この場合、

命令・意志の対象とされているのは、動きの達成・成立に向けての過程や努力の実現である。［鍛エラレルヨウニ｛スル／モッテイク｝］コト、［叱ラレルヨウニ｛スル／モッテイク｝］コトが、命令・意志されているのである。

（1）（2）の能動のように、動きの達成・成立そのものの実現が命令・意志されているものを、本章では仮に〈達成の命令〉〈達成の意志〉と呼び、既に述べた〈過程の命令〉〈過程の意志〉から区分しておく。とすれば、能動では、より自己制御性の高い〈達成の命令〉〈達成の意志〉が成立しているのに対して、対応関係にある〈まともの受身〉において成り立っているのは、自己制御性の低い〈過程の命令〉〈過程の意志〉であることが分かる。

つまり、「鍛エル」「叱ル」のような、能動では〈達成の命令〉〈達成の意志〉を作る自己制御性の高い動詞にあっては、対応する〈まともの受身〉においても命令・意志が成立するにしても、それらは、自己制御性の一段低い〈過程の命令〉〈過程の意志〉に変わってしまう。「一度先生ニ叩カレナサイ。」「イツモ相手ヲヤッツケルバカリデハナク、タマニ相手ニヤッツケラレロ！」「時ニハ我々カラモオゴラレナサイヨ。」の如くである。上げなかったが、意志の表現についても、同断である。

[3] まともの受身化による自己制御性の減少化

既に見たように、〈達成の命令〉を作りうる自己制御性の高い動詞であれば、〈まともの受身〉では、〈過程の命令〉〈過程の意志〉になり（もっとも、常に命令や意志の表現の成立が自然であるわけではない）、〈過程の命令〉を作る自己制御性の低い動詞であれば、命令や意志が不可になる、といったふうに、能動文から〈まともの受身〉文になることによって、動きの有している自己制御性の度合が一ランク下がることになる。

2.4　第三者の受身と命令・意志

〈まともの受身〉では、〈達成の命令〉を作りうる自己制御性の高い動詞は、〈過程の命令〉〈過程の意志〉を作ることがあったのに対して、〈第三者の受身〉では、〈達成の命令〉を作る自己制御性の高い動詞であっても、命令や意志の表現を形成することはない。

（1）　広志ハ武志ニ妹ヲ殴ラレタ。

（1'）*広志、武志ニ妹ヲ殴ラレロ！
　　（1"）*武志ニ妹ヲ殴ラレヨウ。
　　（2）　子供タチニ騒ガレタ。
　　（2'）*子供タチニ騒ガレロ！
　　（2"）*子供タチニ騒ガレヨウ。

などの例文が示すように、たとえば、「殴ル」や「騒グ」のように、能動文で「奴ヲ殴レ！」「思ウ存分騒ゲ！」の如く〈達成の命令〉を作る自己制御性の高い動詞にあっても、(1)(2)のように、〈第三者の受身〉にすれば、上掲の例が示しているように、命令表現化したり意志表現化したりした(1')(2')や(1")(2")は、いずれも、逸脱性を有する非文法的な文になるだろう。

「俺ノコトヲ信用シロ！」のように能動文で〈過程の命令〉しか作りえない動詞によって形成された〈第三者の受身〉は、当然のことであるが、

　　（3）*息子ヲ信用サレロ！
　　（3'）*息子ヲ信用サレヨウ。

が示すごとく、命令表現にも意志表現にもならない[3]。

〈第三者の受身〉にあって、命令表現や意志表現が不可能なのは、事態が受身文のガ格に立つ第三者（受身文の主体）の与かり知らぬところで、出来するものであることからすれば、当然の結果である。以上のことから、〈第三者の受身〉の表す動きは、非自己制御的なものであることが分かろう。

2.5　持ち主の受身と命令・意志

〈持ち主の受身〉は、自己制御性のあり方ということに関して、それ自身の内部において、既に均一的ではない。〈達成の命令〉を作る自己制御性の高い動詞であっても、〈持ち主の受身〉のタイプによって、〈過程の命令〉や〈過程の意志〉が可能になったり、不可能になったりする。

〈持ち主の受身〉は、〈まともの受身〉と〈第三者の受身〉の間に位置する存在である。〈まともの受身〉寄りに存在するタイプもあれば、〈第三者の受身〉寄りに存在するタイプもある。

2.5.1　〈まともの受身〉寄りのタイプ

「殴ル、叩ク、突ク、蹴ル、サワル、押ス、触レル、掴ム、〜」などの〈接

触動詞〉によって形成される〈持ち主の受身〉は、受身のガ格（主体）の受ける働きかけが直接性の高い〈まともの受身〉寄りのものである。たとえば、

　　（１）　広志ハ武志ニ頭ヲ叩カレタ。
　　（1'）　一度グライ武志ニ頭ヲ叩カレロ！
　　（1"）　一度グライ武志ニ頭ヲ叩カレヨウ。
　　（２）　オ宮ハ貫一ニ腰ヲ蹴ラレタ。
　　（2'）　オ前ガ原因ヲ作ッタノダカラ、貫一ニ腰ヲ蹴ラレロ！
　　（2"）　私ガ原因ヲ作ッタノダカラ、貫一サンニ腰ヲ蹴ラレヨウ。

が示すように、この種の動詞によって形成された〈持ち主の受身〉では、〈過程の命令〉〈過程の意志〉に成り下がるものの、命令表現や意志表現が、稀ではあるにしても、成り立たないわけではない。接触動詞は、言うまでもなく、能動では〈達成の命令〉を作る自己制御性の高い動詞である。

2.5.2　〈第三者の受身〉寄りのタイプ

　能動では〈達成の命令〉を作りうる自己制御性の高い動詞であっても、接触動詞以外によって形成された〈持ち主の受身〉は、命令表現や意志表現を形成することが不可能ないしは困難である。たとえば、こういった〈持ち主の受身〉には、

　　（１）　「犯人はあらかじめ被害者を縛って自由を奪っているのだから
　　　　　　〜。殺したのは顔を見られたためにやったのだろう。」
　　　　　　　　　　　　　　　　　　　　　　　　　　　　　　　（「相似の部屋」）
　　（２）　日の丸オヤジがどういうわけで連れていかれたのか、僕には今
　　　　　　もって知らない。ある工場に徴用され、それをさぼって魚釣りな
　　　　　　どをしていたのをとがめられたのか。　　（梅崎春生「突堤にて」）

などの下線のようなものが存在する。これらは、いずれも、

　　（1'）??誰カニ顔ヲ見ラレロ！
　　（1"）??誰カニ顔ヲ見ラレヨウ。
　　（2'）＊サボッテ魚釣リヲシテイルノヲ奴ニトガメラレロ！
　　（2"）＊サボッテ魚釣リヲシテイルノヲ奴ニトガメラレヨウ。

が示すように、〈持ち主の受身〉では、命令や意志の表現が不能ないしは困

難になる。
　上で見たように、〈持ち主の受身〉は、受身化による自己制御性の減少化においても、〈まともの受身〉と〈第三者の受身〉の間に位置する存在であることが分かろう。

3.　テモラウ態をめぐって

3.1　構造の上から見たテモラウ態の下位的タイプ

　構造の上から、テモラウ態は、〈まともノテモラウ態（直接テモラウ態）〉と〈第三者のテモラウ態（間接テモラウ態）〉とに分かたれる。
　〈まともノテモラウ態（直接テモラウ態）〉とは、もとの文に存在している非ガ格の共演成分をガ格に転換し、それに従って、ガ格の共演成分をガ格から外したテモラウ態である。したがって、この〈まともノテモラウ態〉では、必須的に要求される構成要素の数に増減は存しない。たとえば、

　　（1）　先生ガ　僕ヲ叱ッタ。

　　（1'）　僕ハ　先生ニ叱ッテモラッタ。

のようなものが、この〈まともノテモラウ態〉である。上掲の例文から分かるように、〈まともノテモラウ態〉では、もとの文の非ガ格の共演成分がガ格に、ガ格の共演成分が非ガ格に転じている。
　一、二実例を挙げておこう。

　　（2）　「ちょっと待て。わしはまだ立て替えた金、返してもらってないぞ！」　　　　　　　　　　　　　（秋本治「こちら葛飾区亀有公園前派出所」33）
　　（3）　「気前を見せたねえ。あたしも途中まで載せてもらおう。」
　　　　　　　　　　　　　　　　　　　　　　　　　　　　　　　　（「流れる」）

これらは、［オ前ガ立テ替エタ金ヲワシニ返ス←→ワシガ（オ前カラ）立テ替エタ金ヲ返シテモラウ］、［アナタガアタシヲ途中マデ載セル←→アタシガ（アナタニ）途中マデ載セテモラウ］のように、いずれも、テモラウ態になったからといって、要求される構成要素の数が増えるわけではなく、もとの動詞の要求する共演成分の表層の表現形式への実現のされ方の交替現象として、立ち現れているものである。

もっとも、こういった要求される構成要素の増えない〈まとものテモラウ態〉は、テモラウ態にあっては少数派である。テモラウ態の基本・中心は、次に述べる〈第三者のテモラウ態〉にある。

次に、〈第三者のテモラウ態（間接テモラウ態）〉について、ごく簡単に述べる。〈第三者のテモラウ態〉とは、もとの文の共演成分として存在していない第三者をガ格に据えたテモラウ態である。実例を一、二挙げておく。

（4）「気まぐれなの。そうね、布を見て頂くのでしたわね。今日でなければいけないのでしょうか？」　　　　　　　　　（大仏次郎「帰郷」）
（5）　些細なことで英子は腹を立て、あんたとはもう付き合いたくない、美容院は閉める、と言いだした。美和子は泣いて、すがって、ようやく機嫌を直してもらったが、〜。

（川辺豊三「公開捜査林道」）

のようなものが、本章でいう〈第三者のテモラウ態〉である。いずれも、[アナタガ布ヲ見ル→ワタシガアナタニ布ヲ見テモラウ]、[英子ガ機嫌ヲ直ス→美和子ガ英子ニ機嫌ヲ直シテモラウ]のように、もとの文の共演成分としては含まれようのない第三者がガ格に来ているテモラウ態である。

ただ、以下で見るように、ヴォイス的表現の自己制御性ということでは、構造上の下位的タイプである〈まとものテモラウ態〉と〈第三者のテモラウ態〉とでは、差異性は存しない。

3.2　意味の上から見たテモラウ態の下位的タイプ

次に、テモラウ態が表す意味のあり方からテモラウ態を下位類化してみよう。テモラウ態には、意味的には〈依頼受益型〉と〈非依頼非受益型〉とがある。この〈依頼受益型〉〈非依頼非受益型〉の違いは、構造上のテモラウ態の下位的タイプとは、相互独立的である。両者は、テモラウ態について、十字分類をなす。〈まとものテモラウ態〉にも〈第三者のテモラウ態〉にも、〈依頼受益型〉〈非依頼非受益型〉の双方が存在する。たとえば、次の例を較べてみよう。

（1）　洋平ニ部屋ニ入ッテキテモラッタ。
（1'）　勝手ニ部屋ニ入ッテキテモラッテハ困ル。

(1)が〈依頼受益型〉のテモラウ態であり、(1')が〈非依頼非受益型〉のテ

モラウ態である。上掲の例からも分かるように、〈依頼受益型〉〈非依頼非受益型〉とは、それぞれ次のようなものである。
　〈依頼受益型〉のテモラウ態とは、テモラウ態のガ格（主体）が、実際に動きを行う主体に、依頼などといった働きかけを行うことによって、実際の動き主体が動きを行い、そのことによって、テモラウ主体が益を得た（得る）、といったものである（もっとも、これが典型で、実際にはこの要件を欠いているものもあり、心理的にこれらに擬す、といったものも存する）。以下、実例をいくつか挙げておく。

（2）　ここ数年、手井はこの新納医師に診て貰っているという。
（佐野洋「満月様顔貌」）

（3）　「～、自分は独身だし、下宿ずまいだ。それで縞村先生におねがいして君をあずかってもらうことにした。」
（安岡章太郎「麦藁帽子の季節」）

（4）　十二時はとっくに過ぎていても相談は続くようすで、なんどりはここへ泊まるらしく、梨花はさきへ休ませてもらった。（「流れる」）

などが、この〈依頼受益型〉のテモラウ態である。この中で、(2)は、［新納医師ガ手井ヲ診ル→手井ガ新納医師ニ診テ貰ウ］から分かるように、〈まともものテモラウ態〉であり((3)もこれに準ずるもの)、それに対して、(4)は、〈第三者のテモラウ態〉である。
　次に、〈非依頼非受益型〉のテモラウ態についてごく簡単に説明しておこう。〈非依頼非受益型〉のテモラウ態とは、テモラウ態の主体が、実際に動きを行う主体に依頼などといった働きかけを行っていないのに、動き主体の方が一方的に動きを行う、といったものである。以下、一、二実例を挙げておく。

（5）　「あんたそちらの女中さんね。念のために云っときますけど、ここは私の地面であんたんとこのもんじゃない。お宅で何によらず立ちいる権利はないんですよ。だからたとえ火事になっても、そっちからむやみに踏みこめないんでね、けじめをまちがってもらっちゃ困りますよ。」
（「流れる」）

（6）　「気にいらなかったら、降りて下さい。こっちは忙しいんだ。いやいや乗って貰うこたあねえ。」
（三浦朱門「偕老同穴」）

などの下線部が、この〈非依頼非受益型〉のテモラウ態である。これらは、いずれも構造の上から云えば、〈第三者のテモラウ態〉である。もっとも、

 （7） 女房ニ内緒デ金ヲ貸シタノダカラ、女房ノ居ル前デ金ヲ返シテモ<u>ラッテ</u>ハ困ルヨ。

のように、［アナタガ私ニ金ヲ返ス←→私ガアナタカラ金ヲ返シテモラウ］のような〈まとものテモラウ態〉の〈非依頼非受益型〉が成り立たないわけではない。

 もっとも、これらの下位的タイプは同程度の存在のあり方で存するわけではない。テモラウ態にあっては、〈依頼受益型〉の〈第三者のテモラウ態〉が圧倒的に多数を占め、それ以外は少数である。ことに、〈非依頼非受益型〉の〈まとものテモラウ態〉は極めて稀であろう。

3.3　依頼受益型・非依頼非受益型と命令・意志

 ここでは、〈依頼受益型〉〈非依頼非受益型〉といった意味の上からしたテモラウ態の下位的タイプの自己制御性について、考えてみよう。具体的には、これらの下位的タイプが、命令や意志の表現を形成するのか否かを見ていくことになる。

3.3.1　依頼受益型の場合

 まず、〈依頼受益型〉から見ていこう。結論から言えば、〈依頼受益型〉においては、命令も意志も可能である。

 （1） 「〜。駐在さん、海岸の石ッころに付着した血痕を写真にとっとく方がいいよ。〜。」
    「僕がとっておきましょう。〜。」
    「駐在さん、早いとこ<u>撮影して貰いなさい</u>。もうすぐ波をかぶるから……。」
              （島田一男「国道駐在所」）

 （2） 三日後私は治癒を宣されて退院した。しかし中隊では治癒をみとめない。五日分の食糧を持って行った以上、五日<u>おいてもらえ</u>、といった。
                   （大岡昇平「野火」）

 （3） 「邦枝君か……今から二時間後の午後二時から特別シュミレーションをやる。Ｄ１本部特別委員と総理の秘書の三村君へ……い

　　　　や総理にも来てもらおう。直接総理に」　　（橋本忍「シ・日本沈没」）
　（4）「〜。東京だったら、いっぱいそんなお医者がいる。友人にたの
　　　　んで紹介してもらおう。」　　　　　　（小川未明「赤いろうそくと人魚」）
(1)(2)が、〈依頼受益型〉のテモラウ態の命令表現であり、(3)(4)が、そ
れの意志表現である。また、(1)(3)は〈第三者のテモラウ態〉であり、(2)
(4)は、[φガ私ヲ(病院ニ)オク→私ガφニ(病院ニ)オイテモラウ]、[友人
ガ私ニ(医者ヲ)紹介スル→私ガ友人ニ(医者ヲ)紹介シテモラウ]から分か
るように、〈まとものテモラウ態〉である。

　次に、これらの命令や意志の表現がどういった性質のものであるのかを、
少しばかり考えておこう。〈依頼受益型〉のテモラウ態は、テモラウ態の主
体が、実際の動き主体に依頼し、その依頼に実際の動き主体が応諾すること
によって、実現するものであった。これは、言い換えれば、話し手が、いか
に聞き手に動きの遂行を命じたり自ら遂行しようとしても、実際の動き主体
がそれに応諾して、動きを実行してくれなければ、話し手の命令したり意志
したりした動きが、実現しないことを意味している。つまり、話し手に出来
ることは、その動きの達成・成立そのものを命じたりもくろんだりすること
ではなく、動き達成への過程・企ての遂行・努力を命じたりもくろんだりす
ることである。(1)(2)(3)(4)は、「撮影シテモラウヨウニシナサイ」「オイ
テモラウヨウニシロ」「来テモラウヨウニシヨウ」「紹介シテモラウヨウニシ
ヨウ」と概略同じ意味を表している。〈依頼受益型〉のテモラウ態が作る命
令や意志の表現は、いずれも、いわゆる〈過程の命令〉〈過程の意志〉であ
る。

　上掲の例文に使用されている動詞は、いずれも、能動、あるいはもとの文
で〈達成の命令〉を作る自己制御性の高い動詞であった。〈まともの受身〉
が、〈達成の命令〉を作る自己制御性の高い動詞では、〈過程の命令〉〈過程
の意志〉といったあり方で、命令や意志の表現を形成しえたものの、元来〈過
程の命令〉しか作りえない自己制御性の低い動詞にあっては、命令や意志の
表現を形成しえなかったのに対して、〈依頼受益型〉のテモラウ態では、〈過
程の命令〉しか作りえない自己制御性の低い動詞においても、命令化や意志
化が不可能であるというわけではない。たとえば、
　（5）　彼ト結婚スル気ニドウシテモナレナイノナラ、彼ニ諦メテモラ

エ。
　（5'）　ドウシテモ、彼ニ娘ヲヤル気ニナラナイカラ、彼ニ娘ノコトハ諦メテモラオウ。

のように、極めて稀であろうと思われるものの、「諦メル」のような、〈過程の命令〉しか作りえない自己制御性の低い動詞でも、命令や意志の表現が形成されないわけではない。

　〈依頼受益型〉のテモラウ態にあっても、もとの文に較べて、〈達成の命令〉が〈過程の命令〉になる、といった、自己制御性の減少が確認される。ただ、減少化は、もともと〈過程の命令〉しか作りえない動詞であっても、命令化・意志化が可能であることから、〈まともの受身〉における減少化より、程度性の低いものであると思われる。

3.3.2　非依頼非受益型の場合

　次に〈非依頼非受益型〉の命令化・意志化について考えてみよう。結論から言えば、〈非依頼非受益型〉では、命令や意志の表現の形成は不可能である。たとえば、

　（１）　*イヤイヤ車ニ乗ッテモラエ！
　（１'）　*イヤイヤ車ニ乗ッテモラオウ。
　（２）　*許可ナク部屋ニ入ッテモラエ！
　（２'）　*許可ナク部屋ニ入ッテモラオウ。

などといった〈非依頼非受益型〉のテモラウ態の、命令や意志の表現は、いずれも逸脱性を有しているだろう。これは、〈非依頼非受益型〉のテモラウ態が、テモラウ態の主体の意志・意図性に拘わりなく出来する動きを表していることからすれば、当然のことであろう。〈非依頼非受益型〉のテモラウ態の表す動きは、非自己制御的なものであることになる。この点において、〈非依頼非受益型〉のテモラウ態は、〈第三者の受身〉に同じい。

4.　使役をめぐって

　最後に、使役について少しばかり考えてみよう。使役では、以下の例文が示すように、命令表現も意志表現も可能である。

（1）「前田さんが金を渡す前に、どうしても、死体を確認させろというもんだから、岡野の家で会ったんです。」　　　　（「厄介な荷物」）
（2）しかし、忠夫は「銀丁堂」でもっと働かせてくれと申し入れた。
　　　　　　　　　　　　　　　　　（松本清張「新開地の事件」）
（3）―×月〇日、大原はガンではないかといいだした。ノイローゼもきわまった感がある。しかし現実に胃のあたりに痛みを覚えるらしいので、近いうちに野田先生のところへ診察に行かせよう。
　　　　　　　　　　　　　　　　（森村誠一「精神分裂殺人事件」）
（4）「当分上昇相場は望めませんね。それよりレポートの印刷を中止させましょう。」　　　　　　　　　（清水一行「情報銘柄」）

は、いずれも、使役表現である。(1)(2)が、命令（ないしは依頼）の表現であり、(3)(4)が、意志の表現である。

ただ、もとの文の命令や意志の表現と、話し手の意図した動きの実現度といった点において、使役における命令や意志の表現が全く同じであるかどうかは、考えてみなければならない。また、使役とテモラウ態とで、どのように異なるかも考えてみなければならない。

まず、使役とテモラウ態との関係のあり方から見ていこう。使役とテモラウ態とでは、使役主体あるいはテモラウ主体と、実際の動き主体との力関係のあり方が、異なっている。使役主体は、実際の動き主体に対して、動き実現を要求できる立場にある。それに対して、テモラウ主体は、動き主体に対して動き実現の依頼をし、動きの実現は、動き主体のそれに対する応諾をまって実現する。したがって、「啓介ヲ使イニ行カセロ！」「啓介ヲ使イニ行カセヨウ。」と「啓介ニ使イニ行ッテモラエ！」「啓介ニ使イニ行ッテモラオウ。」とでは、話し手の聞き手への命令や話し手の動き遂行の意志によって、動きが実現する実現度に、異なりが存するものと思われる。テモラウ態では、いかに聞き手に動き遂行を命じたり自ら遂行しようとしても、実際の動き主体がそれに応諾し、動きを実現してくれなければ、動きは実現しない。それに対して、使役では、使役主体は、動き主体に対して、動きを実現させうる立場・力関係にある。したがって、通常、使役主体が、動き遂行を命じたり、自ら遂行しようと意図することによって、動きが実現することになる。「行ッテモラエ！」が「行ッテモラウヨウニシロ！」と概略同じであった

のに対して、「行カセロ！」と「行カセルヨウニシロ！」とでは、少しく意味が異なる。「行カセロ！」が、行くという動きの達成・成立そのものを命じているのに対して、「行カセルヨウニシロ！」にしてしまうと、動きの達成そのものではなく、達成へ向けての条件作り・過程の実現を命じているものに変わってしまう。

　それでは、使役における命令や意志の表現は、動きの実現度・実現可能性といった点において、もとの文と全く同じなのだろうか。〈達成の命令〉から〈過程の命令〉に変わるといったほどの差はないにしても、やはり少しく違うと思われる。

　　（5）　武志ヲ殴レ！
　　（5'）　広志ニ武志ヲ殴ラセロ！

を較べれば、両者に次のような異なりの存することが分かる。もとの文が、聞き手に動きの達成・成立そのものを命じており、聞き手がそれに従う気がありさえすれば、動きそのものが実現するのに対して、使役では、聞き手に話し手の命令に従う意志があるだけでは、実際に動きは実現しない。さらに、使役される相手（これが実際の動き主体、この例では「広志」）に、その気がなければならない。使役は、二つ（聞き手と使役の相手）の意志を経由する分、動きの実現度・実現可能性が、もとの文に較べて低くなる。

　もっとも、総ての使役でこのようなことが起こるわけではない。

　　（6）　モット速ク車ヲ走ラセロ！
　　（7）　「お、おれにもなぐらせろッ。」
　　　　　「よしッ。」　　　　　　　　（小池一夫『クライング・フリーマン』8）
　　（7'）　「フリーマンこと竜太陽の足どりがつかめたそうです。やつは神戸です。」
　　　　　「よしッ。計画通り接触させろ。」　　（『クライング・フリーマン』9）

（6）は、使役の相手（実現の動き主体）が意志を持たない存在であることによって、したがって、形式上は、使役表現でありながら、他動表現等価であることによって、使役化による動き実現度の減少化は存しない。また、（7）にあっても、使役の相手が話し手自身であることによって、使役相手の意志が話し手の意志に重なることになり、動き実現度の減少化は生じない。それに対して、使役相手が話し手以外である（7'）では、二つの意志を経由するこ

とによる動き実現度の減少化が起こることになる。

5. まとめとして

以上、ヴォイスに関わる諸表現が表す動きの有している自己制御性のあり方について見てきた。そして、それらの表している命令や意志の表現の表す動きの実現度に、異なりの生ずることのあることが、分かった。これらのヴォイス的諸表現を、それが有する自己制御性の高さの順に配列すれば、概略、

　　能動→使役→依頼受益型のテモラウ態→まともの受身→非依頼非受益型のテモラウ態、第三者の受身

のようになる。

　以上、ヴォイス的諸表現の特性を、それが有する自己制御性といった観点から考察してみた。

注
1　共演成分とは、動詞の表す動きや状態の実現・成立に必須的に参画している構成要素のこと。たとえば、「食べル」であれば、食べ手たる〈動作主〉と食べられるものである〈対象〉が、これである。
2　過程の命令とは、動きの達成・成立そのものではなく、動き達成への過程・企てを命じたもの。たとえば、「まあ、<u>落ち着け</u>よ。(筒井康隆「その情報は暗号」)」「<u>心配するな</u>。(赤江瀑「八月は魑魅と戯れ」)」のようなものである。それに対して、達成の命令とは、動きの達成・成立そのものが命じられているもの。たとえば、「もういい、あっちへ<u>行け</u>。(尾崎一雄「虫のいろいろ」)」「おい、一枚も<u>残すな</u>。(剣持亘他「シナリオ・さびしんぼ」)」のようなものである。過程の意志にあっても同様。
3　もっとも、〈第三者の受身〉にも、「奴ニ古川恭太ト香具子ノコトヲ<u>気取ラレルナ！</u>」といった、〈過程の禁止〉が成り立たないわけではない。

参考文献
鈴木重幸 1972　『日本語文法・形態論』むぎ書房
鈴木重幸 1980　「動詞の「たちば」をめぐって」『教育国語』60 号

高橋太郎 1977　「たちば（voice）のとらえかたについて」『教育国語』51 号
寺村秀夫 1982　『日本語のシンタクスと意味Ⅰ』くろしお出版
仁田義雄 1988　「意志動詞と無意志動詞」『言語』17 巻 5 号
仁田義雄 1990　「働きかけの表現をめぐって」『国語論究 2』（明治書院）所収
宮島達夫 1972　『動詞の意味・用法の記述的研究』秀英出版

　　　（初出、「ヴォイス的表現と自己制御性」『日本語のヴォイスと他動性』くろしお出版、1991）

第4部　アスペクト

第11章　アスペクト形式とその解釈のために

0. はじめに

　本章は、5年ほどの歳月をかけチームで作成した『計算機用日本語基本動詞辞書』(1987年、情報処理振興事業協会技術センター)を補完するための文法として書かれた「テンス・アスペクトの文法」のアスペクトを扱った後半部分を取り出したものである。筆者は、同辞書のテンス・アスペクト情報の部分を担当していた。

　本章への理解のため、『計算機用日本語基本動詞辞書』のテンス・アスペクト情報の記載部分を、最低限必要な他の情報とともに、適宜部分的に示しておく。

【あそぶ】
　1　「子供がファミコンで遊んでいる。」〈意記〉何かをして楽しむ。〈時相〉未来、進行、テシマウ、カケル、ハジメル、ダス、ツヅケル
　2　「彼は安井息軒の門に遊んだ。」〈意記〉遠い所や学者の所に行って、学んだり風物を楽しんだりする。〈時相〉未来、経験・完了、カケル、ハジメル、ダス

【かわく】
　1　「洗濯物が乾いた」〈意記〉水分のなくなった状態になる。〈時相〉未来、結果残存、テイク、テクル、テシマウ、カケル、ハジメル、ダス、ツツアル
　3　「彼は音楽に渇いている。」〈意記〉ある物が欠けていて、それが欲しい

と思う。〈時相〉×、単純状態、×

【ころす】
　1　「猟師が猟銃で熊を殺した。」〈意記〉生きているものの生命を絶つ。〈時相〉未来、経験・完了、テアル、テシマウ、カケル
　3　「彼は感情を殺して話を続けた。」〈意記〉ある生理現象や感情を抑える。〈時相〉未来、進行、テシマウ、ツヅケル

【よむ】
　2　「彼は新聞で彼の記事を読んだ。」〈意記〉書いてあるものを見て、意味を理解する。〈時相〉未来、進行、テシマウ、カケル、ハジメル、ダス、ツヅケル、オワル

【わる】
　1　「彼は窓ガラスを割った。」〈意記〉ある物に力を加えて、複数の部分に分ける。〈時相〉未来、進行、テアル、テシマウ、カケル、ハジメル、ダス、ツヅケル
　4　「今年の大学受験者総数は50万人を割った。」〈意記〉ある数量を下回る〈時相〉未来、結果残存、テクル、テシマウ、カケル、ツツアル

【われる】
　1　「地震でガラスが割れた。」〈意記〉一体であった物が、粉々に分かれた状態になる。〈時相〉未来、結果残存、テシマウ、カケル

上記のサンプルで〈意記〉とあるのは、意味記述つまり語釈のことである。〈時相〉がテンス・アスペクトに関わる情報である。最初の項目はル形のテンス的意味に関するもの。「未来」とはル形が未来を表すということ。「×」はル形での使用はなく、テイル形で使われることを示している（たとえば上掲「かわく」の3）。第二番目の項目はテイル形の基本的な（派生的でない）意味が何であるかを示している。「進行」や「結果残存」や「経験・完了」などの意味が記載されている。第三番目の項目は、二次アスペクト以降の形

式の共起関係を示している。列挙されている形式は、ごく自然に共起するものである。この項目の欄に「×」が記してあれば、二次アスペクト以降の形式はいずれも共起しないこと示している（たとえば上掲「かわく」の3）。

1. アスペクトの定義

　アスペクトとは、動詞の表す動きを丸ごと捉えるのか動きの中に分け入って過程を広げた形で捉えるのか、展開局面のどの部分を捉えるのかといった、動詞の表す動きの全過程のどの局面に焦点を置いて、その動きを捉え・表現するかを表し分けるための動詞の形態変化に関わる文法カテゴリである。テンスが、動詞（動詞だけではないが）が述語になるにあたって必要とされた文法カテゴリであったのに対して、アスペクトは、ヴォイスなどとともに、アスペクト語形の形成といった側面とともに、アスペクト動詞とでもいったものを形成する側面をも有する、動詞の語彙―文法カテゴリである。

2. アスペクトの表現形式

　テンスが、ル形・タ形といった語尾変化によって、テンスといった文法カテゴリのメンバーたる表現形式を形成したのに対して、アスペクトは、動詞の〈テ形〉（ex.「食ベテ、読ンデ、走ッテ、書イテ」）に、アスペクト的意味を分化的に担う補助動詞を付加させたり、これまた、アスペクト的意味を分化的に担っている動詞を複合動詞の後項的なあり方で前項の本動詞に付着させたりして、その表現形式を形成する。テンス表現形式の形成が、語尾変化といった語形形式の基本的な方法で行われているのに対して、アスペクトの表現形式の形成が、補助動詞の付加、複合動詞化といった合成的な方法で行われるのは、テンスの文法カテゴリとしての存在の確実さに対して、アスペクトといったカテゴリが、文法カテゴリとしては、テンスに比較して脆弱であり、いくぶん派生的なカテゴリであることを表している。アスペクトを語彙―文法カテゴリと呼んだことの一つの理由である。

2.1 ここで取り挙げたアスペクト形式
2.1.1 「ル／タ」形（非テイル形）

テイル／テイタの形とアスペクト的対立（動きを丸ごと表す形式としてル／タ形と動きの中に分け入って過程を広げたテイル／テイタ形）を有するあり方で存在するル／タ形（非テイル形）は、アスペクトの一つの表現形式である。

　（1）　これから子供が運動場を走る。／子供が運動場を走っている。
　（2）　もうすぐこのテレビは壊れる。／このテレビは壊れている。
　（3）　彼は後二日でその仕事を完成する。／彼は既にその仕事を完成している。

などのル形（タ形を含めた非テイル形を便宜上こう呼ぶ）が、非テイル形たるところの、つまり、アスペクトの表現形式たるル形である。ただ、アスペクトのル形対テイル形の対立は、テンスのル形対タ形のような同一平面上の真正な対立（タ形が marked な形であるにしても）ではない。ル形が基本・原形であるのに対して、テイル形は、既にいくぶん付加形といった派生的な対立である。

テイル形を派生させているにしても、それをアスペクト的対立として有していないル形は、アスペクトの表現形式としては扱わない。

　（4）　その部分に彼の問題点が存する／存している。
　（5）　人間は男と女に分かれる／分かれている。
　（6）　このネクタイは彼の紺の背広によく似合う／似合っている。

テイル形をアスペクト的対立としては有していないこれらのル形は、アスペクトの表現形式としては扱わない。ここでは、ル形のアスペクト的意味については、触れる余裕がない。

2.1.2 「テ形＋補助動詞」系
1）テイル（テオル）形

テイル（テオル）、テイタの形をまとめて（末尾のル／タはテンス的対立を表すもの）、テイル形と呼んでおく。ここで扱うのは、ル形とアスペクト的対立として存在しているテイル形である。このル形対テイル形が、アスペクト形式の基本的対立、アスペクトの表現形式の基本的な二形式である。特

に、テイル形が、いくぶん派生的なカテゴリであるアスペクトの基本的な表現形式である。

（1） 驚いても表情のかわらない慎吾の声がさすがにふるえていた。
（瀬戸内晴美「夏の終り」）／慎吾ノ声ガサスガニフルエタ。
（2） 窓が開いている。／窓ガ開ク。
（3） こんな山のなかにひっこもっておりますと～（泉鏡花「高野聖」）／コンナ山ノ中ニヒッコモリマスト～

などのテイル（テオル）形が、アスペクトの基本的な表現形式のテイル（テオル）形である。

2） テシマウ形

テシマウ形には、ここで問題にしているアスペクト的意味以外に様々な情意的な意味合いを付与するための使い方・使われ方があるが、ここでは、それらについては問題にせず、テシマウ形をもっぱらアスペクト的意味の側面のみから眺めることにした。したがって、テシマウ形のアスペクト的な使われ方・アスペクト的意味のみを取り扱う。

（1） そうなると捜査はふり出しに戻ってしまう。（斉藤栄「江の島悲歌」）
（2） 夜中にならないうちに、レポートを書いてしまう。
（3） 「～、ぼやぼやしていると拉致されちまうぞ。」
（大岡昇平「歩哨の眼について」）

などがテシマウ形の例である。テシマウ形は、非テシマウ形と派生的な対立をなしている（たとえば、ル形対テシマウ形、テイル形対テシマッテイル形など）。

3） テクル形とテイク形

ここで扱うテクル形、テイク形は、時間の進展に従っての動きの進展の様を示すといったアスペクト的な意味を表すものに限られており、空間移動、方向移動などを表すテクル／テイク形は省かれている。つまり、「コチラヘヤッテクル」「本ヲ買ッテクル」「学校ヘハ歩イテイク」「大学ヘハ本屋ニ寄ッテ行ク」などの「テクル」「テイク」は、ここでは扱わない。こういったものについては、本章でも、アスペクトを表す形式でないとして除いてある。

（１）　芸もあがり、人気もだんだん でてきた。　　　（川端康成「雪」）
　　（２）　〜あの味には幽かな爽かな何となく詩美といった味覚が漂って
　　　　　くる。　　　　　　　　　　　　　　　　（梶井基次郎「檸檬」）
　　（３）　私の結婚の話も、だんだん 好転していって、（太宰治「富嶽百景」）
　　（４）　〜次第に私の心からも、セキセイインコのことは薄れて行った。
　　　　　　　　　　　　　　　　　　　　　　　（井上靖「セキセイインコ」）
　　（５）　こうして真逆様に死に近づいて行った。　（藤枝静男「私々小説」）
などの「テクル」「テイク」が、アスペクトの表現形式たるテクル・テイク形である。「ダンダン、徐々ニ、次第ニ、マスマス」などの副詞と共起することが、アスペクト形式としてのテクル・テイク形の一つの特徴である。
　アスペクトの表現形式としての「テクル」「テイク」と空間・方向移動を表す形式としての「テクル」「テイク」との違いは、さほど截然としているわけではない（空間・方向移動も、時間の流れの中で展開するものであることからすれば、重点の置き方が変われば、アスペクトの表現形式になるだろう）。例文（５）などは、両者の中間的な表現だろう。

4）テアル形

　テアル形は、アスペクトとヴォイスの両カテゴリに関わり合うところのある形式であるが、ここでは、アスペクトの項で扱い、その共起関係のあり方をチェックしてある。テアル形とテイル形とは、一つの顕在的な統語連鎖の中では排他・選択（either-or）の関係にある（つまり、テイル形とテアル形は一つの構文の中で同一の動詞に対して、並び使われることはない。テイル形とテアル形が連鎖した形はない）。
　　（１）　焼入れをおわった刀身が、水槽のふちによこたえてあった。
　　　　　　　　　　　　　　　　　　　　　　（大河内常平「安房国住広正」）
　　（２）　アリバイ工作など、一切の手を打ってはあったが、〜
　　　　　　　　　　　　　　　　　　　　　　　　　　　　（「江の島悲歌」）
などの、「テアル」がこれである。

2.1.3 複合動詞系
1）（シ）カケル形
　　（１）　伴子の二つの目に、また涙が溢れかけていた。　（大仏次郎「帰郷」）
　　（２）　「降りました。いただきのほうに、〜」と言いかけて、ふと前方
　　　　　を見ると、富士が見える。　　　　　　　　　　　　（「富嶽百景」）
などの「シカケル」がアスペクト形式の（シ）カケル形である。「彼は私に話しかけてきた。」の「話しかける」のようなたぐいは、同じく「シカケル」という形を取ってはいるが、「話しかける」全体で一つの語彙的意味を表す真正な複合動詞であって、アスペクト形式としての（シ）カケル形ではない。

2）（シ）ハジメル形
　　（１）　知子は、〜興奮した声でしゃべりはじめた。　　　（「夏の終り」）
　　（２）　三日目から突然脳の働きが衰弱しはじめて、〜　　（「私々小説」）
などの「シハジメル」がアスペクト形式の（シ）ハジメル形である。

3）（シ）ダス形
　　（１）　隣の客が騒ぎ出したのが聞こえて来た。
　　（２）　遠く町はずれの灯が見えだした。
などの「シダス」がアスペクト形式としての（シ）ダス形である。「彼は突然表へ飛び出した。」の「飛び出す」のようなたぐいは、同じ「シダス」といった形を取ってはいるものの全体で一つの語彙的意味を担う真正な複合動詞として扱い、アスペクト形式からは除いた。（シ）ダス形は、可能性としては、（シ）ハジメル形と同様の動詞との共起分布を示すものと思われるが、実例では、その共起分布には限定と片寄りがある。「笑いだす、泣きだす、言いだす、怒りだす」等々が代表的なもので、「出ス」本来が有している語義のあり方が深く関わっているものと思われる。その意味で、（シ）ハジメル形に対して、（シ）ダス形のアスペクト形式としての確立は弱い。

4）（シ）ツヅケル形
　　（１）　私は、三時間、四時間と風に向かって走り続けた。
　　　　　　　　　　　　　　　　　　　　　　（植村直己「極北に駆ける」）

(2) 車中の彼は、ほとんど翌朝まで眠りつづけていて、～

（鮎川哲也「急行出雲」）

などの「シツヅケル」がアスペクト形式としての（シ）ツヅケル形である。「シツヅケル」の形では、後に述べるところではあるが、アスペクトといったカテゴリを派生させない（させる必要のない）〈状態動詞〉が、変化を持たないあり様の同質的な広がりを表すといった語義のあり方からして、「三日三晩置屋ニ居ツヅケタ。」「良イ夫婦デアリツヅケルコトハ難カシイ。」のように、「シツヅケル」の形を持つが、アスペクトの規定からして、この「シツヅケル」の形をアスペクト形式として扱うことはしない。

5) （シ）オワル形

（1） カズオが包帯を換え終わって、～

（村上龍「限りなく透明に近いブルー」）

（2） ～、兵士が書き終るのを待つと、～　　（木山捷平「耳学問」）

などの「シオワル」がアスペクト形式の（シ）オワル形である。

6) ～ツツアル形

（1） 言葉が浮動し、変化しつつあるものである以上、～

（三上章「現代語法序説」）

（2） 戦後の発刊だったが、もう伝統めいたものができ上がりつつある。

（松本清張「霧の旗」）

などの「シツツアル」がアスペクト形式の（シ）ツツアル形である。「シツツアル」は、複合動詞型とは言えないが、いわゆる連用形に付く点において同じであるので、この複合動詞系の中で取り挙げた。

2.2　なぜ、複合動詞系をこれらに限ったのか

アスペクトは、テンスに較べて、その文法カテゴリとしての確立が脆弱であった。それは、テンスが語尾変化といった基本的な語形形成の方法を取るのに対して、アスペクトが補助動詞の付加、複合動詞化といった合成的な語形形成の方法を取るといったところにも現れている。複合動詞形のアスペクト形式にあっては、その文法形式としての確立がさらに弱いと考えられる。

これらと一般の複合動詞(特に、「読ミ切ル」「書キ上ゲル」「食イツクス」など動きの展開のあり方に関わる意味を語義として持つ動詞を複合動詞の後項として有するもの)との境界があいまいである。これらの複合動詞系は、語彙の海に埋もれていく勢い・傾向を有するものである。そういった傾向を認めないわけではないにしても、複合動詞系のアスペクト形式として上述のものを取り挙げたのは、それなりの理由がある。

　Ⅰ　共起する動詞が規則的である。あるクラスの動詞とは等しく共起するといった共起の規則・生産性。
　Ⅱ　ヴォイスといったカテゴリに割って入られうる。

アスペクト形式の場合

「本動詞＋ヴォイス＋アスペクト形式」といった順序を取りうる。たとえば、「壊さ・レ・カケ・た」「叱ら・レ・ダシ・た」「潰さ・レ・ハジメ・た」「見・ラレ・ツヅケ・た」「殴ら・レ・オワッ・た」の如くである。

それに対して、複合動詞の後項の場合

「動詞の前項＋動詞の後項＋ヴォイス」といった順序を取る。たとえば、通常「書き・上ゲ・ラレ・た」「食い・ツクサ・レ・た」「殴り・倒サ・レ・た」「呼び・集メ・ラレ・た」のようになり、「*書か・レ・上ゲ・た」「??食わ・レ・ツクシ・た」「*殴ら・レ・倒シ・た」「*呼ば・レ・集メ・た」のようにならない(あるいは極めてなりにくい)。これは、「動詞の前項＋動詞の後項」全体が動詞の語義(複合的であるにしても)を担う一つの動詞であることを示している。

3.　アスペクトの存在・分化

3.1　アスペクトの存在・分化とは

　述語がル形とテイル形をアスペクト的対立(動きを丸ごと捉える形としてのル形・動きの中に分け入って持続状態を捉える形としてのテイル形)として分化・対立させていることをもって、ここでは、その述語にアスペクトといったカテゴリが存在・分化していることとする。

3.2 動詞のタイプとアスペクトの存在・分化

　テンスが総てのタイプの述語に存在したのに対して、その述語にアスペクトといった文法カテゴリが存在・分化するのか、どのようなアスペクトが存在するのか、そのアスペクト形式のアスペクト的意味はいかなるものなのかなど、といったことは、基本的にその述語がどういった意味論的な下位類に属しているかによって、制限があり定まっている。アスペクトを語彙—文法カテゴリと特徴づけた所以がここにある。アスペクトの種類・アスペクト的意味のタイプをも含めて、アスペクトの存在・分化が、述語のタイプ（名詞述語や形容詞述語にはアスペクトは存在しないから、実は、動詞のタイプ）に、基本的に規定されていること（構文環境が動詞のサブ・タイプ形成に影響を与え、事実はそんなに簡単でないにしても）が、辞書の中に、動詞の文法カテゴリに関する辞書記載事項の一つとして、動詞とアスペクト形式との共起関係のあり様を記述することを可能にし、かつまた必要ともしている。

　そういったアスペクトの存在・分化のあり様を規定してくる動詞の語彙—文法的なタイプとアスペクト形式の共起関係と相関については、各下位類を特徴・規定づける類的な語義のあり方（範疇的意義）の観点から、既に何度か述べた（「動詞の意味と構文—テンス・アスペクトをめぐって—」『日本語学』Vol.1、No.1、(1982)；「動詞とアスペクト」『計量国語学』Vol.14、No.3 (1983)；「アスペクトについての動詞小レキシコン」『ソフトウェア文書のための日本語処理の研究—5』I.P.A.、(1983))。ここでは、動詞のサブ・タイプとアスペクト形式の共起関係の相関的なあり方を、別の観点からまとめておく。

　まず、テイル形とル形とを、アスペクト的対立を有するあり方で持たない動詞類と、アスペクト的対立で有する動詞類に分かれる。**[1]** 前者のタイプの動詞類が、アスペクトといったカテゴリをもたないもので、語義的に見て〈状態動詞〉である。後者のタイプの動詞類が、アスペクトといったカテゴリを持つもので、語義的に見て〈動き動詞〉である。後者の動詞類は、同時に基本的にテシマウ形、カケル形をも取る。

　タイプ1の動詞類は **[1. a]** テイル形を持たないもの（「有ル、居ル、早スギル」など）、**[1. b]** ル形、テイル形を共に有するが、アスペクト的対立として両形を有していないもの（「存在スル／存在シテイル、劣ル／劣ッテイ

ル、違ウ／違ッテイル、相当スル／相当シテイル、共通スル／共通シテイル」など）、**[1. c]** テイル形しか持たないもの（「優レテイル、ズバヌケテイル、アリフレテイル、ニヤケテイル、洒落テイル」など）に分かれる。

　後者には、さらにいくつかのタイプの動詞類がある。アスペクトを有する動詞類は、テイル形の表すアスペクト的意味にしたがって、まず、**[2]** 基本的に〈結果残存〉を表す動詞類、**[3]** 基本的に〈進行〉を表す動詞類、**[4]**〈経験・完了〉しか表せない動詞類の三つのタイプに分かれる。タイプ4の〈経験・完了〉しか表せない動詞類（「ナクス、発見スル、勝ツ、（事故ヲ）起コス」など）は、既に述べたテイル形、テシマウ形、カケル形だけを取りうる。

　タイプ2の基本的に〈結果残存〉を表す動詞は、さらに、**[2. a]** 単一事象では、テイル形、テシマウ形、カケル形のみを取りうる動詞（「生マレル、結婚スル、届ク、死ヌ」など）と、**[2. b]** 単一事象で、テイル形、テシマウ形、カケル形に加えて、ツヅケル形を取りうる動詞類（「座ル、寝ル、起キル、立チ止マル」など）と、**[2. c]** 単一事象でテイル形、テシマウ形、カケル形、ツヅケル形に加えて、さらにハジメル（ダス）形、テクル形、テイク形、ツツアル形を取りうる動詞類（「太ル、枯レル、固マル、暖マル」など）とに分かれる。

　タイプ3の基本的に〈進行〉を表す動詞類は、総て、テイル形、テシマウ形、カケル形、ツヅケル形、ハジメル（ダス）形を取りうる。タイプ3の基本的に〈進行〉を表す動詞類は、**[3. a]** 通常、オワル形を取りえないものと、**[3. b]** オワル形を取りうるものとに分かれ、さらに、動きの漸次的な進展を表すテクル形、テイク形、特にツツアル形を取りうるか否かによって、**[3. a. (1)]** テイル形、テシマウ形、カケル形、ツヅケル形、ハジメル（ダス）形を取りうる動詞類（「遊ブ、走ル、暴レル・騒グ」など）と、**[3. a. (2)]** テイル形、テシマウ形、カケル形、ツヅケル形、ハジメル（ダス）形に加えて、テクル形、テイク形、ツツアル形、（テクル形、テイク形はツツアル形に比べて共起可能性が低い）を取りうる動詞類（「固メル、暖メル、伸バス、溜メル」など）とに分かれる。**[3. b]** のタイプは、テイル形、テシマウ形、カケル形、ツヅケル形、ハジメル（ダス）形に加えて、オワル形を取りえて、かつ、このタイプは、ほぼ、テクル形、テイク形（この両形の共起可能性はツツアル形に較べて劣る）、ツツアル形を取りうる（「書ク、組ミ立テル、着替エル、

縫ウ」など)(動きの準備段階を表す「ツツアル」であれば［2.b］「座ル」や［3.a(1)］「走ル」などの動詞とも共起しうる)。オワル形を取りながらツツアル形の類を取りえないものは、本来的にはオワル形を取りえない動詞が、構文環境のあり様で、オワル形を取るようになったもの(「彼ハヤット運動場ヲ二周走リオワッタ」)が、ほとんどであろう。

以上述べた動詞の諸タイプをまとめて図化すれば、次頁の図のようになる。

動詞総てが、以上のタイプに収まり切り、これ以外の、アスペクト形式との共起関係のパターンがないというわけではないが、大部分がこのパターンを取る。

3.3 文のムードとアスペクトの存在・分化

テンスの述語における存在・分化が、その述語がどういったムードを帯びた述語であるかによって、つまり、文のムードのあり方によって決まっていたのに対して、アスペクトは、述語を構成する語詞がアスペクトの存在・分化を許すタイプのものである限り、総てのムードの述語に存在・分化する。アスペクトは、その存在・分化を、テンスと異なって、文のムードのあり方に規定されることはない。

A. 命令・依頼のムード
　（1）　静かに座っていろ！
　（2）　抵抗もしないでぼさっと殴られているな！
　（3）　静かにしていて下さい。

など、総て文法的である。

B. 勧誘のムード
　（1）　もう少しここで話していませんか。
　（2）　酒でも飲んで待っていましょう。

など、やはり総て文法的である。

C. 意志・希望のムード
　（1）　今日はずっと本を読んでいよう。
　（2）　もう少しあなたと会っていたい。

など、総て文法的な文である。

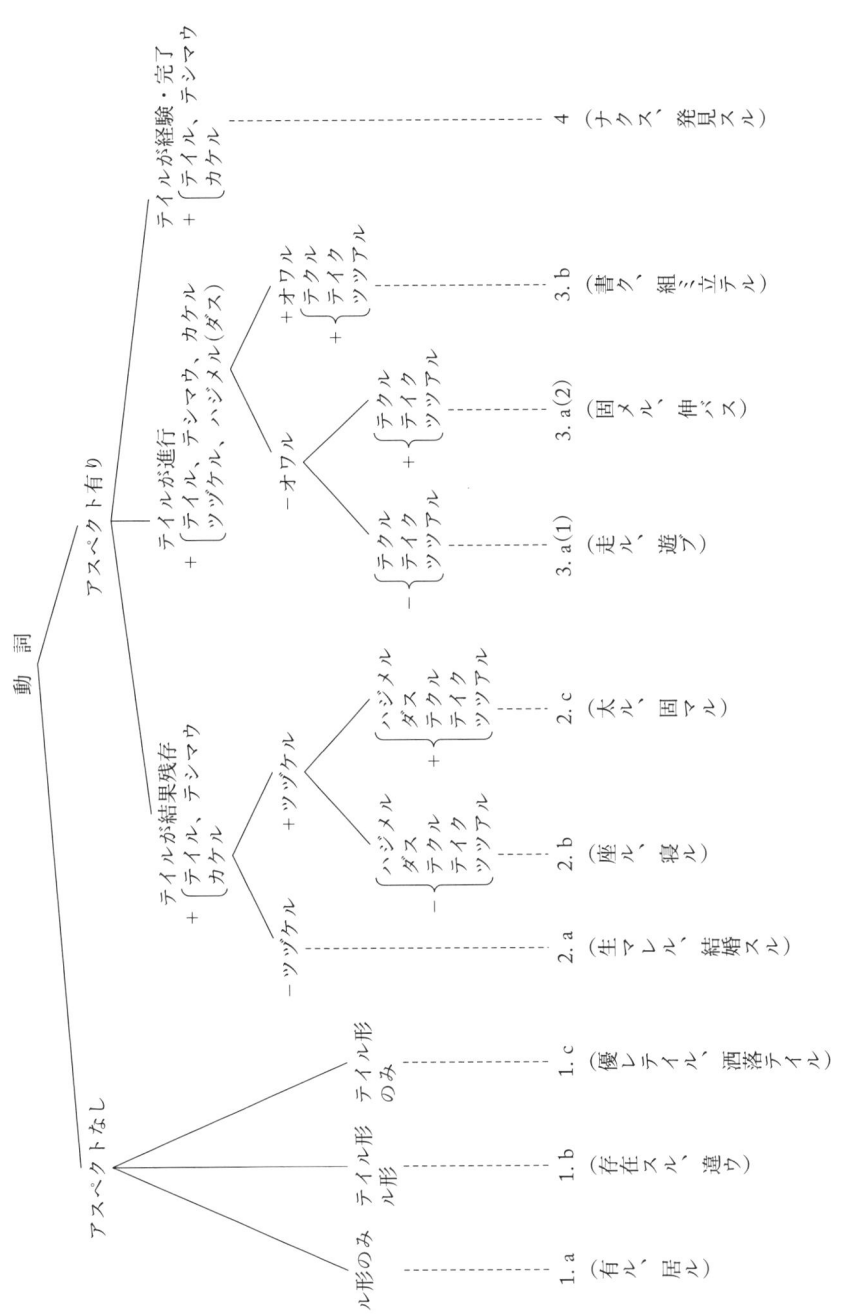

第11章　アスペクト形式とその解釈のために　253

```
動詞
├─ アスペクト有り
│   ├─ テイルが経験・完了
│   │   +[テイル、デシマウ、カケル]
│   │   └──────────── 4（ナクス゛発見スル）
│   │
│   ├─ テイルが進行
│   │   +[テイル、デシマウ、カケル、ツヅケル、ハジメル（ダス）]
│   │   ├─ +オワル
│   │   │   +[テクル／テイク／ツツアル]
│   │   │   └──────────── 3.b（書ク、組ミ立テル）
│   │   └─ −オワル
│   │       ├─ +[テクル／テイク／ツツアル]
│   │       │   └──────────── 3.a(2)（固マル、伸ビル）
│   │       └─ −[テクル／テイク／ツツアル]
│   │           └──────────── 3.a(1)（走ル、遊ブ）
│   │
│   └─ テイルが結果残存
│       +[テイル、デシマウ、カケル]
│       ├─ +ツヅケル
│       │   ├─ +[ハジメル／ダス／テクル／テイク／ツツアル]
│       │   │   └──────────── 2.c（太ル、固マル）
│       │   └─ −[ハジメル／ダス／テクル／テイク／ツツアル]
│       │       └──────────── 2.b（座ル、寝ル）
│       └─ −ツヅケル
│           └──────────── 2.a（生マレル、結婚スル）
│
└─ アスペクトなし
    ├─ テイル形のみ
    │   └──────────── 1.c（優シテイル、洒落テイル）
    ├─ テイル形／ル形
    │   └──────────── 1.b（存在スル、違ウ）
    └─ ル形のみ
        └──────────── 1.a（有ル、居ル）
```

図　アスペクトの存在・分化から見た動詞分類

D.　情意・意向の問いかけのムード
　　　（1）　もう少しここで飲んでいる？
　　　（2）　私の方で預かっていましょうか。
など、やはりいずれも文法的である。
　　E.　述べ立てのムード
　　　（1）　あっ、雨が降っている。
　　　（2）　鍵は掛かっています。
など、いずれも文法的な文である。
　　F.　判断の問いかけのムード
　　　（1）　奴はやって来ているかい？
　　　（2）　何を食べていたの？
など、やはりいずれも文法的である。
　　文のムードのあり様が、そのムードを帯びた述語におけるアスペクトの存在・分化を限定することはない。

3.4　節のタイプとアスペクトの存在・分化

　テンスの存在・分化および（絶対・相対という）テンスの種類が、その節がどのような文的度合を持った節であるかに規定されていたのに対して、アスペクトは、その節の述語を構成する語詞がアスペクトの存在・分化を許す語詞である限り、〈状態述語〉（テイル形も一種の状態述語である）を取らない〈副詞節〉を除いて、文的度合の低い節からそこで文が成立するところの主節まで、節の有している文的度合に関わりなく存在・分化する。アスペクトは、テンスと異なって、その存在・分化を、節の文的度合のあり方に規定されることはない。
　　A.　中止節
　　　（1）　外を見ていて、彼が出ていくのに気がつかなかった。
中止節にアスペクトは存在・分化する。
　　B.　条件節
　　　（1）　来ているなら顔を出すだろう。
　　　（2）　幸福になりたいと願いつづけていれば、必ず幸福になれる。
上の例から明らかなように、条件節に、アスペクトは存在・分化する。

C. 理由を表す節
　（１）　風呂に入っているので、出ていけなかった。
　（２）　暗い所で長時間本を読んでいたため、目を悪くした。
理由を表す節には、テイル形の存在・分化があり、アスペクトが存在している。

D. 時間関係を表す節
　時間関係を表す節は、従属節の示す主節との時間関係のあり方からして、ル形でなければならないもの、タ形でなければならないもの、テイル形でなければならないもの、といったふうに、形式の固定化したものも少なくないが、ル形とテイル形とを存在・分化させているものもなくはない。述語の形式の固定化は、文的度合によるものではない。
　（１）　手紙を｛書いた／書いている／書く｝時、彼が部屋に入って来た。

E. 接続節
　（１）　こちらへ｛来ていた／来た｝が、すぐに帰った。
　（２）　あいつは変な仲間と付き合っているし、学校にも出て来ない。
上の例から明らかなように、接続節には、アスペクトの存在・分化がある。

F. 終止節
　（１）　その時、彼が｛やって来ていた／やって来た｝。
　（２）　静かにしていろ。
　（３）　もう少し本を読んでいよう。
からも分かるように、当然、終止節には、アスペクトの存在・分化がある。
　テンスと異なって節の有している文的度合のあり方が、アスペクトの存在・分化を限定してくることはない。

4. アスペクト形式の体系と構造

　既に述べたアスペクトの諸表現形式は、either-or（排他・対立）とboth-and（併存・共起）との関係から、いくつかのクラス・階層に分かれる。日本語文のアスペクト形式は、それ自身の中に構造と体系を有している。日本語文のアスペクト形式は、単層的存在ではなく、複層的存在である。
　一つの統語連鎖の中で併存・共起する要素群は、それぞれ異類の存在であ

り、統語連鎖の中の同一の位置において排他・対立し合う要素群は、同じ一つの類を構成する同類異種の存在である。要素が、統語的な意義や働きを異にするからこそ、統語連鎖の中で併用・共起しうるのであり、統語的な意義や働きを同じくするからこそ、併存・共起することが出来ず、排他・対立し合うのである。シャツやカッターや上着は、顕在的な一つの装いの中で併存・共起するが、ズボンを二着はいたり、ネクタイを二本締めたりしないのと同じである。

既に取り挙げた日本語のアスペクト形式を、併存・共起と排他・対立の関係から、大きく三類四タイプに分ける（可能な最大・最長の連鎖は五層になる）。

（１）　今まで、たくさんの生き物をわけもなく殺したことがくやまれて、かれはなき<u>だし</u>・<u>てしまい</u>・ました。　　（光村・小学校教科書６上）

（２）　ついつい朝の五時まで読み・<u>つづけ</u>・<u>てしまっ</u>・た。

（３）　〜伴子の二つの目に、また涙が溢れ・<u>かけ</u>・<u>てい</u>・た。
　　　　　　　　　　　　　　　　　　　　　　　　　　（大仏次郎「帰郷」）

（４）　まだトイレに行く機会がなく、彼は焦り・<u>始め</u>・<u>てい</u>・た。
　　　　　　　　　　　　　　　　　　　（佐木隆三「ジャンケンポン協定」）

（５）　知子は屈辱と甘えがいりまじって泣き・<u>だし</u>・<u>てい</u>・た。
　　　　　　　　　　　　　　　　　　　　　　　　　　　　（「夏の終り」）

（６）　あなたはだまり・<u>つづけ</u>・<u>てい</u>・たし、わたしもだまっていた。
　　　　　　　　　　　　　　　　　　　　　　　　（倉橋由美子「パルタイ」）

（７）　男がひとりでシーツをはぎ・<u>終わっ</u>・<u>てい</u>・た。
　　　　　　　　　　　　　　　　　　　　　　　（鮎川哲也「相似の部屋」）

（８）　それぞれ社会人の性質をこしらえ・<u>てしまっ</u>・<u>てい</u>・ます。
　　　　　　　　　　　　　　　　　　　　　　　　　　　　　　（「帰郷」）

（９）　健康を回復し、じょじょに太り・<u>だし</u>・<u>ていっ</u>・た。

（10）　東京の中心部と郊外は急激にけじめが付かなくなっ・<u>て来</u>・<u>てい</u>・るから〜　　　　　　　　　　　　　　　　　　　（吉田健一「空蝉」）

（11）　彼等は気が早いから、もうテントを組み立て・<u>はじめ</u>・<u>てしまっ</u>・<u>てい</u>・るだろう。

（12）　天気が西の方から崩れ・<u>かけ</u>・<u>てき</u>・<u>てい</u>・る。

(13) まったく他人と自分の女房や娘との差別が薄れ・<u>て来</u>・てしまっ・<u>てい</u>・る。　　　　　　　　　　　　　　（「帰郷」）

以上、アスペクト形式が複層・多重に使われている例をいくつか挙げた。

　例文(1)や(2)や(11)から、「〜ダス、〜ツヅケル、〜ハジメル」などの複合動詞系のアスペクト形式とテシマウ形は、類を異にし、「複合動詞系＋テシマウ」の順で共起・承接することが分かる（ただし、起動を表す「〜カケル」と実現を表すテシマウ形が共起することは、ほとんどないのではないだろうか）。また、例文(8)や(11)や(13)から、テシマウ形とテイル形が、一つの統語連鎖の中で共起し、二つの類をなし、「テシマウ＋テイル」の順で承接することが分かる。したがって、複合動詞系のアスペクト形式とテイル形も、類を異にし、当然、「複合動詞系＋テイル系」の順で共起・承接することになる。事実、例文(3)(4)(5)(6)(7)は、そのことを示している。以上からの帰結として、複合動詞形、テシマウ形、テイル形は、三類をなし、例文(11)が示すように、「複合動詞系＋テシマウ＋テイル」の順で共起・承接することになる。

　テクル・テイク系についても考察を加えておく。取りあえず問題にするのは、漸次的な動きの進展を表すテクル・テイク形である。例文(9)(12)から、「〜ダス、〜カケル」などの複合動詞系のアスペクト形式とテクル・テイク形は、類を異にし、「複合動詞系＋テクル／テイク」の順で共起・承接することが分かる（もっとも、漸次性の動きの進展を表すテクル・テイク形と複合動詞系との共起には制限があり、「〜ダス、〜ハジメル、〜カケル」が主で「〜ツヅケル、〜オワル」とは共起しがたい）。また、例文(10)から、テクル・テイク形とテイル形が、一つの統語連鎖の中で共起し、二つの類をなし、「テクル／テイク＋テイル」の順で承接することが分かる（もっとも「テイク＋テイル」の連鎖は、かなり稀であろう。でも「ダンダン彼トノ差ガ開イ・テイッ・テイル」と言えないことはない）。したがって、複合動詞系のアスペクト形式、テクル・テイク系、テイル形は、三類をなし、例文(12)が示すように、「複合動詞系＋テクル／テイク＋テイル」の順で共起・承接する。

　さらに、テクル・テイク形とテシマウ形にも、併存・共起の関係が成りたつ。例文(13)がそれを示している。「テクル／テイク＋テシマウ」の順で承

接する。しかしながら、漸次的な動きの進展を表すテクル・テイク系（テクル／テイクが漸次的な動きの進展を表す用法で使われている限り）と複合動詞系のアスペクト形式との併存・共起に制限があることや、テクル形・テイク形とテシマウ形の併存・共起がそう多くないことなどを考慮して、テクル・テイク形とテシマウ形とを完全な異類にしてしまわないで、今の所は、同類中の異系列を作る異なったタイプの存在である、としておく。また・併存・共起ということだけからすれば、カケル形と複合動詞系の「〜ハジメル、〜ダス、〜オワル」などとは、めったに出くわすことはなかろうが、「シ・ハジメ・カケタ」「シ・オワリ・カケタ」といった連鎖が、不可能ではなかろう。しかし、こういった二タイプも、他の類全体に対する振る舞い方の共通性の大きさから、一つの類、同類を形成する存在として、異類にはしない。

　また、「〜カケル、〜ハジメル、〜ダス、〜ツヅケル、〜オワル」の複合動詞系、テシマウ形、テクル・テイク系が付着した全体を、〈動き動詞〉化したのに対して、テイル形、テアル形、ツツアル形は、付着した全体を、〈状態動詞〉化するという点で、前者とは異なった一つの仲間を形成する。また、アスペクト動詞といった派生的な動詞のル形が〈現在〉を表すか〈未来〉を表すか、といった点からすれば、後者の〈状態動詞〉化を引き起こすアスペクト形式のル形は、〈現在〉を表し、前者の〈動き動詞〉化を起こすアスペクト形式のル形は、基本的に〈未来〉を表す。その中で、〈現在〉をも表すテクル／テイク形は、その意味で、前者〈動き動詞〉化を計るタイプと後者〈状態動詞〉化を計るものとの中間に存するとも言えよう。

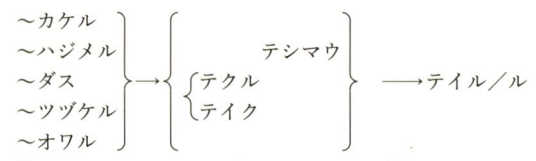

　以上述べてきたことをまとめれば、次のようになる。

$$\left.\begin{array}{l}\sim カケル\\ \sim ハジメル\\ \sim ダス\\ \sim ツヅケル\\ \sim オワル\end{array}\right\} \to \left\{\begin{array}{l}テシマウ\\ \begin{cases}テクル\\ テイク\end{cases}\end{array}\right\} \longrightarrow テイル／ル$$

注　この図ではテアル形やツツアル形の位置づけについては省いてある。

図　アスペクト形式の相互承接

　「〜カケル、〜ハジメル、〜ダス、〜ツヅケル、〜オワル」の複合動詞系のアスペクト形式を、三次アスペクトと仮に位置づける。テシマウ形とテク

ル／テイク形を、二次アスペクトと仮に位置づける。二次アスペクトの位置づけは、たぶんに便宜的である。テシマウ形に対して、テクル／テイク形を前方に出し、一括してあるのは、テクル／テイク形は、統語連鎖の中でテシマウ形に共存・前置することがあり、主に、漸次性を持った〈主体変化動詞〉および漸次性を持った〈対象変化他動詞〉に付く、といった一系列を形成するからである。テイル形が付き、テイル形とル形の対立・分化の引き起こしが一次アスペクトである。

5. テイル形のアスペクト的意味

　テイル形は、多義であり、本章では、それを、〈単純状態〉、〈進行〉、〈結果残存〉、〈繰り返し的持続〉、〈経験・完了〉の五つのタイプに分ける。また、辞書の中では、動詞の下位類化に関わる〈単純状態〉〈進行〉〈結果残存〉〈経験・完了〉の四つのタイプについて、アスペクトに関わる動詞辞書記載項目として、記述がなされている。

　しかしながら、テイル形そのものは、動きの結果の持続状態といった根幹的な意味を有しており、そういった意味を持つテイル形が、それに前置する動詞の下位類や自らの置かれる構文環境などによって、上に挙げた五つのタイプに分化・顕現している。この五つの分化的意味のうち、〈進行〉と〈結果残存〉が、テイル形の基本的な意味（アスペクトの点においても。また、テイル形の根幹的意味の分化の点においても）である。以下、順次説明を加えていく。

5.1　進行

　進行とは、動きが始まって終わるまでの動きの最中の状態に今現に（焦点の当たっている基準時に）主体（主格名詞）があることを表す。

　　（1）　みんな外で遊んでいます。　　　　　　　（光村・小学校教科書3下）
　　（2）　雪がしんしんとふっています。　　　　　（光村・小学校教科書5下）
　　（3）　夫は、〜鉄工所を経営している。　　　　（田辺聖子「まぶたの姑」）
　　（4）　伴子は雑誌のことで長い間同僚とお喋りをしていた。　　（「帰郷」）
　　（5）　その下には相変わらず湧き水があり、小川が流れている。

(松本清張「新開地の事件」)
（６）　平穏ではあるが、なんの感激もなく、惰性で歩きつづけている。
(星新一「手紙」)
（７）　〜白犬がぶるぶるふるえているのを〜、
(幸田文「流れる」)
（８）　男が戸を叩いている。

これらは、総て、単一事象・一回の動きの最中といった持続状態を表している。この事は、(7)「フルエテイル」、(8)「叩イテイル」にあっても、同断である。これら(7)(8)は、単位的な動きが繰り返されており、そのいくつかの繰り返された動き全体が「フルエル」や「叩ク」といった一つの動きを形成しているのである。その点で(7)(8)の類は、「彼ハ何度モ本ヲ書イテイル。」や「アフリカデハ毎日多クノ人ガ死ンデイル。」といった複数事象を表すものとは、異なっている。

5.1.1　基本的に進行を作る動詞

　その動詞のテイル形が基本的（構文環境などで基本的性格を変更させられない限り）に〈進行〉を作るものである時のみ、辞書の中ではその動詞に、「テイル」の項で「進行」が選び取られている（「進行」という情報が与えられている）。〈進行〉を作る動詞は、〈動き動詞〉で、動きが持続過程を有していて、動きの始まりと動きの終わりが分離可能で、かつ、動き前と動き後で主体の状態が変化したとは捉えられていない動詞である。たとえば、「走ル、温メル、書ク」など。

　テイル形の「動きの結果の持続状態」といった根幹的意味は、次のように作用して、〈進行〉（動きの最中）といったアスペクト的意味を作り出す。

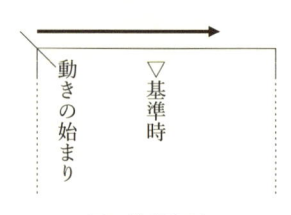

図　進行とは

　動きの始まりの結果、動きの終わりに至るまでの持続状態が〈進行〉である。

5.2 結果残存

結果残存とは、動きが終わりその結果生じた新しい状態が主体に今現に（焦点の当たっている基準時に）存在・持続していることを表す。

（1）「いないんだ。今朝から二人で東京へ行っている。」（「夏の終り」）
（2）雨はやんでいるが、空は曇っている。　　　　（三好徹「天使の弔鐘」）
（3）「ぼくは疲れている。」　　　　　　　　　（結城昌治「凍った時間」）
（4）「勝代は洋子が死んでいるのを見て、どうした？」（「天使の弔鐘」）
（5）入口の近くにマッチが落ちていた。　　　　　　　（「天使の弔鐘」）
（6）ドアが開いている。
（7）廊下には、やはり人垣が築かれていた。　　　　（「天使の弔鐘」）
（8）小窓の鉄格子は赤いペンキで塗られていた。

（陳舜臣「疑わしきは…」）

これらは、いずれも、動きの結果、新しい状態が主体に生じ存続しているといった〈結果残存〉を表している。(1)から(6)までは単純な動詞であるが、(7)(8)は、受動形といった派生的な動詞の例である。例文(7)は、主体（主格名詞）「人垣」に「築カレル」といった新しい状態が発生し、その結果さらに間接的に「廊下」といった題目名詞の状態に影響を与え、「廊下」の基準時での状態について語ることになっている。

5.2.1 基本的に結果残存を作る動詞

その動詞のテイル形が基本的（構文環境などで基本的な性格を変更させられない限り）に〈結果残存〉を作るものである時のみ、辞書の中では、その動詞に、「テイル」の項で、「結果残存」といった情報が与えられている。〈結果残存〉を作る動詞は、〈動き動詞〉で、動きが持続過程を有しているか否かに拘わらず、動き前と動き後で主体の状態に変化が生じたと捉えられている〈主体変化動詞〉である。たとえば、「結婚スル、寝ル、温マル」など。

テイル形の「動きの結果の持続状態」といった根幹的意味は、次のように働いて、〈結果残存〉といったアスペクト的意味を作りだしている。

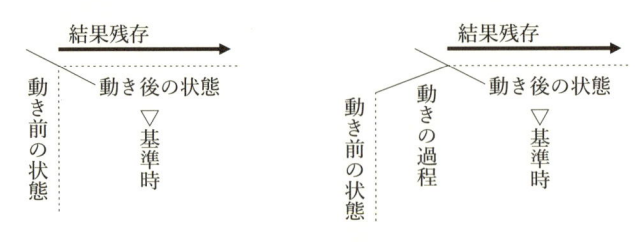

図　二種の結果残存とは

　動きの終わり（動きの始まりが即終わりである場合もある）の局面を含めて、それからの「動きの結果の持続状態」が〈結果残存〉である。

5.3　繰り返し的持続

　繰り返し的持続とは、同じ動きが適当なインターバルを置いて何度か繰り返されるその過程を持続状態として捉えたものである。

　〈繰り返し的持続〉は、何らかの構文的条件によって、アスペクトを持つ動詞のテイル形が、そのテイル形が担っている基本的意味に関わりなく派生させた派生的な意味である。

（1）「わたしは、毎日油をよく差して、ぴかぴかにみがき上げているんだ」　　　　　　　　　　　　　　　　（光村・小学校教科書5下）
（2）　彼は何度も小説を書いている。
（3）　アフリカでは、飢えで今この瞬間も大勢の人が死んでいる。
（4）　うちのテレビは、もう古くて、何度も壊れている。
（5）　あいつは、しばしば万年筆をなくしている。

以上は、いずれも〈繰り返し的持続〉を表している例である。〈繰り返し的持続〉は、〈進行〉や〈結果残存〉が動きの内部を広げた持続（〈結果残存〉は、やはりそれにしても〈進行〉の典型さに較べて、典型度が落ちる）であったのに対して、動きを丸ごと捉えたうえでの持続である。例(1)(2)は、「ミガキ上ゲル」「書ク」といった基本的には〈進行〉を作る動詞からの派生であり、例(3)(4)は、「死ヌ」「壊レル」といった基本的には〈結果残存〉を作る動詞からの派生である。例(5)は、「ナクス」といった〈経験・完了〉を作る動詞からの派生である。

　テイル形の「動きの結果の持続状態」は、次のようなあり様で、〈繰り返し的持続〉を表している。

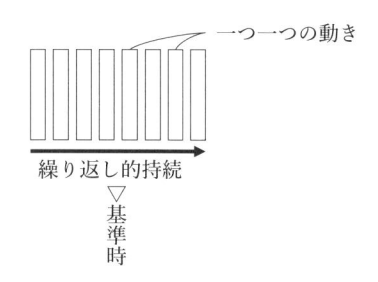

図　繰り返し的持続とは

5.4　経験・完了

　経験・完了とは、動きが終わったことを現在（基準時）から眺めて捉えたものである。動きが丸ごと・全体として捉えられていることによって、動きそのものが広げられず、テイル形の根幹的意味の一要素である「持続性」が後方にさがり、「動きの後」つまり、完了性が前面に出たものである。「シタ」に近く、動きの完了を表すもの〈完了〉と、近似的に「シタコトガアル」に置き換えられるところの、ある動きを以前に行なったことがある、あるいは、以前に動きを行なったことが現在（基準時）に何等かの影響を与えている、といったニュアンスを帯びているもの〈経験・経歴〉とがある。ただし、〈完了〉と〈経験・経歴〉は、連続的である。

　　（1）　コロンブスはアメリカを発見している。
　　（2）　彼はとてつもない事件を起こしていた。
　　（3）　その男は殺人現場を目撃しているはずだ。
　　（4）　彼は一度小説を書いている。
　　（5）　先週それについては僕が調べている。
　　（6）　彼女は二年前に離婚している。
　　（7）　我々家族は一度オーストラリアに行っている。

以上、いずれも上で述べた〈経験・完了〉といった意味を表している例である。〈経験・完了〉は、例（1）（2）（3）の「発見スル、（事件ヲ）起コス、目撃スル」のように、〈経験・完了〉にしかならない動詞からも作れるが、適当な構文条件によって、例（4）（5）の「書ク」「調ベル」のように基本的には〈進行〉を作る動詞からも、また、例（6）（7）の「離婚スル、行ク」のように基

本的には〈結果残存〉を作る動詞からも、派生させられる。

　辞書の中でテイル形に〈経験・完了〉といった情報を与えてあるのは〈経験・完了〉にしかならない動詞についてのみである。たとえば、「無クス、発見スル、殺ス」など。

　テイル形における〈経験・完了〉の意味の現れ方を、〈進行〉〈結果残存〉〈繰り返し的持続〉に准えて図化すれば、次のようにでもなろう。

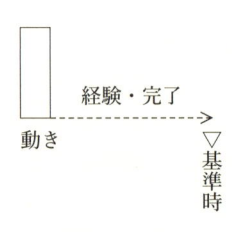

```
│
│    経験・完了
│ ┄┄┄┄┄┄┄→
動き        ▽
           基
           準
           時
```

図　経験・完了とは

5.4.1　経験・完了と結果残存の違い
　（1）　（現在）彼は結婚している。
　（2）　彼はかつて結婚している。

(1)は〈結果残存〉を表し、(2)は〈経験・完了〉を表している。例文(1)つまり〈結果残存〉は、独身であった彼が、結婚して、今は独身ではなくなっている、つまり妻帯者になっていることを表している。それに対して、例文(2)つまり〈経験・完了〉は、結婚したという事実は存するが、今も妻帯者でいる必要はない、今は独身であってもよい。以上述べたような違いが両者には存する。

5.5　単純状態
　単純状態とは、動きの契機を持たず単に状態を表すものである。動きが考えられなかったり、問題にならなかったりすることで、テイル形の根幹的意味の一要素である「動きの結果」といった意味が押さえられ、「持続状態」だけが問題になったものである。
　（1）　彼はとても<u>にやけている</u>。
　（2）　彼の服装はいつも<u>洒落ている</u>。

（3） 町のまん中を道が走っている。
（4） この道は曲がっている。
（5） 遊び場所については、独特の嗅覚をもっている謙二は、〜

（「疑わしきは…」）

などは、いずれも〈単純状態〉を表している例である。〈単純状態〉は、「テイル」の意味としては問題にしなければならないが、それはアスペクトとしての意味ではない。例文として上に挙げた動詞は、既に、アスペクト的対立を持たない〈状態動詞〉である。この意味では、テイル形でしか使わない動詞になっている。このタイプには、例（1）（2）の「ニヤケテイル、洒落テイル」のように、本来的にテイル形を取った形での〈状態動詞〉としてしか存しないもの、例（3）の「（道ガ）走ッテイル」のように、動詞の意味・用法の一つの下位種が〈状態動詞〉としての意味を持っているもの、例（4）（5）の「曲ガッテイル、持ッテイル」のように、使用の中にあることによって〈状態動詞〉であるものがある（もっとも、動詞の一つの意味・用法なのか、使用による現れなのかは、連続している）。

5.6 進行、結果残存、繰り返し的持続、経験・完了、単純状態の相互関係

テイル形の表す〈進行〉〈結果残存〉〈繰り返し的持続〉〈経験・完了〉〈単純状態〉の五つの意味は、単純に平面的に並ぶわけではない。階層関係を形成しながら相互に関係し合っている。

まず、〈単純状態〉が、アスペクト的対立を持たない、したがって、狭義のアスペクト形式としては除外すべきものとして、他の四つの意味から区別される。

次に、〈経験・完了〉が、基準時に直接的な持続状態が存しない、基準時を直接的な持続状態が跨いでいないもの、つまり、アスペクト的であるよりはむしろ完了的テンス的（相対テンス的）であるもの、あるいは、アスペクト的な意味合いと完了的テンス的（相対テンス的）な意味合いの中間のものとして、他の三つの意味から区別される。

さらに、〈繰り返し的持続〉が、〈進行〉や〈結果残存〉が単一事象のアスペクトを表しているのに対して、複数事象のアスペクトを表すものとして、

〈進行〉〈結果残存〉から区別される。
　〈進行〉と〈結果残存〉は、それらが表す単一事象のアスペクト的意味のあり方によって、二つに分かれている。
　以上述べた相互関係のあり方をまとめれば、次のようになろう。

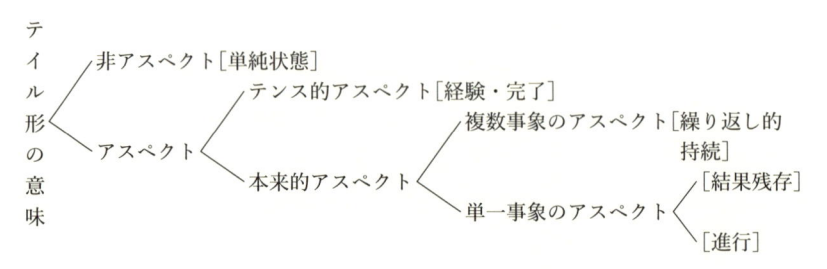

```
テ　　　　　　非アスペクト[単純状態]
イ
ル　　　　　　　　テンス的アスペクト[経験・完了]
形
の　　アスペクト　　　　　　　　複数事象のアスペクト[繰り返し的
意　　　　　　　　　　　　　　　　　　　　　　　　　　持続]
味　　　　　　　本来的アスペクト　　　　　　　　　　[結果残存]
　　　　　　　　　　　　　　　　単一事象のアスペクト
　　　　　　　　　　　　　　　　　　　　　　　　　　[進行]
```

図　テイル形の意味の分化

6. テイル形のアスペクト的意味の実現のされ方

　テイル形は、多様なアスペクト的意味の現れを示す。また、基本的にはある意味の表し方で使われる動詞のテイル形も、適当な構文条件のもとに置かれることによって、その基本的な使われ方を変更し、別のアスペクト的意味を実現することが少なくない。こういった事が少なからず起こるのは、具体的な文での動詞のテイル形がどういったアスペクト的意味を表すかには、文中でアスペクトといった文法カテゴリに影響を与える作用を及ぼす領域（これを〈アスペクト層〉と仮称しておく）全体の類的な意味のあり方が、影響を与え・関わってくるからである。言い換えれば、文の中で、その動詞のテイル形のアスペクト的意味の現れには、〈アスペクト層〉全体が影響を与え・関わっている。したがって、テイル形のアスペクト的意味の現れには、動詞の、アスペクトといった観点からの種別が、極めて重要な影響を与えるのは当然のことではあるが、そのうえ、さらに、〈アスペクト層〉に存在する様々な成分がテイル形のアスペクト的意味の実現に影響を与えることになる。それにしても、やはり、〈アスペクト層〉の類的な意味のあり方の中核・基本は、動詞のタイプ・動詞の質的なあり方である。以下、テイル形のアスペクト的意味の実現のされ方を、各々のアスペクト的意味ごとに、なるたけ規則

6.1 単純状態

　筆者は、テイル形の表す単純状態を、テイル形のアスペクト的意味の一つとは認めていないが、テイル形の表す意味として扱うべき一つの意味であると認めているので、やはり、これの実現のされ方について述べておく。

【基本則1】　辞書の中で「テイル」の項において〈単純状態〉の情報が与えられているタイプの動詞の場合、文中でのその動詞のテイル形は、〈単純状態〉である。
　　（1）　あのネクタイは彼の紺の背広に似合っている。
　　（2）　海の水は塩分を含んでいる。
　　（3）　向こうに高い山がそびえている。
などがそうである。特に、(3)の「ソビエテイル」などは、終止用法においてル形を持たず、テイル形しかない、「ソビエテイル」全体が一つの動詞であるといったものである。(1)の「似合ッテイル」は、「似合ウ」のようにル形・テイル形の両形を有するが、その両形は、アスペクト的対立を示さず、したがって、動詞自体が〈状態動詞〉である。(2)の「含ンデイル」は、「含ム」の一つの下位的用法において〈単純状態〉の情報指定が与えられているもの（「彼ハ口ニ水ヲ含ンダ」の例であれば、〈動き動詞〉）である。

【基本則2】　アスペクト層全体が動き・変化を含まない状態・属性・性質などを表している場合は、その動詞のテイル形は〈単純状態〉である。
　　どういった場合に〈アスペクト層〉が動き・変化を含まない状態・属性・性質を表すかの決定には、百科事典的な知識が必要になり、それの追求までには、本章では手が回らない。しかし、二つばかり、決定に役立ちそうな情報を与えておく。

【基本則2を実現するための条件1】　主体（主格名詞）が可動・可変性を持っていないと考えられているものである場合、その動詞のテイル形は〈単純状態〉と解釈される。

（１）　このクギは曲がっている。
　　　（1'）　この道は曲がっている。
(1)の「曲ガッテイル」は〈結果残存〉で解釈され、(1')の「曲ガッテイル」は〈単純状態〉で解釈されるのが普通である。これは、「クギ」が可動・可変性を持っていると通常考えられるのに対して、「道」は通常可動・可変性を持っていない、と考えられていることによる。
　　　（２）　顔の真ん中にホクロが付いている。
　　　（2'）　顔の真ん中に御飯粒が付いている。
(2)が〈単純状態〉として解釈され、(2')が〈結果残存〉として解釈されるのも、上述と同じ理由による（「ホクロ」も「ツケボクロ」になると事情は変わるだろうが）。

【基本則2を実現するための条件2】　主体の状態を、他の主体状態と較べて述べている時は〈単純状態〉として、同一主体の他の時間帯での状態と較べて述べている時は〈結果残存〉として解釈されやすい。
　　　（１）　あいつは、皆とはずいぶん変わっている。
　　　（1'）　彼は、三年前とはずいぶん変わっている。
(1)の「変ワッテイル」は、〈単純状態〉を表しており、概略「変人ダ」にでも言い換えられそうなものである。他者との比較で述べている場合である。(1')の「変ワッテイル」は〈結果残存〉を表しており、同一主体の他の時間帯での状態と較べて述べたものである。

6.2　経験・完了

【基本則1】　辞書の中で「テイル」の項において〈経験・完了〉の情報が与えられているタイプの動詞の場合、文中でのその動詞のテイル形は、〈経験・完了〉である。
　　　（１）　彼は戦争で息子を失っている。
　　　（２）　彼は男一生の仕事を見つけている。
　　　（３）　アイツは傷害事件を起こしている。
　　　（４）　僕は交通事故に遭っている。
例(1)(2)の「失ウ」や「見ツケル」は、動詞そのものが、〈経験・完了〉としてしか使わないものであろうし、例文(3)(4)の「起コス」や「遭ウ」は、

その一つの下位的用法（つまり「（傷害事件ヲ）起コス」や「（交通事故ニ）遭ウ」といった使い方をする場合）において、〈経験・完了〉の指定が与えられているものである。

【基本則 2】　〈進行〉や〈結果残存〉を作る動詞であっても、それを、動き（および繰り返し的動き）の直接的な持続状態が基準時を跨いでいないあり方で使った場合、そのテイル形は、〈経験・完了〉を表す。
　これは、つまり、基準時においては、動きそのものが広げられておらず、丸ごとすっぽり捉えられていて、それを基準時から眺める、といった間接的な持続性（影響性）のみが存するといった使われ方をしている、ということである。
　［基本則 2］は、次のようないくつかの条件によって実現される。

【基本則 2 を実現するための条件 1】　「あの頃」「当時」「五年前」「先週」「きのう」など、現在に繋がっていない（広がっていない）〈時の表現〉と共起することによって、「テイル」は、〈経験・完了〉を表す。

　（１）　当時彼はこの研究所で働いている。
　（２）　山田は 1908 年に『日本文法論』を書いている。
　（３）　この池もきのうは凍っているよ。
　（４）　しかし君は昨年も成績が悪くて落ちているぞ。

(1)(2)の「働イテイル」「書イテイル」は、〈進行〉を作る動詞からの派生であり、(3)(4)「凍ッテイル」「落チテイル」は、〈結果残存〉を作る動詞からの派生である。現在に広がっていない時の表現を被せることで、テイル形の表す持続性がすっぽり覆われ、現在まで延びてこないことになる。そのことによる〈経験・完了〉の派生である。

【条件 1 に対する付則】　現在に広がっていない時の表現を共起させていても、「テイタ」にすることによって、過去の基準時において、持続性が基準時を跨ぐことになり、〈進行〉〈結果残存〉を回復する。

　（１）　当時彼はこの研究所で働いていた。
　（２）　この池もきのうは凍っていたよ。

(1)は〈進行〉を、(2)は〈結果残存〉を表している。

【基本則 2 を実現するための条件 2】　「二度」「二三度」「数回」「三たび」「何

度か」などのように、生起の限界を定めた頻度の副詞が共起することによって、「テイル（テイタ）」は、〈経験・完了〉を表す。

（1）　彼は一度小説を書いている。
（2）　彼は何度か友人を殴っている。
（3）　彼女は一度結婚していた。
（4）　男は数回フィリピンに渡っている。

(1)(2)の「書イテイル」「殴ッテイル」は、〈進行〉を作る動詞からの派生であり、(3)(4)の「結婚シテイタ」「〜ニ渡ッテイル」は、〈結果残存〉からの派生である。これらが〈経験・完了〉に派生するのは、基本的に上述の（条件1で述べた）理由と同じである。

【基本則2を実現するための条件3】　〈進行〉を作る動詞が、動きの全体量を規定する表現を伴うことによって、「テイル（テイタ）」は、〈経験・完了〉を表す。

（1）　あの疲れ方では、男は20kmは歩いていただろう。
（2）　あの歌手は自分のコンサートで30曲歌っている。
（3）　漱石の作品は全部読んでいる。
（4）　その間の事情については僕は彼に｛すっかり／最後まで｝話している。

動きの全体量が示されることによって、動きの終わりの点が表示され、基準時がそれを越えてしまうことになり、基準時において持続性を広げることが出来ず、〈経験・完了〉になってしまう。

【基本則2を実現するための条件4】　意志動詞でもある〈進行〉を表す動詞を無意志的用法で使うことによって、「テイル（テイタ）」は、〈経験・完了〉を表す。

（1）　母はうっかり御飯を焦がしている。
（2）　父はあやまって大事な皿を割っている。
（3）　大事な植木を枯らしてしまっている。

などは、いずれも、動詞が無意志的用法で使われていることによって、そうでなければ、進行を表した動詞（「彼ハ棒ヲ焦ガシテイル」「父ハコンクリートヲ割ッテイル」「雑草ヲ枯ラシテイル」）を、〈経験・完了〉に派生させたものである。これは、無意志的・無意識的用法であることによって、動きの

内部を広げることが出来にくいことによるのであろう。

【基本則 2 を実現するための条件 5】　文脈や文全体が、動きが基準時以前に完成していて、基準時まで動きの内部の広がりが続いていないことを示している場合、「テイル（テイタ）」は、〈経験・完了〉を表す。

　これでは、あまり何も言ったことにはならないが、［条件 5］は、［条件 1・2・3・4］以外の雑多なものである。

　　（1）　彼は自らの著書で地球は滅ぶと書いている。
　　（2）　〜伝票を見ると、いつも夫の使うお得意さまカードで買物をしている。　　　　　　　　　　　　　　（田辺聖子「クワタさんとマリ」）
　　（3）　記録では、品物はあなたの所に届いている。

(1)は、表現・伝達動詞が、表現・伝達活動の結果生成された表現・伝達内容を取って表された場合である。［条件 3］の動きの全体量表示に繋がるものであろう。(3)の文も、必ずしも今品物があなたの所になければならないことを意味してはいない。(3)は〈経験・完了〉である。

6.3　繰り返し的持続

6.3.1　複数事象とは

　既に、〈繰り返し的持続〉は、複数事象のアスペクトである、と述べた。その事について、まず説明しておく。

　　（1）　たくさんの花瓶が壊れている。
　　（2）　大勢の人が死んでいる。
　　（3）　教室の窓が全部開いている。

などは、これだけでは本章で言う複数事象には当たらない。複数主体によって構成されている出来事を一つの事象として捉えたものである。これらは、出来事としては一つであり、ただ、それが複数主体によって構成されているだけである。複数事象とは、出来事の複数（生起）性を表している。たとえば、

　　（4）　次々と大勢の人が死んでいる。

のようなものが、それである。ここには、出来事の複数性が存在している。

6.3.2 〈繰り返し的持続〉派生の条件

〈繰り返し的持続〉は、テイル形の派生的意味である（その動詞が基本的用法として作り出すアスペクト的意味ではない）。既に述べた〈経験・完了〉を実現する条件に包み込まれていない限り、以下のような条件があれば、〈繰り返し的持続〉が派生される。

【派生のための条件 1. a】「毎年、毎日、一週間ごとに、日曜日のたびに、一日置きに、毎晩、夜ごとに」など間隔を表す時の表現および、「この頃、この所、最近、近頃、ここ二年来」など現在をはさんで、過去から未来への広がりを閉じてしまわない期間の表現と共起することによって、「テイル（テイタ）」は、〈繰り返し的持続〉を派生させる。

（1） 僕は日曜日ごとに温水プールで {泳いでいる／泳いでいた}。
（2） 「～三人の女を、一日置きに泊まらせている。」
　　　　　　　　　　　　　　　　　　　（佐賀潜「燃えた札束」）
（3） 毎年毎年この木は見事に紅葉している。
（4） この所夜おそくまで物を {書いている／書いていた}。
（5） 「わたし、強いの、夜、父のをこっそり飲んでいるから。」
　　　　　　　　　　　　　　　　　　　（五木寛之「内灘夫人」）

などは、いずれも、[テイル（テイタ）] が〈繰り返し的持続〉を派生させている例である。例文(5)の「夜」は、[毎夜] とか [夜時々] とかいった意味で使われており、〈繰り返し的持続〉を表している。

【派生のための条件 1. b】「当時、その頃、学生の頃」などが、過去の基準時をはさんで、基準時の前から後への広がりを閉じてしまわない期間の表現として使われている時、「テイタ」は、〈繰り返し的持続〉を派生させる（〈経験・完了〉の [基本則 2 を実現させるための条件 1 に対する付則] を参照）。

（1） 当時夜おそくまで本を読んでいた。
（2） 学生の頃売れない詩を書いていた。

などは、いずれもこの例である。

【条件 1 に対する付則】[条件 1. a] の期間を表す場合や [条件 1. b] が、〈繰り返し的持続〉になるか単なる〈進行〉になるかは、期間と単一の動きそれ自身の持続性の大小関係による。

（１）　この所彼は鉄工所に勤めている。
　　（1'）　この所彼は夜おそくまで本を読んでいる。
(1)が〈進行〉として解釈され、(1')が〈繰り返し的持続〉として解釈されるのは、スケールの点で、(1)は［勤メテイル＞コノ所］の関係にあり、(1')は［読ンデイル＜コノ所］の関係にあるからである。

【派生のための条件２】「よく、いつも、年中、何度も、しょっちゅう、さかんに、しきりに、時折り、しばしば、時々、たまに」など、動きの生起の限界を定めるのではなく、基準時をはさんで、動きの生起が基準時前から基準時後へと広がっていくことを許す頻度の副詞が共起することによって、「テイル（テイタ）」は、〈繰り返し的持続〉を表す。
　　（１）　男の子はいつもおとうさんといっしょにはたらいていました。
　　　　　　　　　　　　　　　　　　　　　　　　　　　（光村・小学校教科書）
　　（２）　夫は〜うちへよく来ていて、私とは冗談をいいあう仲だった。
　　　　　　　　　　　　　　　　　　　　　　　　　　　（「クワタさんとマリ」）
　　（３）　僕はしばしば彼女に会っている。
などは、いずれも本条件による〈繰り返し的持続〉の派生の例である。期間を表す場合の［条件１］は、［条件２］の、文章表現の上における潜在・顕在に拘わらず、［条件２］との協同によって、〈繰り返し的持続〉を表している場合が多い。
　　（４）　僕は時々別れた女房と会っている。〔繰り返し的持続〕
　　（4'）　僕は三度別れた女房と会っている。〔経験・完了〕
(4)と(4')における異なりは、動きの生起の限界を定めない頻度の副詞が使われているのか、動きの生起の限度を定める頻度の副詞が使われているのかによっている（〈経験・完了〉の［基本則２を実現させるための条件２］を参照）。

【派生のための条件３】「次々と、次から次へと、どんどん、順々に」など、出来事の複数性を示す語句と共起することによって、「テイル（テイタ）」は、〈繰り返し的持続〉を表す。
　　（１）　流行病で次々と人が死んでいる。

（２）　次から次へとお客さんが来ている。
　（３）　子供達が順々に夏休みの出来事について話をしている。
　（４）　道行く人達が口々に世界平和のスローガンを叫んでいた。
　（５）　彼は次から次へとベスト・セラーを書いている。

(4)の「口々」は、この出来事の複数性を示す副詞の特殊なものである。このタイプは、複数主体による〈繰り返し的持続〉を表す場合（(1)、(2)、(3)、(4)）が主であるが、例文(5)のように、複数対象を示すことによって〈繰り返し的持続〉を表す場合もある。

6.4　結果の残存

　既に述べた〈経験・完了〉〈繰り返し的持続〉を実現する条件に包み込まれてしまっていない限り、以下のような条件によって、〈結果残存〉が実現する。

【基本則1】　辞書の中で動詞全体およびその一つの下位的用法において、「テイル」の項で〈結果残存〉の情報が与えられていれば、文中でのその動詞およびその一つの下位的用法におけるテイル形は、〈結果残存〉である。

　（１）　妻も、二人の子供も眠っていた。　　　　　（「凍った時間」）
　（２）　～、口の周りには白いひげが伸びている。　（小松左京「猫の首」）
　（３）　そのレリーフはいま、私の寝ているそばの床柱に懸っている。
　　　　　　　　　　　　　　　　　　　　　　　　　　　　　（「猫の首」）
　（４）　死体が畳の上に転がっている。

などが、いずれもそうである。(4)の「転ガル」などは、少なくとも別の下位的用法として、「ボールガ床ヲ転ガッテイル。〔進行〕」が用意されている。

【基本則2】　〈結果残存〉の情報のみを与えられているわけではない動詞であっても、その動詞が、動きの結果、主体変化をもたらすものとして使われている（〈アスペクト層〉がそういった類的意味を表す）時、動詞のテイル形は、〈結果残存〉を表す。

　［基本則2］は、次のようないくつかの条件によって実現される。

【基本則2を実現するための条件1】　「着ル、カブル、ハク、脱グ、着替エル」

などの〈再帰動詞〉が、主体変化の側面に焦点を当てて使われている時は、そのテイル形は、〈結果残存〉を表す。

　（１）　悠子は幾度も水にくぐった単衣の結城紬を着ていた。
　　　　　　　　　　　　　　　　　　　　　　　（和田芳恵「接木の台」）
　（1'）　彼女は今隣りの部屋で着物を着ている。

(1)は、〈再帰動詞〉[1]が主体変化の側面に焦点を当てて使われていることによって、そのテイル形が〈結果残存〉を表しているものである。それに対して、(1')は〈再帰動詞〉が動きの過程に焦点を当て、それを広げるあり方で使われていることによって、そのテイル形が〈進行〉を表しているものである。

【基本則2を実現させるための条件2】〈対象変化他動詞〉が、受動で使われ、動作の主体が文表現に顕在化させられていない時、その動詞の(ラレ)テイル形は、〈結果残存〉を表す傾向にある。

　（１）　彼の名刺には、左隅に「編集局地方部」と所属が刷られている。
　　　　　　　　　　　　　　　　　　　　　　　（佐野洋「満月様顔貌」）
　（２）　窓が大きく開けられている。
　（３）　どの部屋のドアも、同じように灰色のペンキを塗られているが、
　　　　　～　　　　　　　　　　　　　　　　　　　（「疑わしきは…」）

などは、いずれも、この例である。〈対象変化他動詞〉とは、主体（主格）の働きかけが、対象に影響を与え、その結果、対象の状態に変化を引き起こす動詞である。たとえば、「殺ス、割ル、切ル、折ル、荒ラス、曲ゲル、包ム、塗ル、壊ス、束ネル、縛ル」などがこれである。〈対象変化他動詞〉は、能動で使えば当然テイル形は進行を表す。それがこのように変容させられるのは、受動化されることによって、対象がガ格（主体）の位置に来ることになり、主体の変化を表す動詞〈主体変化動詞〉として読み取られることによる。

　したがって、主体の対象への働きかけが、対象の状態変化を引き起こさない（あるいは、対象の状態変化を問題にしない）〈対象非変化他動詞〉（たとえば、「殴ル、叩ク、打ツ、サスル、触レル、振ル、蹴ル、押ス、掻ク、噛ム」など）は、受動で使われ（動作の主体を省略され）ても、〈主体変化動詞〉として読み取られることはなく、やはり、その(ラレ)テイル形は、〈進行〉のままである。

（４）　彼は友達にはげしく殴られている。
　（５）　旗が大きく振られている。
(4)(5)では、いずれも、(ラレ)テイル形は、〈進行〉を表している。

【基本則2を実現するための条件3】　〈対象変化他動詞〉が〈再帰用法〉で使われている時、その動詞のテイル形は、〈結果残存〉を表す。

　（１）　彼は水仕事で肌を荒らしている。
　（２）　髪を茶色に染めているが、一見して娼婦とわかるような～

（「凍った時間」）

(1)(2)の「荒ラシテイル」「染メテイル」は、いずれも、動きの結果、主体に新しい状態が生じそれが今現に存続しているといった〈結果残存〉を表している。それは、上に述べた［基本則2の実現のための条件3］のあり方で動詞が使われているからである。(1)(2)の「荒ラス」や「染メル」は、主体の身体の一部をヲ格に取って、再帰用法を形成している（再帰用法については、〈再帰動詞〉についての注を参照）。それに対して、

　（３）　子供が畠を荒らしている。〔対象変化他動詞、通常の用法〕〈進行〉
　（４）　子供が手を振っている。〔対象非変化他動詞、再帰用法〕〈進行〉

例文(3)(4)が示すように、［基本則2のための条件3］を構成する二要件、つまり〈対象変化他動詞〉〈再帰用法〉のいずれか一方でも欠ければ、〈結果残存〉を作ることはない。

【基本則2を実現するための条件4】　これは、既に動詞の下位的用法分けの段階で、〈進行〉を表すものと〈結果残存〉を表すものに分かれているものであるが、移動を表す動詞が、通過空間を表すヲ格を取る場合は〈進行〉を表すが、着点を表すニ格を取る場合は〈結果残存〉を表す。

　（１）　子供が屋根に登っている。
　（1'）　子供が屋根を登っている。
　（２）　男は向こう岸に渡っている。
　（2'）　男は必死で川を渡っている。
　（３）　彼は今頃ふもとに降りている。
　（3'）　彼は今頃山を降りている。

(1)(2)(3)の例が、着点を表すニ格を取って〈結果残存〉を表しているタイプで、(1')(2')(3')が通過空間を表すヲ格を取って〈進行〉を表しているタ

イプである。上に挙げたような動詞は、既に辞書の中に下位的用法として両者が共に存在しているが、

　　（４）　父はアメリカに飛んでいる。

などは、この条件（この場合原則と言うべきだろう）を使っての派生的用法である。

6.5　進行

　既に述べた〈経験・完了〉〈繰り返し的持続〉を実現する条件に包み込まれてしまっていないか、〈結果残存〉を実現する条件を有していない限り、以下のような条件によって、〈進行〉が実現する。

【基本則１】　辞書の中で動詞全体およびその一つの下位的用法において、「テイル」の項で〈進行〉の情報が与えられていれば、文中でのその動詞およびその一つの下位的用法におけるテイル形は、〈進行〉である。

　　（１）　子供が歌を歌っている。
　　（２）　その前日、私は、～熱い番茶を啜っていたら、～
　　　　　　　　　　　　　　　　　　　　　　　　　（太宰治「富嶽百景」）
　　（３）　キッコマン氏は、ここ一年間、探偵小説ばっかり読んで暮らしている。　　　　　　　　　　　　　　　　　　（北杜夫「クーイン牢獄」）
　　（４）　小夜子は顔を伏せたまま手をついてだまっていた。
　　　　　　　　　　　　　　　　　　　　　　　　（水上勉「赤い毒の花」）

などが、いずれもこれである。

【基本則２】　〈進行〉の情報のみを与えられているわけではない動詞であっても、動きの過程に焦点を当て、その過程を広げるあり方で、その動詞が使われる時、その動詞のテイル形は、〈進行〉を表す。

　［基本則２］は、次のないくつかの条件によって実現される。

【基本則２を実現するための条件１】　〈再帰動詞〉が、主体運動の側面に焦点を当てられ、その動きの過程を広げるあり方で使われる時、そのテイル形は、〈進行〉を表す。

　　（１）　子供が玄関で一生懸命靴を履いている。
　　（１'）　赤い靴を履いている女の子

(1)は、〈再帰動詞〉を主体運動の側面に焦点を当ててその動きの過程を広げるあり方で使うことによって、テイル形が〈進行〉を表している場合であり、(1')は、〈結果残存〉の項で既に述べた理由によって、〈結果残存〉を表しているものである(〈結果残存〉の［基本則2を実現する条件1］を参照)。

【基本則2を実現するための条件2】　基本的に〈結果残存〉を表すタイプではあるが、動きそのものに持続的な過程がある動詞(「動詞のタイプ」(3節)で述べた［2.c］類の動詞、たとえば「太ル、固マル、崩レル、開ク、荒レル」など)が、動きの過程を修飾する語句などによって、持続過程が取り出される時、そのテイル形は、〈進行〉を表す。

　　(1)　塀が崩れている。
　　(1')　塀がこなごなに崩れている。
　　(1")　塀がガラガラと崩れている。

(1)の「崩レテイル」は通例〈結果残存〉として解釈される。したがって、「崩レル」は〈結果残存〉を基本的に作る動詞である。(1')のように、「コナゴナニ」といった〈結果の副詞〉を取ってしまえば、〈結果残存〉である以外にない。それに対して、(1")のように、「ガラガラト」といった〈様態の副詞〉によって、動きの(持続)過程を取り出してやることによって、テイル形は、〈進行〉を表すことになる。

　　(2)　枯葉がはらはらと落ちている。
　　(3)　扉がゆっくり開いている。
　　(4)　池の水がだんだん濁っている。

などは、いずれも、この条件によってテイル形の意味が、〈進行〉に決定・変更しているものである。もっとも(4)の「ダンダン」は、(1")(2)(3)に現れている修飾語句と少しばかりタイプを異にするものではあるが。

【基本則2を実現するための条件3】　基本的に〈結果残存〉を作る移動を表す動詞(たとえば、「行ク、来ル」など)が、通過空間を表すヲ格を伴って、あるいは通過空間の存在を暗示しながら、使われる時、その動詞のテイル形は、〈進行〉を表す。

　　(1)　今頃子供は家に帰っています。
　　(1')　今頃子供はいつもの道を(家に)帰っている。

(1)の「帰ッテイル」は〈結果残存〉を表しているが、通過空間を表す「イ

ツモノ道ヲ」を伴っている(1′)は〈進行〉を表している。
　　（2）　男が向こうからこちらに向かってやってきている。
　　（3）　彼は自分の道を行っている。
　　（4）　娘は今時分いつもの道を家に向かって戻っているだろう。
などのテイル形は、いずれも〈進行〉を表している。この［条件3］によって、基本的に〈結果残存〉を表すこれらの動詞（これらは、［条件2］に該当する動詞と異なって、動きそのものに持続過程のないもの）が、〈進行〉を表すように変更させられている。

6.6　副詞的成分の階層性とアスペクト的意味の実現のされ方の階層性

　アスペクト形式の表す意味について、〈経験・完了〉、〈繰り返し的持続〉、{〈結果残存〉〈進行〉}といった順序で述べてきた。それは、これらのアスペクト的意味に、外から内へ、本来的でないものから本来（基本）的なものへ、といった階層性の存することによっている（「テイル形のアスペクト的意味」（5節）における相関図参照）。そして、また、それは、アスペクト形式のアスペクト的意味の実現のされ方の階層性でもある。このアスペクト的意味の実現のされ方は、副詞的成分の有している階層性と一定の対応関係を示す。たとえば、

　　（1）　太郎は長時間本を読んでいる。　　　　　〔進行〕
　　（2）　太郎は毎日長時間本を読んでいる。　　　〔繰り返し的持続〕
　　（3）　あの頃太郎は毎日長時間本を読んでいる。〔経験・完了〕

「長時間」を伴って〈進行〉を表していた「読ンデイル」が、「毎日」と共起することによって、〈繰り返し的持続〉を表し、さらに、「アノ頃」を伴うことによって、〈経験・完了〉に変容している。この順次的変容は、副詞的成分の次のような階層性と一定の対応関係にあることが分かろう。

図　副詞的成分の階層性

6.7 副次的アスペクト形式を取った時のテイル形のアスペクト的意味

　テイル形は、自らの前にテシマウ形やカケル形・ハジメル形などの二次、三次アスペクト形式を取った時、単独では、かなり明確に示していた〈進行〉と〈結果残存〉へのアスペクト的意味の分化を希薄・あいまいにしてしまう。これは、副次的アスペクトが前接することによって、動きの一局面・一側面が取り出されることになって、動き（全体）に対する主体の位置付けられ方が間接的になるからである。

　主体に変化を与えない動詞が、〈動きの完了〉を表すテシマウ形を取る場合（たとえば、「彼ハ彼女ニ会ッテシマッテイル。」「僕ハモウ本ヲ読ンデシマッテイル。」）やオワル形を取る場合（たとえば、「彼等ハ絵ヲ描キオワッテイル。」）などを除いて、他はおしなべて〈持続状態〉とのみ解しておいても、あまり問題はないと思われる。前述した「会ッテシマッテイル」や「描キオワッテイル」は、〈完了性〉が前面に出て、〈持続性〉の後退したテンス的アスペクトたる〈経験・完了〉であろう。

　副次的アスペクト形式を前接させたテイル形を敢えて〈進行〉〈結果残存〉に分かつとすれば、次のようになろうか。

　　　座ッテシマッテイル　　〔主体変化動詞の場合で、〈結果残存〉〕
　　　増エテキテイル　　　　〔主体変化動詞、〈進行〉〕
　　　走リカケテイル　　　　〔－主体変化動詞、〈進行〉〕
　　　開キカケテイル　　　　〔主体変化動詞、〈進行〉〕
　　　死ニカケテイル　　　　〔主体変化動詞、〈進行〉〕
　　　走リハジメテイル　　　〔－主体変化動詞、〈結果残存〉〕
　　　開キハジメテイル　　　〔主体変化動詞、〈結果残存〉〕
　　　走リツヅケテイル　　　〔－主体変化動詞、〈進行〉〕
　　　増エツヅケテイル　　　〔主体変化動詞、〈進行〉〕

〔　〕の中の左側の〈主体変化動詞〉、〈－主体変化動詞〉は、本動詞がどういった性格のものかを示している。〔　〕の中の右側の〈進行〉〈結果残存〉は、副次的アスペクト形式を伴ったテイル形の、あえて分けたアスペクト的意味である。

7. 他のアスペクト形式のアスペクト的意味

7.1 テシマウ形のアスペクト的意味

　テシマウ形は、アスペクト的意味として、動きが実現すること（これを〈実現相〉と仮称する）を表す。したがって、動きを表さない〈状態動詞〉には共起しない（実際には、「テシマウ」につきまとっている情意的意味との関連で、共起関係に自然さ、不自然さが生じ、事は、そんなに簡単ではない。本章では、「テシマウ」の持っている情意的意味については触れない）。

　　（1）＊あの人は僕のおじさんに当たってしまいました。
　　（2）〜わずかのあいだに、秋子さんを殺してしまいました。

(都筑道夫「死体と寝たい」)

　　（3）　戸倉邸の火災で五億円の札束が焼けてしまったのか〜

(「燃えた札束」)

(1)の「当タル」は、〈状態動詞〉であるので、テシマウ形が共起しない。それに対して、〈動き動詞〉の(2)「殺ス」、(3)「焼ケル」には、テシマウ形が共起している。

7.1.1　実現の二種

　テシマウ形の表す動きの実現には、〈動きの完了〉を表すものだけでなく、〈動きに入ること〉を特に取り出すものがある。

　　（1）　思わずそちらの方を見てしまった。

(1)の「見テシマッタ」は、基準時において、見ることが、終了してしまっているわけではなく、引き続き行われていることを表している。(1)の「見テシマッタ」は、したがって、〈動きに入ること〉を表している。これも、このように考えるべきなのか、「見ル」には、〔視線を対象に移す〕といった意味を表す場合と、〔対象物に視線を向けたままでいる〕といった意味を表す場合とがあって、(1)の例は、前者の「見ル」の〈動き完了〉を表していると考えるべきなのか、考え方が分かれよう。しかし、通常「〜ヲ見テイル」が〈進行〉を表すことから考えて、「見ル」は、通常、前者・後者を含めた動きであると考えられる。したがって、やはり、本章のように、このテシマウ形は〈動きに入ること〉を表していると考えた方がよいだろう。

（２）　ビールを飲んでしまった。

同様に、（２）のテシマウ形にも、一定量（たとえばコップ一杯）のビールを飲み終わってしまった場合、つまり〈動きの完了〉と、一口ビールに口をつけた場合、つまり、〈動きに入ること〉を表す場合があろう。〈動きに入ること〉は、特に動きの始動の局面を取り上げ、それの実現を表したものである。

　〈動きの完了〉と〈動きに入ること〉とは、テシマウ形の表す〈動きの実現〉の対等な二つの意味ではない。〈動きの完了〉が主で、〈動きに入ること〉は、やはり、〈動きの実現〉の特殊な場合である。

7.1.2　〈動きに入ること〉を表さない動詞

　主体の変化を表す動詞（〈主体変化動詞〉）、たとえば「生マレル、結婚スル、座ル、寝ル、太ル、固マル」など、「動詞のタイプ」（3節）で述べたタイプ２の動詞や、動きの終了の時点が真正な意味で動きの成立の時点であるような動詞、たとえば「壊ス、（ズボンヲ）ハク、（服ヲ）脱グ、（ハンカチヲ）畳ム、（ノートヲ）綴ジル、（セーターヲ）編ム、（着物ヲ）縫ウ、（城ヲ）築ク、（塔ヲ）建テル」などは、テシマウ形単独で〈動きに入ること〉を表すことはないと考えられる。

　　（１）　もし、あなたの方へ行ってしまったら、　　　　　（「夏の終り」）
　　（２）　しかし、種が個人の身体のようにかならず亡びてしまうものならば、　　　　　　　　　　　　　　　　　（今西錦司「生物の世界」）
　　（３）　毎年それでかたづいてしまっているんだもの。　　（「流れる」）
　　（４）　われわれの理解の前に立ちふさがる障壁をつくってしまうのである。　　　　　　　　　　　　　　　　　　　　　（「生物の世界」）
　　（５）　君がミシンを踏んだ日には、何台あっても、壊してしまう。

これらは、いずれも〈動きの完了〉を表している。（1）（2）（3）は、〈主体変化動詞〉の例で、（4）（5）は、動きの終了の時点が真正な意味で動きの成立であるといったあり方で使われている動詞の例である。

7.1.3　〈動きに入ること〉を表すための条件

　テシマウ形が、このタイプの意味を表すためには、動詞の表す動きが持続過程を有していること、つまり、動きの始めと動きの終わりとを分離できる

ことが前提になる。

【条件1】 動きの始動の局面を取り出す三次アスペクトの形式(「〜ハジメル」「〜ダス」)が前置している(この形式が付く場合、前者の「〈動きに入ること〉を表さない動詞」を、そのタイプ・性格において変更してしまうこともある)。

　　（1）　一度読みはじめてしまったら、なかなか止められない。
　　（2）　列車はとうとう走りだしてしまった。
　　（3）　食べはじめてしまってから、お金のないことに気がついた。

などは、いずれも、これである。始動の局面を取り出すアスペクト形式の前置によって、テシマウ形が〈動きに入ること〉を表している。

【条件2】 一連の持続していく動きの始まりの段階にあることを表す語句や動きに入ることを表す語句を伴っている。

　　（1）　彼は一口ビールを飲んでしまって、財布を忘れたことに気がついた。
　　（2）　彼は、なかなか慎重だが、一歩走ってしまうと、猛進型だ。
　　（3）　隣の人とつい喋ってしまって、先生に叱られた。
　　（4）　思わず鼻歌を歌ってしまった。

(1)(2)が、動きの始まりの段階にあることを表す語句を伴って、テシマウ形が〈動きに入ること〉を表している例である(この場合、この条件だけでなく文全体の意味のあり方がテシマウ形を〈動きに入ること〉と解釈させる助けをしている)。このタイプは、さほど多くない。(3)(4)は、動きに入ることを表す語句を伴っているものである。この種の語句を伴うことによって、テシマウ形は、〈動きに入ること〉として解釈される傾向が高くなる。特に、例に挙げた「ツイ、思ワズ」のように、無意識に動きに入ることを表す語句を伴うのが特徴である。

7.1.4　非制御性の情動・心理・精神的な動きを表す動詞

　テシマウ形の〈動きに入ること〉で注目すべきは、非制御性(自分の意志でもって動きを自由に制御できない性質)を有する情動・心理・精神的な動きを表す動詞である。これらは、

　　（1）　リカは不覚に涙ぐんでしまった。　　　　　　　　　　（「流れる」）

（2）　急に笑ってしまって、失礼な事をした。
　（3）　「私、困ってしまったんです。」　　　　　　　　　　　（「帰郷」）
　（4）　「それ以来すっかりがっかりしてしまいまして、〜」　（「流れる」）
　（5）　思想と人間をいつのまにか混同してしまう〜、　　　　（「帰郷」）
などのテシマウ形は、いずれも〈動きの完了〉ではなく、〈動きに入ること〉を表している。特に、(4)などは、「ソレ以来」の語句の共起が示すように、「ガッカリシテシマウ」は、「ガッカリスル」ことの始まりの実現を表し、基準時現在「ガッカリシテイル」という持続状態にあることは明らかである。

7.2　テクル形・テイク形のアスペクト的意味

　テクル形・テイク形は、アスペクト的意味として〈動きの進展〉を表す。

7.2.1　テクル形

　テクル形は、動きの進展に視点がからみ、〈話し手の置いた基準時への動きの進展〉を表す。テクル形の〈話し手の置いた基準時への動きの進展〉を、大きく〈出現する動きの発生〉〈変化の漸次的な進展〉〈運動の継続的な進展〉の三つのタイプに分ける。

【Ⅰ】出現する動きの発生

　出現する動きの発生とは、動きや現象のない状態から動きや現象が出現することを表す。
　（1）　雨が降ってきた。
　（2）　雲が出てきた。
　（3）　ふいにまた涙がこみあげてきた。　　　　　　　　　　（「夏の終り」）
　（4）　急に気力が弱って来たのを感じた〜、　　　　　　　　（「帰郷」）
　（5）　ことばは生活の中から生まれてきます。　（光村・小学校教科書6上）
　（6）　電車は速度を落とし、北鎌倉のプラットホームが現れて来た。
　　　　　　　　　　　　　　　　　　　　　　　　　　　　　　（「帰郷」）
　（7）　急に体に鉛がこめられたように身動きが緩慢になってきた。
　　　　　　　　　　　　　　　　　　　　　　　　　　　　（「夏の終り」）
などは、いずれもテクル形が〈出現する動きの発生〉を表しているものであ

第 11 章 アスペクト形式とその解釈のために　285

る。〈出現する動きの発生〉を作る動詞には、動きそのものが過程を持たない主体変化の動詞（[2. a]のタイプの動詞、例(2)(5)「出ル、生マレル」など）や、主体変化で動きそのものは過程を持つ動詞（[2. c]のタイプの動詞、(3)(4)(7)「コミアゲル、弱ル、緩慢ニナル」など）が発生の段階を問題にするあり方で使われた場合などがある。例(3)(4)(7)に使われている「フイニ、急ニ」は、発生の段階を問題にしていることを示す一助になっている。〈出現する動きの発生〉を作り出す動詞として特徴的なものに、「現レル、（事件ガ）起キル、出来ル、生マレル、生ジル」などの、現象の出現を意味する〈出現動詞〉がある。以上は総て〈結果残存〉を作る動詞である。(1)の「雨ガ降ッテキタ」の「降ル」は、〈進行〉を作る動詞であるが、「現象発生を表す動詞」的である。

【Ⅱ】変化の漸次的な進展

　変化の漸次的な進展とは、変化が基準時点までだんだん拡大・進展してくることを表す。

　　（1）　日がたつにつれて、白鳥の数が<u>ふえてきました</u>。

　　　　　　　　　　　　　　　　　　　　　　　（光村・小学校教科書3下）

　　（2）　人びとは、〜次第に、<u>離れ離れになって来た</u>。　　　（「帰郷」）

　　（3）　今に<u>だんだん感情がこじれてきて</u>、〜　　　（嘉村磯多「崖の下」）

　　（4）　彼は<u>徐々に自己の勢力を広げてきた</u>。

などのテクル形は、いずれも〈変化の漸次的な進展〉を表しているものである。動きそのものは過程を持つ主体の変化を表す動詞（[2. c]のタイプの動詞）、および主体変化動詞ではないが、対象に漸次的な変化を与える動詞（[3. a(2)]のタイプの動詞）が、テクル形を取れば、通常（特に発生の段階が問題にされるというのでない限り）、この〈変化の漸次的な進展〉を表す。「次第ニ、ダンダン、徐々ニ」などの副詞と共起することが多く、共起しうるのが、このタイプの特徴である。

【Ⅲ】運動の継続的な進展

　運動の継続的な進展とは、運動が基準時まで続いてくることを表す。

　　（1）　そのつもりで、準備もし、<u>生きても来た</u>。　　　　　（「帰郷」）

（２）　じぶんのしてきたことの恐ろしさに、〜　　　　　　（「夏の終り」）
　　（３）　今まではその立場から生物を解釈するように努めてきた。
　　　　　　　　　　　　　　　　　　　　　　　　　　　　　　（「生物の世界」）
　　（４）　〜俺は、そういう感傷的な気持ちを憎んできた。　　（「帰郷」）
などのテクル形は、いずれも〈運動の継続的な進展〉を表している。〈運動の継続的な進展〉は、それが動きの単一事象的な継続（たとえば例文（１））であるが、断続的な動きの複数事象的な継続（たとえば例文（２））であるかを問わない。〈主体に変化を与えない「主体運動」の動詞〉（タイプ［３］および［４］の動詞）がテクル形を取ると、通常の〈運動の継続的な進展〉を表す。

7.2.2　テイク形

　テイク形は、動きの進展に視点がからみ、〈話し手の置いた基準時からの進展〉を表す。テイク形の〈話し手の置いた基準時からの動きの進展〉は、大きく〈消滅する動きの発生〉〈変化の漸次的な進展〉〈運動の継続的な進展〉の三つのタイプに分けられる。

【Ⅰ】消滅する動きの発生

　消滅する動きの発生とは、基準時には存在している状態や現象の消滅してしまう動きが発生・展開していくことを表す。テイク形にあっては、この〈消滅する動きの発生〉と、次の〈変化の漸次的な進展〉との区別は、テクル形の［Ⅰ］と［Ⅱ］との違いほど明確ではない。〈消滅する動きの発生〉を次の〈変化の漸次的な進展〉の特殊なタイプとして扱ってもよいぐらいである。この［Ⅰ］のタイプと次の［Ⅱ］のタイプの異なりの希薄さは、基準時において現象が存在しているのであるから、消滅する動きの発生だけでなく、その後には消滅へ向かう動き・変化の展開が予定されうるからである。

　　（１）　確かに多くの生物の種が滅亡して行った。　　　　　（「生物の世界」）
　　（２）　死んで行く人も私もせつない。　　　　　　　　　　（「流れる」）
　　（３）　俺の目から地図上の国境線が消えて行った。　　　　（「帰郷」）
　　（４）　顔から血の気がひいていくようである。　　　　　　（「夏の終り」）
などのテイク形が、〈消滅する動きの発生〉を表しているものである。（２）の「死ンデ行ク」などは、「ダンダン、徐々ニ」といった副詞を共起させる

ことは出来ないが、(3)(4) の「消エテ行ク」「ヒイテイク」などでは共起可能である。これは次の［Ⅱ］のタイプ「変化の漸次的な進展」との近さを物語っている。〈消滅する動きの発生〉は、例に挙がっているような〈消滅動詞〉(消滅する動きを表す動詞)によって作られる。

【Ⅱ】変化の漸次的な進展

テイク形の表す〈変化の漸次的な進展〉とは、変化が基準時点からだんだん進展・拡大していくことを表すものである。

　　（１）　種が<u>だんだん変っていく</u>ものと考えながら〜　　　（「生物の世界」）
　　（２）　<u>次第に〜個体の数が増して行って、</u>〜　　　　　　（「生物の世界」）
　　（３）　病気は、<u>ますます重くなっていきました。</u>（光村・小学校教科書6下）

などが、テイク形が〈変化の漸次的な進展〉を表しているものである。テイク形の〈変化の漸次的な進展〉を形成する動詞は、テクル形の当該箇所で述べたものに同じである。

【Ⅲ】運動の継続的な進展

テイク形の表す〈運動の継続的な進展〉とは、運動が基準時点から続いていくことを表すものである。

　　（１）　生物が<u>生きて行く</u>ためには〜まず食物をとり入れねばならない。
　　　　　　　　　　　　　　　　　　　　　　　　　　　　　　　（「生物の世界」）
　　（２）　それぞれの道を<u>拓いて行こう</u>とする気がありながら、〜
　　　　　　　　　　　　　　　　　　　　　　　　　　　　　　　　　　（「流れる」）
　　（３）　それに<u>耐えて行く</u>ことが、俺の一時の仕事だったが、〜（「帰郷」）
　　（４）　一歩、一歩、粘りづよく<u>調べていった</u>ということであるから、〜
　　　　　　　　　　　　　　　　　　　　　　　　　　　　　（花田清輝「群猿図」）

などのテイク形は、いずれも〈運動の継続的な進展〉を表すものである。単一事象的な継続（たとえば(1)「生キテ行ク」）と複数事象的な継続（たとえば(4)「調ベテ行ク」）とがあるということも、このタイプを形成する動詞のことも、テクル形の場合と同様である。

7.3 カケル形のアスペクト的意味

カケル形は、そのアスペクト的意味として、動きに取りかかることを表す。これを、〈起動相〉と仮称する。

カケル形の表す〈起動相〉には、〈動きのない状態から動き始まるまでの取りかかり〉を表すものと〈動き始めから本格的な動きにいたるまでの取りかかり〉を表す二つのニュアンスの異なったタイプがある。動きそのものに過程のない〈−過程性〉の動詞の場合は、前者にしかなりえないが、動きそのものに過程の存する〈＋過程性〉の動詞の場所は、前者にも後者にもなりえる。カケル形は、〈動き動詞〉に付き、〈状態動詞〉には付かない。

（１）　*机の上に本が有りかけた。
（２）　かれらは……、寧日ない酷使のため……感情が涸死しかけていたのだ。
　　　　　　　　　　　　　　　　　　　（伊藤桂一「蛍の河」）
（３）　僕はあやうくその事をしゃべりかけた。
（４）　「ちょうどあのへんを山手の方に歩きかけていたのです。」
　　　　　　　　　　　　　　　　　　　（坂口安吾「能面の秘密」）

（1）は〈状態動詞〉ゆえにカケル形を持たないことを示しており、(2)は〈−過程性〉の動詞が〈動きのない状態から動き始まるまでの取りかかり〉の意味を表していることを示しており、(3)は〈＋過程性〉の動詞のカケル形がこの意味で使われていることを、(4)は〈＋過程性〉の動詞のカケル形が〈動き始めから本格的な動きにいたるまでの取りかかり〉の意味で使われているものである。〈−過程性〉の動詞が「〜カケタ」を取ると、「彼はあやうく書類を無くしかけた。」のように、結局は動きが実現しなかったことを表すことになる。

7.4 ハジメル形・ダス形のアスペクト的意味

ハジメル形・ダス形は、そのアスペクト的意味として、始まりの段階の動きを行なうこと、動きを始めることを表す。これを、〈始動相〉と仮称する。単一事象のアスペクトの場合、ハジメル形・ダス形は、〈＋過程性〉を持った動詞にしか付かない（例えば「*死ニハジメタ」「*座リハジメタ」「*発見シハジメタ」）。

（１）　早くも 22 のゼッケンが、汗で濡れ始めている。

(笹沢左保「闇への疾走」)
（２） 富雄は靴をぬぎはじめた。　　　　　　　（「死体と寝たい」）
（３） 地盤が急に崩れだした。　　　　　　　　（「凍った時間」）
（４） ～鯨もこの一撃でふたたび暴れ出し、海中深くもぐってゆく。
(「極北に駆ける」)

などでは、いずれも〈始動相〉を表しているものである。

〈－過程性〉の動詞も、複数事象のアスペクトでは、ハジメル形・ダス形を取りうる。

（５） 次から次へと船が港に着きはじめた／着きだした。
（６） 彼は電車で本を読みはじめた。

(6)は、単一事象のアスペクトの場合と複数事象のアスペクト(この場合〈習慣〉)の場合とがある。「サキホドカラ」の想定のもとに解釈すれば、単一の動きの始動を表しており、「近頃」の想定のもとに解釈すれば、習慣の始動を表している(前者は〔本ヲ読ム〕ことの始動であり、後者は〔電車デ本ヲ読ム〕ことの始動である)。

7.5　ツヅケル形のアスペクト的意味

ツヅケル形は、そのアスペクト的意味として、動きが続いていること、継続中の動きを維持することを表す。これを〈継続相〉と仮称する。単一事象のアスペクトでは、何らかの点でも持続性のない〈－持続性〉の動詞(タイプ［2.a］やタイプ［4］の動詞)には、ツヅケル形は付かない(たとえば、「*死ニツヅケタ」「*ナクシツヅケタ」)。

（１） いまにも死にそうな顔をして、走り続けている。　（「闇への疾走」）
（２） 川の水がふえつづけている。

などのツヅケル形がこの〈継続相〉を表したものである。

複数事象のアスペクトでは、〈－持続性〉の動詞も、ツヅケル形を取りうる。

（３） 流行病で何ヶ月間も次から次へ人が死につづけた。
（４） 彼は何本もの万年筆をなくしつづけた。

また、〈状態動詞〉や動詞以外にも「ツヅケル」は付くことがある。ただ、本章では、これをアスペクトとしては扱わない。

（5） 彼は廓に十日居つづけた。
（6） わたしはほぼ完全に明晰でありつづけた。　　　　（「パルタイ」）
などがこれである。

7.6　オワル形のアスペクト的意味

　オワル形は、そのアスペクト的意味として、動きが完成・終了すること、完成・終了段階の動きを行うことを表す。これを、〈終結相〉と仮称する。オワル形を取りうる動詞は、動きの完成点が予め定まっているといった特徴〈＋完結性〉を持つ動詞である。この〈＋完結性〉の有無は、微妙で、動詞がどんな名詞を取るか、数量限定・限界限定が有るのかなどで変わってくる。

（1）　（小夜子は）ぎこちない手つきで、帯を結び終わったところだった。
　　　　　　　　　　　　　　　　　　　　　　　　　　　　（「赤い毒の花」）
（2）　やっとプラモデルを組み立ておわった。
（3）　*彼は海を見おわった。
（3'）　僕は芝居を見おわった。
（4）??彼は泳ぎおわった。
（3'）　彼はやっとプールを二往復泳ぎおわった。

などの例が上述のことを示しているだろう。

7.7　ツツアル形のアスペクト的意味

　ツツアル形は、そのアスペクト的意味として、大きく、動きが少しずつ増加・拡大しながら、続いている状態にあることを示す〈変化の進展状態〉を表す場合と、〈動きへの取りかかりの進展状態〉を表す場合とに分かたれる。ツツアル形が付くと、〈動き動詞〉は〈状態動詞〉に変わる。

【Ⅰ】変化の進展状態

　〈変化の進展状態〉とは、変化がだんだん拡大している状態を表す。

（1）　〜ライトバンは、〜の家に近づきつつあった。
　　　　　　　　　　　　　　　　　　　　　　（戸川昌子「処刑された沈黙」）
（2）　その個体の中によりよい生活に適する変異が増しつつあればそ

れでよいのである。　　　　　　　　　　　　（「生物の世界」）
　　（３）　彼は愚行を重ねつつあった。
などのツツアル形が、〈変化の進展状態〉を表すものである。ツツアル形を取って、このタイプの意味を作り出す動詞は、テクル形・テイク形の〈変化の漸次的な進展〉の箇所で述べたものに、基本的に同じである。

【Ⅱ】動きへの取りかかりの進展状態

　〈動きへの取りかかりの進展状態〉とは、動きの成立に向かって、準備段階的な動きが進んでいく状態を表すものである。動きの始まりが動きの成立である動詞の場合と、動きの終了が動きの本当の成立である動詞（〈＋完結性〉をもっている動詞）の場合では、〈動きへの取りかかりの進展状態〉のあり方が少し異なる。前者は、動きの準備段階の進展状態を、後者は、動きの完成へ向けての動きそのものの進展状態を表している。
　　（１）　その時彼女は椅子に座りつつあった。
　　（２）　船が海から金塊を引き上げつつあった。
（１）は前者の例で、（２）は後者の例である。

注
1　〈再帰動詞〉とは、再帰的な用法でしか使わない動詞、本来的には、三項動詞であると思われるこのタイプの動詞は、ニ格、カラ格の名詞がガ格（主格・主体）の身体の一部であることによって、言語表現として顕在化されることが非常に少なく、通常二項動詞として使われる。〈再帰〉とは、主体（主格）から出た働きかけが、結局は主体自身に戻って来ることによって、主体の動きが完結するといった現象である。

参考文献
奥田靖雄 1977　「アスペクトの研究をめぐって―金田一的段階―」『国語国文』8号（宮城教育大学）
金田一春彦 1950　「国語動詞の一分類」『言語研究』No.15、金田一春彦編（1976）再収
金田一春彦 1955　「日本語動詞のテンスとアスペクト」『名古屋大学文学部研究論集』Ⅹ（文学4）、金田一春彦編（1976）再収。
金田一春彦編 1976　『日本語動詞のアスペクト』むぎ書房
草薙　裕 1983　「テンス・アスペクトの文法と意味」『朝倉日本語新講座・3―文法と意味Ⅰ―』(朝倉書店)所収

工藤　浩 1986　「日本語の文の時間表現」『言語生活』403 号
工藤真由美 1982　「シテイル形式の意味記述」『武蔵大学人文学会雑誌』13 巻 4 号
鈴木重幸 1979　「現代日本語の動詞のテンス」『言語の研究』むぎ書房
高橋太郎 1985　『現代日本語動詞のアスペクトとテンス』秀英出版
寺村秀夫 1984　『日本語のシンタクスと意味Ⅱ』くろしお出版
仁田義雄 1982　「動詞の意味と構文―テンス・アスペクトをめぐって―」『日本語学』1 巻 1 号
仁田義雄 1983　「アスペクトについての動詞小レキシコン」『ソフトウェア文書のための日本語処理の研究― 5』(情報処理振興事業協会)
仁田義雄 1983　「動詞とアスペクト」「計量国語学」14 巻 3 号
仁田義雄 1983　「アスペクトの分析・記述に向けて」『国語学研究』23（東北大学）
藤井　正 1966　「『動詞＋ている』の意味」『国語研究室』5 号（東京大学）、金田一春彦編 (1976) 再収
三上　章 1953　『現代語法序説』刀江書院
森山卓郎 1986　「日本語アスペクトの時定項分析」『論集日本語研究（一）現代編』（明治書院）所収
吉川武時 1973　「現代日本語動詞のアスペクトの研究」、*Linguistic Communications*, No.9 (Monash 大学)、金田一春彦編 (1976) 再収
B. Comrie 1976 *Aspect*. Cambrige Univ. Press.

　　　（初出、「テンス・アスペクトの文法」『ソフトウェア文書のための日本語処理の研究― 8』1987）

補注
　この論文では、モダリティという用語のかわり、ムードという用語が使われている。通例モダリティで指すものに、まだムードという用語で使っていた時代に書かれたものである。ムードをモダリティという用語に置き換えてお読みいただければと思う。

第12章　日本語のアクチオンスアルト
―シオワル形をめぐって―

1. はじめに

　アスペクトに深い関わりをもつものに、アクチオンスアルトがある。アクチオンスアルトは、ドイツ語で'Aktionsart'と記されるものであり、英語で言えば、'kinds of action'という意味にあたる語である。密接に関わりを持つものの、アクチオンスアルトの規定には、(1)動詞の語彙的な意味の中に存在する時間的な性格を指す場合と、(2)単語を派生するという手続きでもって表示される、動詞の表す動きの有している内的時間構造の段階の表し分けを指す場合とがある。日本語の文法研究では、アクチオンスアルトと言えば、主に(2)のタイプであり、複合動詞化という手段で表されることが基本で、局面動詞と呼ばれることもある。

2. 日本語のアクチオンスアルト大概

2.1 アクチオンスアルトを表す表現形式

　アクチオンスアルトを表示する基本的な形式には、「(シ)カケル」「(シ)ハジメル／(シ)ダス」「(シ)ツヅケル」「(シ)オワル」がある。「(シ)ヨウトスル」が加えられることもあるし、「(シ)オエル」「(シ)キル」「(シ)アゲル」「(シ)ツクス」のような複合動詞をも表現形式に加える研究者もいる。

　「(シ)ヨウトスル」には、「いくら捜しても見あたらない。諦めて帰り+かけ+ようとし+た時、ポチが見つかった。(柏原兵三「徳山道助の帰郷」)」のように、「(シ)カケル」などに後接する使われ方があり、「(シ)カケル」や「(シ)ハジメル」「(シ)オワル」などと同じレベルにある存在ではないこと

が分かろう。また、「(シ)オエル」「(シ)キル」「(シ)アゲル」「(シ)ツクス」などは、出現上の制約が大きく、未だ文法形式化していない。

本章でアクチオンスアルトの表示形式として扱うのは、「(シ)カケル」「(シ)ハジメル／(シ)ダス」「(シ)ツヅケル」「(シ)オワル」のみである。

2.2 アクチオンスアルトとアスペクトとの関係

アスペクトの中核は、「スル―シテイル」によって表し分けられる完結相（完成相）と未完結相（持続相）との対立である。アクチオンスアルトのそれぞれは、「男はもくもくと走りつづけた―男はもくもくと走りつづけていた」「彼は手紙を書きはじめる―彼は手紙を書きはじめている」のように、完結相か未完結相かの、（中核）アスペクトのいずれかを帯びてしか実現されない。その意味でアクチオンスアルトは二次的存在である。

2.3 アクチオンスアルトの下位種

日本語のアクチオンスアルトの下位種として、本章では、起動相・始動相・継続相・終結相を取り出す。

[1] 起動相

起動相は、「(シ)カケル」という形式で表される。起動相は、本格的に動きに取りかかるまでの局面・段階の遂行を表す。(1)「彼は何度か死にかけた。」のように、時間幅のない動きの場合、動きのない状態から動きに取りかかるまでの段階しか表せない。それに対して、(1)「彼は、ジュースを飲みかけたが、虫が入っていたので止めた。」、(2)「彼は、ほんの少しジュースを飲みかけたが、おいしくなかったのですぐ止めた。」のように、時間幅のある動きの場合、(1)の意味だけではなく、(2)のように、動き始めから本格的な動きに至るまでの取りかかり段階を表しうる（表しうるだけでなく、こちらの方が用例数は多い）。

動詞が動きを表せば、「僕はもう少しで謎の大陸を発見しかけたんだがなあ。」のように、基本的に起動相を作りうる。

[2] 始動相

始動相は、「(シ)ハジメル／(シ)ダス」の形式で表される。始動相とは、「汗でシャツが濡れはじめた。」「子供が暴れだした。」のように、始まりの段

階の動きを行うことを表すものである。

「*男は死にはじめた」「*彼は新大陸を発見しだした」「*Aさんが椅子に座りはじめた」などが逸脱性を有していることから分かるように、始動相を持つ動きは、動きそのものが時間幅を有するものである。もっとも「子供が飢えで次々と死にはじめた。」のように複数事象を表す場合は別である。

[3] 継続相

継続相とは、「(シ)ツヅケル」という形式で表されるもので、動きや事態を継続することを表している。(1)「男は一生懸命走りつづけた。」、(2)「川の水が増えつづけた。」、(3)「彼は倒産しそうな銀行にお金を預けつづけた。」(4)「彼は硬い椅子に座りつづけた。」などがこれである。(1)(2)のように、動きの展開過程そのものの維持継続を表す場合と、(3)(4)のように、動き後の状況を維持継続する場合がある（この場合、動き後の状況の維持が新たな動きとして捉えられているとも言える）。

「*男は死につづけた」「*彼は新大陸を発見しつづけた」などの逸脱性から分かるように、継続相を持つものは、動きそのものだけでなく、動き後の状況維持が取り出せ、それに時間幅があるものであれば可能になり、それのないものは不可になる。また、時間幅が存在することによって、「男は部屋に居つづけた。」のように、状態に対しても、「(シ)ツヅケル」という形式は接続可能になる。

[4] 終結相

終結相とは、「(シ)オワル」という形式で表されるもので、完成・終了段階の動きを行うことを表している。「彼は手紙を書きおわった。」「僕はやっとプラモデルを組み立ておわった。」などがこれである。

「*彼は動きおわった」「*男は太りおわった」などの逸脱性から分かるように、終結相になる動きは、基本的に、動きの始点と終点が分離でき、終点が予め定まっているものである。

終結相「(シ)オワル」については、実例を挙げながら以下で少しばかり詳しく見ていく。

3. アスペクトに関わる動詞の意味特性

　それぞれの動詞は、ある動き（動作・変化）や状態や属性を表す。動詞の表す動き・状態・属性は、それぞれ時間的な観点からある意味的な特性づけを帯びている。つまり、動詞が語彙的意味として差し出す動き・状態・属性は、（広い意味で）アスペクトに関わる意味特性をそれぞれに有している、ということである。アクチオンスアルトの表現形式「(シ)カケル」「(シ)ハジメル／(シ)ダス」「(シ)ツヅケル」「(シ)オワル」の現れに深く関わる、そのような意味特性として、本章では、〈動き〉〈持続性〉〈終結性〉を取り出す。動き・持続性・終結性という意味特性は階層関係にある。時間的限定性は存するものの、展開していかない同質的な在りようである状態の有している持続性を除けば、動き・持続性・終結性は、［動き＞持続性＞終結性］という階層関係にある。つまり、終結性の出現は持続性の存在を前提にしており、持続性の現れは動きの存在を前提にしている（以後本章での持続性は、動きそのものの持続性、別の箇所で過程性と呼んでいるものに限定する）。

[1] 動き

　動きは、概略次のように規定できる意味特性である。〈動き〉とは、ある一定の時間の流れの中に始まり展開し終わる―展開が瞬間的で、始まりと終わりが同時的である、というものを含め―、というあり方で発生・存在する事態である。動きには、動きのない状態から動きに入る、という動きの発生といった変動が存在する。動きのない状態から動きに入る、という動きの発生を有することによって、動きは、動きのない状態から本格的な動きに取りかかるまでの局面・段階を表す起動相を取りうる。

　それに対して、〈状態〉は、それが表す事態がある一定の時間の中で出現・存在する、という時間的限定性を有しているものの、事態の発生という変動を持たないことによって、起動相の形式を取りうることはない。

　「彼は死にかけた」「僕は大切な物を無くしかけた」「家に帰りかけたところを呼び止められた」「男はあやうく釘が出ている椅子に座りかけた」「物価が少し上がりかけた」「思わず叫びかけた」「男は突然車に向かって走りかけた」「新聞を読みかけたとき、電話がなった」「男が靴を履きかけた」のよう

に、動きという意味特性を持つ事態は、起動相「(シ)カケル」の形式を後接させうる（もっとも、「荷物が届きかけた」など、動きでありながら言いにくい場合がないわけではない）。それに対して、「*彼は部屋に居かけた」「*机の上に本が有りかけた」のように、状態が起動相を取ることはない（当然、「*彼は僕の叔父に当たりかけた」のように、〈属性〉が起動相を取ることはない）。

[2] 持続性

　持続性とは、動きが時間幅を持って成立していることである。時間幅を持って成り立つ動きであることによって、持続性という意味特性を持つ事態は、継続相「(シ)ツヅケル」の形式を共起させうる。言い換えれば、持続性を持たない動きには、「*彼は死につづけた」「*僕は大切な物を無くしつづけた」のように、継続相は現れない（この種の文が適格文になるには、「僕は大切な物を次々と無くしつづけた」のように複数事態にすることによって、その（複数）事態に持続性が与えられなければならない）。それに対して、持続性を有する動きは、「男は大きな声で叫びつづけた」「物価が上がりつづけている」「男は新聞を読みつづけた」のように、継続相を出現させうる。

　また、持続性が存するということは、動きの始まりが動きの終わりから分離して取り出せる、ということである。動きの始まりが動きの終わりから分離して取り出せることによって、（本章で取り扱っている）持続性を持つ動きには、始動相「(シ)ハジメル／(シ)ダス」が出現しうる。「男は突然大きな声で叫びだした」「物価が徐々に上がりはじめた」「彼は熱心に新聞を読みはじめた」などが、そうである。それに対して、持続性を持たない動きは、複数事態にしない限り、「*彼は死にはじめた」「*僕は大切な物を無くしはじめた」のように、始動相を出現させることはない。

[3] 終結性

　既に触れたように、動きの始まりと動きの終わりが分離できる、つまり動きそのものが持続性を有している、ということが、動きの終結点が予め明確に定まっていることの前提である。動きが予め明確に定まった終結点を持っている、という意味的特性を終結性と仮称しておく。たとえば［物価ガ上ガル］という事態も［彼ガ手紙ヲ書ク］という事態も、持続性を持っており、動きの始まりと動きの終わりとを分離することができる。したがって、既に

見たように、ともに「物価が上がりはじめた」「彼は手紙を書きはじめた」のように、動きの始まりを取り出した始動相を共起させうる。ただ、両者には、［彼ガ手紙ヲ書ク］という事態が、予め明確な終結点が定まった事態、つまり終結性という意味特性を持った事態であるのに対して、［物価ガ上ガル］という事態は、事態そのものに明確な終結点が予め存在する事態ではない、つまり終結性という意味特性を持たない事態である、という異なりが存する。そのことが、「*物価が上がりおわった」が逸脱性を有し、「彼は手紙を書きおわった」が適格文である、という違いを招来している。このことから分かるように、終結性を持った事態は終結相「(シ)オワル」を取りうる。

その動詞が終結相という意味特性を有しているか否かは、なかなか微妙な点がある。というより終結性の有無は、最終的には命題全体の意味的特性によって決定される（始動相や継続相でもこのことは基本的に同じであるが、終結相では特にこの傾向が強い）。

4.（シ）オワル形について

以下、終結相「(シ)オワル」の形式の使われ方について、実例を挙げながら少しばかり詳しく見ていく。「(シ)オワル」の出現は、意味特性の階層関係から予想できることではあるが、「(シ)ハジメル／(シ)ダス」「(シ)ツヅケル」などに比べて、その数が圧倒的に少ない。

4.1 動詞が終結性を持つもの

最初に、動詞の表す動きに終結性という特性を容易に了解しうるもの、したがって、「(シ)オワル」を取ってたびたび現れる動詞の例から見ていく。

（1）主任は書きおわると、小学生がするように、鉛筆の頭で自分の頬をたたいて、紙をじっと見た。　　　　　　　　（松本清張「点と線」）

（2）佐世保の豊田からの書簡を、軍務局長の井上に見せたことがある。………。井上が読みおわると、山本は、「豊田貞次郎というのはこういう男だ。覚えとけ」と言った。（阿川弘之「山本五十六」）

（3）ある友人は「東京でひとと食事すると、テンポが合わなくて困る」とこぼしていた。食事の途中にふと周りを見ると、みんなは

　　　　もう食べ終っていて、いつも1人だけ取り残されてしまうという
　　　　のだ。　　　　　　　　　　　　　　　　（「天声人語」1988.1.7）
（４）　やがて彼女は、残りの片そでを縫いおわると、「ごらんくださ
　　　　い。」と言わぬばかりに、それを隣の娘のひざのそばに置いた。
　　　　　　　　　　　　　　　　　　　　　　　（山本有三「路傍の石」）
（５）　女はそのジャケツを抱えて街に行った。………。古物なんかじゃ
　　　　ないよ。つい今しがた編みおわったばかりさ。
　　　　　　　　　　　　　　　　　　　　　　（安部公房「詩人の生涯」）
（６）　ゴメン、ゴメンなケイ、ヨシヤマが声を嗄らして小さな声で言
　　　　う。カズオが包帯を換え終わって、ゴメンはないだろ、自分で
　　　　やっといて、そりゃひどいよ、そう言った。
　　　　　　　　　　　　　　　　　　（村上龍「限りなく透明に近いブルー」）
（７）　誠太郎が、新しい羽織のひもをふでに結んでもらっている。ぬい
　　　　は孝二に羽織を着せている。………。二人、着終わって並ぶ。
　　　　　　　　　　　　　　　　　　　　　（東陽一他「シ・橋のない川」）

などが、代表的なものとして挙げられる。「書く」「読む」「食べる」「縫う」「編む」「換える」「着る」などといった動詞の表す動きは、その遂行に一定の時間を要し、ある定まった終結点を迎えなければ、動きが終わったことにならない動きである。たとえば「書く」や「縫う」であれば、当初予定したり必要としたりした分量（それが一文字であっても）を書かなければ、書くことが終了したとは言えないし、一針二針入れたからといって、縫ったことにはならない。つまり、これらは終結性を持った動きとして捉えられるのが基本である。これらの動きは、開始前から予め動きの全体量が定まっている。開始前から予め動きの全体量が定まっている、ということは、「二人はまた藁の上に坐り、煎餅を中に挾んで、食べはじめた。婆さんは……、ドナイフが一枚食べおわらぬうちに、みんなむしゃむしゃと食べてしまった。（半田義之「鶏騒動」）」などのように、動きの全体量を設定する表現を取ってもよいが、終結性の出現・存在には、そういった表現の共起の必要がない、ということである。言い換えれば、動きの全体量を設定する表現を文や文脈に明示化しなくとも、定まった終結点が読み取れる、というものである。

　このことは、基本的に対象（ヲ格）名詞に、その動詞の要求する名詞が来

さえすれば、「(シ)オワル」の形式を付加させうる、ということでもある。たとえば「食べる」を例に取れば、「行助が、修一郎の卑劣な性格を逆転して利用してやろう、と心に決めたのは、徳山刑事といっしょに差しいれの弁当を食べおわったときだった。(立原正秋「冬の旅」)」、「うどんを食べ終わった平尾、丼の上に箸を置いて、(中島丈博「シ・郷愁」)」、「みつこが御飯を食べ終わった頃には、(多和田葉子「犬婿入り」)」、「修一郎は、寿司をたべおわったとき、(立原正秋「冬の旅」)」のようにである。さらに言えば、対象が表現されていない文表現であっても、「(シ)オワル」の付加が可能である、ということである。実際、(3)では、「食べる」の対象は、文脈から「ご飯」などであろうということが分かるものの、それは文にも文脈の中にも明示的に現れてはいない。

「冷ます」「縮める」などと、この「食べる」や「書く」を比べてみよう。
　　(8)??彼はお白湯を冷ましおわった。
　　(9)??母はズボンを縮めおわった。
のように、「冷ます」「縮める」などでは、終結相「(シ)オワル」の形式が出現可能になるには、単に対象を取るだけではだめで、
　　(10)　彼はお白湯を飲みやすい温度にまで冷ましおわった。
　　(11)　母はズボンを僕の身に合う丈に縮めおわった。
のように、動きの目標となる全体量を指し示す表現を付加する必要がある。「冷ます」「縮める」の表す動きは、動きの目標となる全体量を予め設定しておくことによって、はじめて終結性が生じたのである。言い換えれば、これらの動詞の表す動きは、「食べる」「書く」などとは異なって、本来的には終結性を有していない。(10)や(11)の適格性は、共起成分・構文環境によって、臨時的に終結性を獲得したことによるものである。

4.2　「(シ)オワル」形を出現させうる要件

　動きが終結性という意味特性を有していれば、終結相「(シ)オワル」が現れうると述べた。ここでは、終結性はどのような場合に存在すると捉えられるのかを、もう少し詳しく見ていきたい。
　終結相は、完成・終了段階の動き・事態を行うことを表すものである。したがって、この種の事態は完成・終了段階を持たなければならない。これ

は、言い換えれば、事態の終わりの段階が任意・恣意的であってはならない、ということである。たとえば、［走ル］という動きは、どこで止めても走ったことになる。つまり終わりの段階が任意・恣意的な動きである。したがって、基本的には「*彼は走りおわった」と言うことはない。ところが、

(1) 市民ランナーの集団が行く。………。腰を落としておしとやかに走る選手がいる。はぐれて1人、とぼとぼと走る選手がいる。それぞれがそれぞれの光る時間の中を走っていた。筆者が国立競技場に戻った時はもう4、50人の選手が走り終わっていた。ゴールイン直後、たんかで運ばれる選手がいた。ふと見ると、あの白髪まじりの背番号90番が走ってくる。　（「天声人語」1985.11.18）

のようになれば、「（シ）オワル」が生起しうる。ここでの［走ル］は、いつ止めてもその動き・事態が完成・終了したことになるような事態ではない。ゴールまで走り切って、はじめて事態は完成・終了したことになる。終結点が明確に定まった動き・事態である。

(2) 音楽ほど生命に似たものはなく、同じ美でありながら、金閣ほど生命から遠く、生を侮蔑して見える美もなかった。そして柏木が「御所車」を奏でおわった瞬間に、音楽、この架空の生命は死に、彼の醜い肉体と暗鬱な認識とは、少しも傷つけられず変改されずに、又そこに残っていたのである。　（三島由紀夫「金閣寺」）

(3) W杯サッカー予選UAE戦でくたびれた。TVを見おわって銭湯に行ったら足がつったぞ。　（「朝日新聞」1993.4.19）

また、［奏デル］［見ル］のような動きも、通例は予め定まった終結点を持たない動きである。それが［「御所車」ヲ奏デル］［ＴＶヲ見ル］（この場合の「TV」は、「机、車」のような物としての「TV」ではなく、「TV番組」といった意味合いである）のように、予め定まった終結点を持った動き・事態にしてやることによって、「（シ）オワル」の出現が可能になる。

　言い換えれば、逆に、動き・事態の終わりが定かでなくなり任意性が生じてくるにしたがい、終結相「（シ）オワル」は共起しがたくなってくる、ということである。主体の働きかけが対象の状態に変化を与える、いわゆる〈対象変化他動詞〉は、対象に変化が生じた段階が動きの実現・成立した段階である。ただ、既に挙げた「??彼がお白湯を冷ましおわる」「??母はズボ

ンを縮めおわる」のような動き・事態は、一定程度冷ましたり縮めたりしたものを、さらに冷ましたり縮めたりすることができるものである。つまり、事態の終わりが任意・恣意的である。対象変化他動詞の中にはこのようなタイプが少なくない。「温める、荒らす、乾かす、焦がす、冷ます、濡らす、直す、凹ませる、ゆがめる、曲げる、縮める、濁す、汚す、〜」などは、そうであり、これらが「(シ)オワル」を生起させるには、事態の終わりを定かなもの・固定したものにしてやる必要がある(漸増しうる主体変化を表す「温まる、荒れる、乾く、焦げる、濡れる、直る、凹む、ゆがむ、曲がる、縮む、濁る、汚れる、〜」などが、「(シ)オワル」を取らないのは言うまでもない)。

　それに対して、[殺ス]は、極めて定かで固定した事態の終わりを持っている。ただ、その定かな事態の終わりを迎えるのに、時間がかかる(持続した動きが必要である)とは捉えられない動きである。明確に定まった終結点を持っていても、その終結点に至る動きに持続性がなければ、「??男はゴキブリを殺しおわった」のように、「(シ)オワル」を取ることはない。同様に、「(骨を)折る、(手を)切る、(コップを)割る、(花瓶を)砕く、(電気を)消す」「入れる、出す」「撮影する」なども、明確に定まった終結点を持った動きである。ただ、これらも、明確に定まった終結点に至るその動きに、持続性がないのが基本である。たとえば、花瓶を床にぶつけて[花瓶ヲ砕ク]という動きに持続性は存しない。この[花瓶ヲ砕ク]に対して、「??彼は花瓶を砕きおわった」とは言いがたい。

　同様に、明確な終結点をともに持ちながら、「??彼は骨を折りおわった」が逸脱性を有しているのに対して、「彼は鶴を折りおわった」が適格であるのは、前者には終結点に至る動きに持続性がないのに対して、後者には持続性が存在するからである。

　終結相「(シ)オワル」が現れる要件は、[1]定まった終結点の存在と、[2]終結点に至る動きが持続性を有している、という二つの特徴である。

　たとえば、

　　　（4）　香椎署からの連絡で、福岡署から捜査係長と刑事が二名、警察医、鑑識係などが車で来たのは、それから四十分後であった。死体をいろいろな角度から撮影しおわると、背の低い警察医が、

しゃがみこんだ。　　　　　　　　　　（松本清張「点と線」）
（５）　三日目になると、路地の奥の亭主だという鬚面の中年男が、自転車の荷台に大きな箱をつけて、でき上った容器をとりにくる。………。入れおわると、内職屋の亭主は、晴れた日には「いい陽気ですねえ。」といい、雨の日には「よいおしめりですねえ。」といって、自転車にのって帰ってゆく。　（三浦哲郎「忍ぶ川」）
（６）　年が明けるとすぐ降りだした雨は、梅雨のころまでつづき、苗代田の苗は、軟弱なもやしのようになった。この弱々しい苗を移植しおわって、一安心したころ、六月の始めから豪雨つづきとなり、すべての稲は洪水に流され、水害をまぬがれた僅かばかりの稲も、穂をださずに腐ってしまった。　（桜田常久「平賀源内」）

上掲の例では、動きを複数回数にしたり、対象を複数にしたりすることで、定まった終結点に至るまでの動きに持続性が付与されている。定まった終結点に至るまでの動きに持続性が付与されることで、「（シ）オワル」が生起するようになったものである。また、

（６）　加藤は、工場で顔を知らない工員に話しかけられた。加藤はその時、内燃機関部で試運転のテストのデータを取りおわって、それをグラフに書きこんでいる時だった。　（新田次郎「孤高の人」）
（７）　「その携帯用の装置はバッテリーの関係でだいたい三十分しか連続して動かないの。三十分たつとスウィッチを切って充電しなくちゃならないの」「ふうん」と私はうなった。「それで、充電しおわるのに何分くらいかかるんだい？」
　　　　　　　　　　（村上春樹「世界の終りとハードボイルド・ワンダーランド」）
（８）　スーツケースの内容をことごとく出してみたのだが、洗面具だとか、着がえのワイシャツや、下着の類とか、汽車の中で買ったらしい娯楽雑誌が二三冊といった平凡なもので、何一つ書置めいたものはむろん、手帳らしき物も出なかった。係長は調べおわると、その獲物を持って帰った若い刑事に顔を向けた。
　　　　　　　　　　　　　　　　　　　　　　　　（松本清張「点と線」）

などにおいては、終結点が予め定まっているとはさほど言いがたい動きである［データヲ取ル］［充電スル］［調ベル］が、「（シ）オワル」形式を共起さ

せることで、逆に、定まった終結点を持った動きとして捉えられることになる。言い換えれば、定まった終結点を持った動きとして捉えられることが可能になる、その程度に応じて、「(シ)オワル」形式を出現させやすくなる。

終結相「(シ)オワル」の現れを規定する要因は、〈定まった終結点の存在〉と〈終結点に至る動きの持続性〉であることが分かろう。

4.3　「(シ)オワル」形の周辺的な用法
——一定時間持続後の動きの終わり——

「(シ)オワル」形が付加することによって、動きは、ある持続後の終わりを表すことになる。その持続後の終わりが、予め定まった動きの終結点であれば、「(シ)オワル」は典型的な終結相を表す。「(シ)オワル」の付加に拘わらず、文として表現されていながら、予め定まった動きの終結点の想定・読み込みが難しければ、その分、その「(シ)オワル」は、動きの持続後のある定まった終結点への到達を表すのではなく、単にある一定時間持続した動きを終える、という意味にずれていく。「(シ)オワル」は「スルコトヲヤメル」に近くなる。

（１）　そこで博士はまたふおっふおっとひとしきり笑った。私と娘は彼が笑いおわるのをじっと待った。
　　　　　　　　　　　　（村上春樹「世界の終りとハードボイルド・ワンダーランド」）

などは、この種の意味を表す「(シ)オワル」の代表的な実例であろう。［笑ウ］は、予め定まった終結点（完成点）を持つ動きではない。(1)は、一定時間続いた動きの終わりを表しているだけであって、動きが続き予め定まった終結点を迎えることを表しているわけではない。「(シ)オワル」形式を共起させてはいるものの、典型的な終結相からはかなり外れたところの使われ方である。このような実例があるということも認めておかなければならない。このような使われ方が可能になるのは、終結相出現の要因に動きの持続性が存するからである。いくつか例を追加しておく。

（２）　遊び終わって沈んでいく太陽を見ながら、顔をしかめて傷口にフーフー息を吹きかけていると、夕方の灰色の景色と自分が許し合っているような安心感を覚えた。
　　　　　　　　　　　　　　　　　　　（村上龍「限りなく透明に近いブルー」）

（3） 校長先生は、大きな声で、「デンブは、海と山と、どっちだい？」と、みんなに聞いた。ちょっと考える間があって、みんな一斉に、「山！」とか、「海！」とか叫んで、どっちとも決まらなかった。みんなが叫び終わると、校長先生は、いった。「いいかい、デンブは、海だよ」 （黒柳徹子「窓ぎわのトットちゃん」）

（4） さいしょの爆音は、おくれたサイレンが鳴り終わらぬうちに、われわれの頭の真上を、建物の屋根すれすれにかすめていった。
（三浦哲郎「忍ぶ川」）

などは、いずれも、そこに至ればそれ以上動きを続けることが無理である、という定まった終結点を予め持っている動きではない。一定時間続いた動きが終わる・止むことを表しているのみである。さらに、

（5） 二、三日前に煮たものであろうが、空腹は耐えがたかったから皮まで貪り食った。齧りおわらぬうちに蠅が、手のまわりを執拗にまわりはじめる。 （遠藤周作「沈黙」）

（6） 俊介の話を聞きながら局長はせっせとそれを鹿皮でみがいた。癖なのかもしれないが、みがきおわると電燈にすかしてつやをためつすがめつ、うっとりした眼差しで見とれていた。
（開高健「パニック」）

なども、「（シ）オワル」形式の付加によって、動きの全体量、したがって終結点が想定されやすくなるが、やはり終結点の任意性は低くない。その分、この「（シ）オワル」は、予め定まった動きの終結点を迎えるというより、一定時間続いた動きの終わりを表している。また、

（7） ある日の夕方、ぼくは生徒に画を教えおわってから、駅前の屋台へ焼酎を飲みにでかけた。 （開高健「巨人と玩具」）

にしても、「教えなければならないことを教えおわってから」などに比して、予め定まった終結点を迎えるというより、一定時間続いた動きの終わりに、既に一歩近づいている。(7)のような例は、終結点の定かさが絶対的なものではなく、連続性を持ったものであることを示している。

ただ、「（シ）オワル」形式の有無で、(1)の「笑いおわるのを待った」と「笑うのを待った」、(5)「齧りおわらぬうちに」と「齧らぬうちに」のように、

表されている動きの段階が違う。「(シ)オワル」は、動きが始まって一定時間続いていなければ使えない。

　述べてきたところから分かるように、「(シ)オワル」形式の付加に大きな影響を与える、本章で言う終結性は、いわゆる〈telic(限界性)〉と言われるものとは異なる。

参考文献
金水　敏 2000　「時の表現」『日本語の文法2　時・否定と取り立て』(岩波書店)所収
須田義治 2003　『現代日本語のアスペクト論』海山文化研究所
仁田義雄 1983　「動詞とアスペクト」『計量国語学』14巻3号
仁田義雄 1987　「テンス・アスペクトの文法」『ソフトウェア文書のための日本語処理の研究 -8-』(情報処理振興事業協会)
仁田義雄 2001　「命題の意味的類型についての覚え書」『日本語文法』1巻1号
山田小枝 1984　『アスペクト論』三修社
C. S. Smith 1991 *The Parameter of Aspect*. Kluwer Academic Publishers

　　　(初出、「日本語のアクチオンスアルト―シオワル形をめぐって―」『ことばの論文集』取扱い元・おうふう、2007)

あとがき

　本書『日本語の文法カテゴリをめぐって』は、今後 4 巻の刊行が予定されている「仁田義雄日本語文法著作選」の第 1 回配本に当たる。
　本書に収録された諸論文は、当初、その内容への検討を加えられ、必要な改訂を施され、「格」「ヴォイス」「アスペクト」といった、それぞれの文法現象をより包括的・全体的に分析・記述した、それぞれの書物の一部ないしは中核になるべく予定されていたものである。ただ、それぞれの文法現象に対する私自身の包括的な分析・記述を提出しうる準備が未だ十全には整っていない。したがって、諸論文を当該文法現象の分析・記述の一部に流し込むことも、すぐには行いがたい状況にある。
　ただ、未だ一部（部分的）とは言え、当該文法現象を巡って分析・記述した、いくつかの関連しあう論文を、ばらばらのままに放置しておいたのでは、筆者自身の当該文法現象に対する捉え方・立場は、なかなか理解してもらいがたい。そこで今回、当該文法現象に対する筆者の中核的な捉え方・立場を知っていただくためにも、文法現象ごとに論文を集め、一書をなすことにした。
　本書で取り扱われた文法カテゴリは、動詞の類的（範疇的）な語彙的意味のあり方が、それら動詞の統語的な振る舞い方に強く影響を与える、といったタイプのものである。筆者の言う、いわゆる語彙―文法カテゴリに属するものである。まず文法カテゴリとして語彙―文法カテゴリから分析・記述を進めた、というところにも、筆者の語彙論的統語論という文法分析・文法記述の姿勢が現れている。
　本書は、各文法現象への包括的な分析・記述、全体的な見取り図の提示を目指したものではない（いずれそれもなるたけ近いうちに、包括的・全体的な分析・記述を施さねばとは思っているが）。したがって、収録され分析・記述が与えられ考察が施されている文法現象は、当該文法現象の中の中心的な現象でない場合も少なくない。というより当該文法現象の中で従来あまり

考察の行われていなかった現象や、現象への異なった切り取られ方をしたものである場合が、それなりに存する。当然まず中核的な現象の提示からという立場もあろうし、それも至極もっともなことだろう。ただ、中核的な現象であれば、他にもいくつかの考察が存する。したがって、本書のような、従来あまり考察の行われていなかった現象や、現象への異なった切り取られ方をした分析・記述も意味のないものではない。それなりに意味があろう。

　格・ヴォイス・アスペクトに対する、筆者の基本的な捉え方・迫り方を少しでも知っていただければ、これに過ぎたる喜びはない。

　ここまで研究を続けてこられたのは、周りの人たちの支えがあったからである。くじけそうになった時そっと励まして下さった方、学問をすることに対する喜びを教えて下さった方、支えて下さった方々すべてに感謝の念を表したい。

2008年12月
　　　　　　　　いちょうの葉の散り切ってしまった大阪にて
　　　　　　　　　　　　　　　　　　　　　　　　仁田義雄

【著者紹介】

仁田義雄（にった よしお）

〈略歴〉1946年大阪府茨木市生れ
1975年東北大学大学院文学研究科博士課程単位取得中退、
大阪大学言語文化研究科言語社会専攻教授・文学博士。

〈主要著書〉『語彙論的統語論』（明治書院、1980）、
『日本語のモダリティと人称』（ひつじ書房、1991）、
『日本語文法研究序説』（くろしお出版、1997）、
『副詞的表現の諸相』（くろしお出版、2002）、
『ある近代日本文法研究史』（和泉書院、2005）。

仁田義雄日本語文法著作選　第1巻
日本語の文法カテゴリをめぐって

発行	2009年3月31日　初版1刷
定価	5200円＋税
著者	Ⓒ仁田義雄
発行者	松本　功
装丁者	向井裕一（glyph）
印刷所	三美印刷株式会社
製本所	田中製本印刷株式会社
発行所	株式会社ひつじ書房
	〒112-0011 東京都文京区千石2-1-2 大和ビル2F
	Tel.03-5319-4916　Fax.03-5319-4917
	郵便振替 00120-8-142852
	toiawase@hituzi.co.jp　http://www.hituzi.co.jp
	ISBN 978-4-89476-450-7

造本には充分注意しておりますが、落丁・乱丁などがございましたら、
小社かお買上げ書店にておとりかえいたします。ご意見、ご感想など、
小社までお寄せ下されば幸いです。

ひつじ研究叢書(言語編)

〈第67巻〉
古代日本語時間表現の形態論的研究
鈴木泰 著
6,720 円

〈第68巻〉
現代日本語とりたて詞の研究
沼田善子 著
6,510 円

〈第69巻〉
日本語における聞き手の話者移行適格場の認知メカニズム
榎本美香 著
7,140 円